南宁师范大学教材建设基金资助出版

东盟中文传播十三讲

刘振平　杨峥琳　张飞龙　编著

商务印书馆国际有限公司
中国·北京

图书在版编目(CIP)数据

东盟中文传播十三讲 / 刘振平，杨峥琳，张飞龙编著. -- 北京：商务印书馆国际有限公司，2024. 12.
ISBN 978-7-5176-1156-1

Ⅰ. H195.3

中国国家版本馆 CIP 数据核字第 2025AM4968 号

DONGMENG ZHONGWEN CHUANBO SHISAN JIANG

东盟中文传播十三讲

编　　著	刘振平　杨峥琳　张飞龙
出版发行	商务印书馆国际有限公司
地　　址	北京市朝阳区吉庆里 14 号楼 佳汇国际中心 A 座 12 层
邮　　编	100020
电　　话	010-65592876（编校部） 010-65598498（市场营销部）
网　　址	www.cpi1993.com
印　　刷	北京建宏印刷有限公司
开　　本	710mm × 1000mm　1/16
字　　数	294 千字
印　　张	18.5
版　　次	2024 年 12 月第 1 版第 1 次印刷
书　　号	ISBN 978-7-5176-1156-1
定　　价	78.00 元

目录

第一讲　东盟中文传播的历史和经验

东南亚地区作为连接亚洲与大洋洲、太平洋与印度洋的重要桥梁，具有优越的地理位置。同时，这一区域还拥有丰富的矿产、农业和海洋资源，具有得天独厚的经济发展条件。东南亚国家为了能够实现和平、稳定与发展，希望通过区域合作来实现共同繁荣和进步。在这种背景下，1967年印度尼西亚、马来西亚、菲律宾、新加坡和泰国联合成立了东南亚国家联盟（简称东盟），以共同应对地区内外的挑战。成立初期，东盟的主要目标是促进成员国之间的经济合作与交流，以及加强政治对话与协商。

随着越南、老挝、缅甸等国的加入，东盟成员国的数量不断增加，区域影响力也逐渐扩大。目前东盟已经拥有文莱、柬埔寨、印度尼西亚、老挝、马来西亚、缅甸、菲律宾、新加坡、泰国、越南等十大成员国，是东南亚地区最大的多边合作的国家集团。经过多年合作，东盟已经成为亚洲第三大经济体和世界第五大经济体。东盟在国际舞台上越来越显示出其广泛的影响力和吸引力。

从20世纪50年代开始，中国与东盟各国逐步建立了外交关系，并进行了高层互访和政治磋商。然而，由于当时国际形势的复杂性和双方经济发展的限制，双方的合作领域相对有限，主要集中在政治和外交层面。

中国改革开放政策的实施和经济的快速发展，为中国与东盟的合作提供了新的动力和机遇。自1991年中国与东盟开启对话进程，双方逐渐扩大合作领域，共同推动地区的经济繁荣和社会发展。近些年来，随着“一带一路”倡议的深入推进，中国与东盟的合作不断向纵深发展，双方的经济联系更加紧密，利益共同体意识不断增强。2021年11月，习近平主席和东盟国家领导人共同出席中国—东盟建立对话关系30周年纪念峰会，宣布建立中国东盟全面战略伙伴关系[①]。双方加强了政治互信和合作，共同应对地区和国际挑战。在经济领域，双方加强了贸易和投资合作，共同推动自由贸易区的建设，促进了地区经济的繁荣和发展。同时，双方在文化、教育等领域的交流与合作也更加深入，增进了双方人民之间的了解和友谊。经过30多年共同努力，双方政治互信明显增强，各领域务实合作成果丰硕，为双方人民带来了福祉。

第一节　21世纪前东盟地区的中文传播

一、古代中国与东盟地区的语言文化接触

我国与东南亚国家陆海相连，自古便交流频繁。历史上国家之间的使臣往来、藩属国的定期朝贡等外交活动，使得东南亚各国与我国在政治、经济、文化等方面的交流沟通日益密切。在双方使臣的频繁交往过程中，我国的制度文化和人文文化不断影响着交流国的文化体制建设。无论是拥护王权的封建制度，还是流传千年的儒家文化都曾在一些东南亚国家留下过深深的历史烙印。

我国与东南亚国家自古密切的联系主要受以下三个方面的影响——官方交往、商贸往来和移民定居。

（一）官方交往

东南亚各国是中国的近邻，有的与中国山水相连，有的与中国隔海相望。至迟在公元前3世纪前后，中国就开始与之进行交往。其中越南、苏禄（今菲律宾苏禄群岛）、南掌（今老挝）、暹罗（今泰国）等与中国有过宗藩关系。越南不仅与中国有过宗藩关系，还曾出现过中国在越南部分地区实施郡县直

① 习近平．习近平在中国—东盟建立对话关系30周年纪念峰会上的讲话（全文）[EB/OL]．[2021-11-22]．https://www.gov.cn/xinwen/2021-11/22/content_5652461.htm.

接管理的历史。中国封建王朝通过派遣使节、建立朝贡制度等方式与东南亚藩属国保持密切联系。这些使节在传播汉文化方面发挥了重要作用，他们不仅带来了中原的物产和文化，还促进了双方的文化交流和融合。

越南在历史上与中国的联系可以追溯到秦朝时期。秦灭六国后，为了开发岭南地区，曾发动对百越的"秦瓯战争"，占领了百越地区[①]并设立了南海（在今广东）、桂林（在今广西）、象郡（今越南北部和中部偏北）三郡（郭振铎、张笑梅，2001：137）。从此，东至海，西至临洮、羌中，北至辽东（文天，2016：45），南至越南中部偏北地区皆归属于秦朝版图。西汉时期，汉武帝灭了南越国，在今越南北部设立了交趾、九真、日南三郡（郭振铎、张笑梅，2001：104），实施直接的行政管理。此后，古代越南中北部基本上都是属于中原王朝的直属领土。直至北宋时期越南历史上第一个自主封建王朝——丁朝建立，中越两国的关系才变为宗藩关系，即丁朝请封于宋朝，宋朝作为宗主国接受其为藩属。这种宗藩关系历经宋、元、明、清各朝。

因此，古代中国的制度、文化、风俗等对越南产生了潜移默化的影响。当时，中文典籍是越南人获取知识的重要渠道。越南13世纪出现的"喃字"（或字喃）便是在汉字的基础上创造出的文字，主要目的是记录越南京族语音。越南被迫沦为法国殖民地后，法国殖民者曾于1917年下令取消汉字。字喃在20世纪初期也才被拼音文字替代。直至1945年，拼音文字才真正成为越南全民性的文字。（郭振铎、张笑梅，2001）此间，中文依然在越南民间传播，只不过已经逐渐缩减到家庭中的代际传播。

此外，明代使者郑和持续28年的南下西洋之旅也是中国历史上由政府组织的、较大规模的航海外交活动。郑和所率领的船队沿海上丝绸之路航行，其间途经东南亚、印度洋、东非等地区（王付兵，2000），东南亚则是郑和船队活动最多、逗留时间最长的一个区域（王介南，1993）。郑和为东南亚各国带去了我国先进的科学技术，传统的农业、医疗技术以及特属于中国的语言、艺术文化经典，同时郑和及其随从也从东南亚带回了香料、稻米、医用药物等商品，以及域外独特的宗教、艺术等地域文化资源。郑和船队的南下不仅

① 百越是中国古代对南方沿海一带的古越人分布地区的泛称。《汉书·地理志》记载，"自交趾至会稽七八千里，百越杂处"。百越的分布范围包括从江苏南部到越南北部。

完成了我国与东南亚文化交流的使命，其随从所编撰的《瀛涯胜览》《西洋番国志》等著作更为我国带回了全面、丰富的东南亚人文地理知识，使得我国人民更加明确了前往东南亚各国的航路，调动了其赴远洋谋生的积极性，一定程度上推动了东南亚华人华侨时代的到来。

（二）商贸往来

商贸往来是我国与东南亚国家自古以来沟通交流的一个重要渠道。早在海上丝绸之路开辟以前，我国与东南亚国家之间就有由民间百姓自行开辟的商贸通道，如隐匿于山林中的南方丝绸之路，连接我国与南洋地区的湄公河航道等（颜洁，2010）。我国商人跨海行商，在向东南亚国家进行商品输出的同时也将该区域的奇珍异宝带回，如秦代岭南地区出现的象牙、玉石等域外珍品，大多为与东南亚国家进行海外贸易时输入的（颜小华、张翠方，2017）。然而，真正意义上贯通我国与东南亚国家的“海上丝绸之路”直至汉代才全面开辟通行。海上丝绸之路的正式开辟使得我国与东南亚国家间初见雏形的跨海贸易得以迅猛发展，这也进一步加速了国家之间语言文化交流的进程。

自汉代起，每年都会有大量商船从我国驶出，沿海上丝绸之路，将茶叶、丝绸、瓷器等商品运往东南亚。与此同时，具有中国特色的古书典籍、戏剧文艺、农耕和医疗技术等人文资源，也随着商队一并流传到那里，在促进我国和东南亚国家间人文资源方面的互通、交流基础上，也一定程度上推动了当地经济、文化的发展。

在贸易往来所带动的人际活动中，无论是典籍查阅、艺术欣赏还是交际互动，都离不开语言这一“桥梁”。因而，作为人文资源载体，中文学习也随着我国与东南亚各国交流的日益密切而逐渐受到重视，我国国内也开始尝试开展与该区域内相关国家的语言教学。

（三）移民定居

从历史上看，中国人因战乱被迫移民越南、泰国等东南亚国家的现象从秦汉时期便开始出现。直至唐代，随着海上丝路的开辟和我国国力的日益强盛，辗转于我国与东南亚国家之间的除了各国使者外，还有更多的出海谋生的沿海经商者。自此，我国进行海外贸易的商人群体不断扩大，我国向海外移民的人数也逐渐增多，东南亚各国境内迎来了大批的华人华侨，古代中国文化也伴随着华人华侨与各国人民层层深入的交往，逐渐与各国主流文化相互交融、协同发展。

中国人向东南亚国家的移民史可以19世纪为界限划分为两个阶段。19世纪以前，我国向东南亚各国移民的人口已经达到一定规模。这一时期促使国人移民定居东南亚各国的原因主要有两方面：一是为了躲避、逃离不可抗拒的天灾人祸、战乱动荡，二是为了抓住海外贸易这一极具诱惑力的谋生渠道。19世纪至20世纪中叶，我国常年弥漫于硝烟战火之中，动荡的时局迫使大量国人背井离乡、移居东南亚，东盟区域的华人华侨群体也在19世纪得到前所未有的壮大。

有人的地方必然存在交流碰撞，无论是人际方面的交流还是文化方面的交流皆不可避免。移民者为东南亚各国带来的不仅有商品货物、医疗生产技术和古书典籍，更有根植于移民者血脉中的人文文化。除了移民者从小接触的出生地人文风俗、思想文化，移民者所操持的语言、身上所具有的中国文化也随之传播到当地，并对输入地语言、文化造成一定的影响。

19世纪之前，移民者对输入地语言的影响主要表现在当地语言中借词数量的增多。移居东南亚国家的华人华侨大多为我国沿海闽、粤地区人民，因而我们往往能够在某些东南亚国家的语言中发现许多汉语闽、粤方言的借词。如“油条”一词在新加坡、马来西亚、印尼、泰国等国家的语言中用闽方言“油炸桧”的音译来表达（陈伟明、侯波，2006）。

移居东南亚各国的华人受当地人、事、物的触发而进行文学创作，从而形成了独具特点的南洋华文文学[①]，推动和影响着当地文学的发展。华人带到各地的文化艺术形式，如闽剧、粤剧、桂剧等，不仅推动了我国文学艺术的海外传播，同时也助力了这些文学艺术形式的载体——中文的传播。

19世纪之后，随着华人华侨群体在东南亚各国的壮大，华裔子女对于学习、传承中文（母语）和中华文化的需求日益强烈，东南亚各国规范性的中

① 东南亚各国华人通常把“中文”称作“华语”（多用于指称口语）或“华文”（多用于口语和书面语的合称）。

文教育便以私塾教学的形式逐步发展壮大起来。19 世纪东南亚各国中文教育的发展，不但实现了华裔子女对中华文化传承的期望，更是为后期东南亚各国中文教学事业的发展壮大做出了开创性、奠基性的贡献。

总之，我国与东南亚国家自古密切的人文交流、商贸往来为新世纪中国—东盟之间的交流互动奠定了良好稳定的历史基础，也为中文在东盟各国的进一步传播打下了坚实的历史根基。

二、20 世纪中文在东盟地区的传播

19 世纪末以前中文得以在东南亚各国传承、传播，主要通过私塾教育。该地区各国中文教育的规模化发展，多是从 20 世纪初开始的，各国纷纷在私塾教学的基础上建立了接近现代学制的华文学校（简称华校），学校教育成为中文传播的主要途径。继而，一些国家又出现了一些中文报刊、广播和电视频道等传播平台。新世纪，我国主动推动中文走出去的意识大大增强，在国家汉办[①]、孔子学院总部[②]大力支持下，大多数东盟国家都申办了一些孔子学院和孔子课堂，东盟国家的中文传播又多了一个双方合作发展的新平台。

从 20 世纪初至今，东盟地区的中文教学经历了回环曲折的发展历程，其教学形式、教学内容以及社会地位等也因时代的发展而不断变化。在“发展—繁荣—挫折—复苏”的演变过程中，东盟地区的中文教学从最初单一的“华文教育”形式发展转变为“华文教育”和“中文（作为第二语言）教学”两种并存的教学形式，“中文学习”也逐步脱离了“华裔子女专属”的定位，成为面向不同民族、不同学习动机学习者的一种普遍的学习行为。东盟地区

① 中国国家汉语国际推广领导小组办公室（简称国家汉办），成立于 1987 年，是国务院设置在教育部内，致力于为世界各国提供汉语言文化的教学资源和服务的日常办事机构。2020 年，国家汉办变更为教育部中外语言合作交流中心。

② 孔子学院是中外合作建立的非营利性教育机构，致力于适应世界各国（地区）人民对汉语学习的需要，增进世界各国（地区）人民对中国语言文化的了解，加强中国与世界各国教育文化交流合作，发展中国与外国的友好关系，促进世界多元文化发展，构建和谐世界。孔子学院总部设在原国家汉办内，是全球孔子学院的最高管理机构。

凭借其悠久的华文教育历史、庞大的华人华侨群体和与日俱增的外族中文学习者群体，而逐渐成为世界第二大中文区。

（一）海外华校初创阶段——自由发展

在海外华校的初创阶段，各国华校能够相对自由地发展。我国的对外汉语教学事业真正开始于 1950 年，但中文在东盟地区的传播并不仅限于这几十年的历史。从史料记载来看，早在 17 世纪，该地区一些国家的华人就兴办了“义学”“书院”等类似于国内私塾的机构开展中文教育（郑通涛、蒋有经、陈荣岚，2014a）。其教学语言多为汉语的南方方言，教学内容也主要是以方言的形式教授中国的儒家经典。这种早期的中文教育教学模式虽内容局限、规模较小，但我们仍不能否认其为中文在东盟地区的承继和传播中起到的作用。该地区华人克服重重困难也要将自己的语言和中华文化传承下去的决心和毅力，使得中文得以在当地代代相传。直至 19 世纪末，该地区的中文教育才随着华侨群体的强大而逐渐发展壮大，朝着规范化的方向转变。

从政策上来看，20 世纪以前，东盟地区各国基本上没有对本国中文教育的发展进行过多限制，基本上任由华人自主办学。在现代学校出现之前，移居该地区各国的华人为解决其子女的教育问题，在当地有限的条件下聘请当地识文断字的人开展小规模的私塾教育，传承母语（中文）和中华文化。随着当地华人人数的增加及其经济实力的增强，华人精英纷纷成立了宗乡会馆，以会馆为依托捐资助学，开办较大规模的私塾教育。如泰国在拉玛一世时期（1782—1809）就出现了一所名为“格廉”的华校，马来西亚华人社团在 1819 年兴办了“五福书院”，新加坡华人社团在 1854 年兴办了“萃英书院”等。

东盟地区作为历史上华人移民的重要汇聚地，其中文教学的历史源远流长。早期华人移民不仅为今天的东盟各国带来了新的生活习俗，也为当地带来了汉语这一独特的语言文化。中文教学在东盟各国兴起，正是基于这一文化交流的背景。在私塾和家庭教育的形式下，华人社群对中文和中华文化的传承尤为重视。教学内容以儒家经典和汉字书写为核心，旨在培养下一代的中文读写能力和对中华文化的认同感。这一时期的中文教学，虽然形式较为传统，但为后续的中文教育发展奠定了坚实的基础。

（二）快速发展阶段——繁荣

这一阶段中文在东南亚的传播主要成就是现代意义上的“华文教育”初步形成。

19 世纪末，随着维新运动，科举制、私塾教育的废除以及学堂式教育的兴起，我国国内的教学模式开始发生翻天覆地的变化。东南亚的华人华侨也纷纷开始效仿中国的教学改革，设立新式学校进行中文教学，由此推动了现代意义上的“华文教育”初步形成。

这类新式学校有如 1899 年菲律宾华侨在马尼拉创办了中西学堂，1901 年印度尼西亚华侨办起了中华学校，1904 年马来西亚在槟城兴办了孔圣庙中华学校、缅甸兴办了中华义学，1905 年新加坡兴办了养正学堂，1909 年泰国兴办了华益学堂，1918 年文莱兴办了育才学校（郑通涛等，2014a；刘振平等，2019a）。此外，当时东南亚各国的政策也并未对华人的中文教育施加过多的限制，华校的创办获得了更广阔的发展空间。此阶段的华校一改先前的“方言教学模式”，提倡采用现代汉语授课。学校课程内容也渐趋丰富，除语言教学外，还开设了其他类型的课程，如历史、数学、音乐、绘画等。整个东南亚地区的中文教育在此阶段呈现出了前所未有的繁荣。

（三）发展受限阶段——挫折

二战爆发，东南亚各国的中文教学也经历了显著的变迁。不同的殖民统治策略对中文教学产生了不同程度的影响。在马来西亚和新加坡等地，由于华人社群在政治和经济上的重要地位，中文教学得到了相对较好的保护和发展。这些地区的华校逐渐增多，教育质量也有所提高。然而，在菲律宾和印度尼西亚等地，由于殖民政策的限制和打压，中文教学遇到了严重的挑战。华人社群面临着语言权利的剥夺和文化的边缘化，中文教学的环境极为不利。

战后，民族主义精神在独立后的东南亚各国中受到广泛传播，各国政府开始对华人华侨采取同化和归化措施，中文教育也随之受到了极大限制。如，限制华校使用的教材及授课时间，要求华校也必须以本国官方语言或政府行政语言为主要教学媒介语，降低华校的地位，对华校学生的升学、就业设置障碍等，有些国家甚至直接颁布了取缔华校的法令（刘振平等，2019b）。在各国政府施加巨大政策压力之下，东南亚各国的许多华校走向停办、消亡的绝境，该区域的中文教育由此也被迫陷入艰难的挫折时期。

（四）恢复发展阶段——复苏

20 世纪 90 年代后，随着综合实力和国际地位在全球范围内的提升，中国在世界多种事务中发挥着越来越重要的作用，使用中文发出的声音受到了越来越多人的关注。学习中文成为和平年代了解中国、打开中国市场甚至是世界市场的一把“金钥匙”，其背后隐藏的无限机遇吸引着全球越来越多的人民的关注。东盟[①]各国政府开始重新审视和重视中文教学的重要性，纷纷出台相关政策支持中文教育的发展。例如，马来西亚政府制定了多项政策推动中文教育的普及和提高，包括为开设中文课程的学校提供资金支持、加强中文教师的培训等。同时，随着中国与东盟国家关系的改善，中文教学也迎来了新的发展机遇。中文作为连接中国与东盟国家的重要桥梁，其重要性日益凸显。在这一背景下，中文教学得到了广泛的关注和重视，取得了显著的发展成果。世界各地逐渐掀起阵阵学习中文的热潮。中文在东盟区域的传播进入复苏阶段。

“中文热”伴随着中国不断改善的外交环境和逐渐扩大的对外贸易日益升温，作为与中国有着上千年往来历史且拥有庞大华人群体的东盟国家更是将本国国内的中文教育推向了新的发展高度。东盟各国的华校及其华文教育也逐渐恢复到了二战前生机蓬勃的状态。与此同时，由于教学对象不再仅限于华人华侨，东盟各国中文教学也日趋步入多元化发展时期。中文在东盟各国的传播途径在具有上百年历史的“华文教育”基础上，又萌发了“外语教学”的形式。教学平台不再局限于华校，双语学校、三语学校以及中文补习班、速成班等教学机构也开始出现并逐年增多（刘晶晶，2020）。原本只限于华人圈的华文教育已逐渐融入当地的主流教育，开始向着更成熟的方向发展，在实践和调整中不断呈现出新的生命力。

---

① 1967 年东盟成立。我们以此为标志性事件，此后，我们用东盟替代东南亚来指称该地区。

第二节 新世纪中文在东盟的传播

进入新世纪，随着我国国际地位和综合国力的进一步提升，以及“一带一路”倡议的推进，中国—东盟自由贸易区建设进程的日益加快，东盟各国在商业、工业、农业、能源、医疗等领域与我国的合作逐渐密切，中文已成为东盟各国经济发展的重要助推器。掌握中文的人才在就业市场上具有更高的竞争力，中文作为中国与东盟各国交流的重要工具，其重要性愈发凸显。越来越多的东盟国家开始重视中文教学，培养具备中文能力的专业人才。各国政府纷纷将中文纳入国民教育体系，甚至提供奖学金鼓励学生到中国深造。这不仅提升了国民的中文水平，也为双方的经贸合作和文化交流奠定了坚实基础。

在新世纪，东盟各国人民学习中文的意义已经不仅仅限于华裔子女传承中华文化，学习动机也不再仅限于业余兴趣，具备一定中文能力逐渐成为学生群体就业、创业的垫脚石，以及在职人士提升自我竞争力的重要途径。中文背后隐藏的无限机遇促使中文在东盟区域的快速传播。

在此背景下，大多数东盟国家进一步取消了对中文学习的限制，中文教育在各国主流思想的领导下呈现出独具特色的高质量发展趋势。除了线下的学校、培训中心以及孔子学院的人才培养，在高端科学技术驱动下的多样化、现代化的传播平台也如雨后春笋般闯入人们的视野，如各大网络直播教学平台、广播电视教学频道以及在智能手机平台上运用的中文学习小程序等。教学内容、师资团队的质量也得到了进一步提升，本土化、区域化的发展趋势逐渐形成。

新世纪，中文在东盟国家传播的一个重要特点就是：在我国中文国际传播策略由以“请进来”转为“请进来与走出去相结合”再进而转为“依托本土力量”之后，东盟各国本土化传播力量迅速增大，区域化发展势头猛增。一种语言作为外语在某一国家、区域的传播，不但需要依附于语言本身的实用价值、原生国的宣传推广，更需要获得所在国、所在区域政府和人民的支持。能够融入所在国的主流教育和语言环境，一定程度上推动所在国、区域的发展才是语言长期植根于某地的最关键因素。正是认识到了这一点，我国的中文传播策略最终调整为以培养海外中文传播的本土力量为主，依托各国本土传播团队和平台加速中文传播。

一、东盟中文传播的政策支持和基础建设

近百年来，中国与东盟各国之间曾有过矛盾芥蒂，也曾携手共进，共同经历过挫折的辛酸、分享过繁荣的喜悦。在磨合中，中国与东盟各国之间加强了合作，促进了中国—东盟区域经济的繁荣，更使得我国与东盟各国形成了密不可分的新型友好邻邦关系。

以合作交往为基础，中文作为与中国进行人文交流的“桥梁”更是在东盟国家得以推广传播。作为中文的原生国，我们当然最希望中文能在国际上迅速传播，因此必然会为中文国际传播提供各方面的支持，其中包括政策上的支持和保障、师资的培养以及教学平台的协助建立和完善等。

（一）国家政策支持与保障

中文在东盟各国传播的历史已经明确地揭示出这样一个事实，即中文能否在东盟顺利传播跟中国与东盟各国政府的外交关系密切相关。友好合作、互利共赢的国际关系是中文得以顺利传播的重要保障。在新时代背景下，我们与东盟各国都充分意识到区域合作的重要性和建设性意义。东盟各国都采取了积极务实的决策，积极响应“一带一路”倡议，努力维护中国—东盟友好往来，以更优质的合作促进区域共同发展，在经济、文化共同繁荣的过程中保持区域发展所需要的稳定因素。在追求合作发展、互利共赢的同时，将构建人类命运共同体作为区域发展的奋斗目标。在此合作理念的带动下，新世纪我国政府出台了一系列具有时代意义的政策，以推动中国—东盟之间在稳定中建立更加密切、坚实的合作关系。

为了维护中国—东盟之间友好往来关系，我国推动东盟各国共进的目标。在对东盟国家政策的支持上，中国是第一个加入《东南亚友好合作条约》，第一个明确支持东盟在区域合作中的中心地位，第一个同东盟建立战略伙伴关

系，第一个公开表示愿同东盟签署《东南亚无核武器区条约》议定书，同时也是第一个同东盟启动自贸区谈判进程的国家。① 在政策的推动上，“2000 年 11 月，时任中国国务院总理朱镕基提出建立中国—东盟自贸区”，“2010 年 1 月 1 日，中国—东盟自贸区全面建成”②；2013 年，习近平主席在印度尼西亚国会发表题为《携手建设中国—东盟命运共同体》的演讲，提出共同建设“21 世纪海上丝绸之路”的倡议③；2015 年，我国与东盟中的 5 个国家创建了澜沧江—湄公河合作机制等④。

政治上的支持和多边贸易上的扩大使得我国与东盟国家在资金融通、资源共享、分工合作等方面的联系更加密切。在经济往来逐步密切的推动下，我国与东盟各国之间的人文交流也日益频繁，留学生的往来和游客的流动成为最显著的人文交流标志。作为人文交流的“桥梁”——中文也随之得到更加广泛的传播，东盟各国中文学习人数、中文传播平台的迅猛增加，更多本土人士参与到中文传播事业之中便是其中最明显的标志。

随着中文在东盟区域传播范围的扩大，我国也不断创新中文和中华文化的传播策略。尤其是在“一带一路”倡议提出后，我国更是认识到了国家文化软实力在国际交往中的重要作用。自 2011 年起，我国在“十二五”“十三五”“十四五”规划中分别指出要提高文化开放水平，加强国际传播能力建设，创新对外传播、文化交流、文化贸易方式，推动中华文化更好、更快地走出去。此外，“弘扬传播中华优秀语言文化”也被《国家语言文字事业“十三五”发展规划》列为五大任务之一。提高国家文化软实力，是我们党和国家的一项重大战略任务。党的十八大以来，习近平总书记多次在不同的场合，就国家文化软实力阐发了一系列重要论述。习近平指出，

① 李克强．李克强在第 19 次中国—东盟（10 + 1）领导人会议暨中国—东盟建立对话关系 25 周年纪念峰会上的讲话［EB/OL］．［2016-09-08］．https://www.gov.cn/guowuyuan/2016-09/08/content_5106318.htm.

② 中国—东盟合作事实与数据：1991—2021［EB/OL］．［2021-12-31］．https://www.mfa.gov.cn/web/wjbxw_new/202201/t20220113_10492205.shtml.

③ 什么是“一带一路”？［EB/OL］．https://www.yidaiyilu.gov.cn/ztindex.htm.

④ 郭延军．澜湄领导人会议助推中国—东盟合作迈上新台阶［EB/OL］．［2016-03-24］．https://www.gov.cn/xinwen/2016-03/24/content_5057499.htm.

"提高国家文化软实力，关系'两个一百年'奋斗目标和中华民族伟大复兴中国梦的实现"①。习近平总书记在中共中央政治局第三十次集体学习时还强调：要更好推动中华文化走出去，以文载道、以文传声、以文化人，向世界阐释推介更多具有中国特色、体现中国精神、蕴藏中国智慧的优秀文化。要注重把握好基调，既开放自信也谦逊谦和，努力塑造可信、可爱、可敬的中国形象。②人民网2021年也发文指出，"推动中华文化走出去，增强国家文化软实力"。③全国哲学社会科学规划办公室设立"国家社科基金中华学术外译项目"来支持将我国各领域的经典研究成果翻译成世界不同的语言，这无疑能够加强世界对中国和中华文化的了解。了解中国才能更清楚地认识到中文学习的重要性，因此也就为中文更顺利地国际传播奠定了基础。

我国在文化政策上的直接支持更是进一步促进了中文在东盟区域的传播进程，而中文传播在东盟的深化发展更是进一步推动了当地中文教学的发展，为东盟各国中文教学提供更稳固的支持和更广大的机遇。

另外，我国各级科研管理部门为东盟中文传播研究也给予了大力的支持，这对东盟中文传播的发展起到了重要的作用。近些年来，国家社科基金和教育部人文社科基金每年资助立项的项目中，都有相当数量的与东盟或东南亚中文传播有关的课题。跟东盟交流合作密切的广西、云南等省区哲学社会科学工作办公室每年立项的与东盟或东南亚中文传播有关的课题比例更高。

（二）东盟中文师资的培训及培养

东盟各国因其多元文化的融合背景，中文教师队伍亦呈现出多元化的特点。这一背景下，教师群体的结构特点、文化背景、语言能力和教学经验等方面的差异，均对中文教学质量产生深远影响。

① 习近平谈国家文化软实力：增强做中国人的骨气和底气［EB/OL］.［2015-06-25］. http：//cpc.people.com.cn/xuexi/n/2015/0625/c385474-27204268.html.

② 习近平主持中共中央政治局第三十次集体学习并讲话［EB/OL］.［2021-06-01］. https：//www.gov.cn/xinwen/2021-06/01/content_5614684.htm.

③ 李潇君．推动中华文化走出去 增强国家文化软实力［EB/OL］.［2021-06-16］. http：//theory.people.com.cn/n1/2021/0616/c40531-32131322.html.

1. 中文师资结构特点

东盟中文教师队伍的构成主要包括华裔教师、本土教师和留学归国的中文教师。华裔教师因其文化认同和语言天赋，往往成为教师队伍中的核心力量。本土教师则通过专业培训和实际教学经验积累，逐渐成长为教师队伍中的中坚力量。留学归国的中文教师则以其先进的教学理念和丰富的教学经验，为教师队伍注入了新的活力。

2. 中文师资多元文化背景对教学的影响

多元文化背景使得教师队伍在教学方法、教学理念和文化背景等方面存在差异。华裔教师虽具备天然的语言优势，但非母语环境下的中文应用能力参差不齐，需通过持续培训和实践提升。本土教师则面临从非母语到教学语言的转换挑战，需要更多的语言培训和文化熏陶。留学归国的教师则以其国际化的视野和教学方法，为教学带来新思路。

3. 中文师资存在教学经验不均的问题

新教师与老教师之间在教学经验上存在差异，这在一定程度上影响了教学效果。为解决这一问题，开展专业化培训至关重要。各国亟需针对不同背景的教师，设计个性化的培训课程，以提高本地中文师资的整体教学水平。同时，东盟各国也积极引进具有丰富教学经验和专业背景的中文教师，这不仅能够提升教师队伍的整体素质，还能为教师队伍带来新的教学理念和教学方法。

4. 中文师资的提升与培训策略

20 世纪末以来，东盟区域中文教学随着时代的发展而悄然复苏。然而，几十年的断层使得中文师资产生了巨大的缺口，无论是数量还是质量，本土师资都不能满足日益扩大的教学需求。为此，东盟各国在区域合作的基础上展开了中文教学“自救”探究，而作为中文的原生国，我国更是主动为东盟中文师资的培训和培养给予多方面的支援，例如中文师资现状的调查、解决师资问题方案的提出、对师资本土化发展的建议、加强与东盟各国师资培养的合作等，主要从合作进行东盟国家中文教学理论研究与积极为东盟国家中文师资培养开展工作。

（1）积极开展合作，进行调查与研究

我国的专家学者与东盟各国的中文教学研究者合作对东盟中文师资短缺、

专业化程度不高、中文教师职业吸引力较低等现实问题及其解决策略进行了深入、细致的调查与研究。并在此基础上为东盟中文师资的培养提出了多项建议，包括重视本土师资的培养，扩大培训规模，开展系统化、专业化培训，提高教师薪资待遇以及增加培训途径等。专家们认为，师资培训中，不仅要夯实中文师资的语言基础，还要注重拓展与中文学习相关领域的课程，形成多元化的课程体系。开设中文教学法、中国文化、汉语语言学以及中文教育心理学等课程，为中文师资培训对象提供全面的中文教育知识和技能，帮助他们深入理解中文和中国的文化底蕴。

（2）"请进来"和"走出去"

在培训实践方面，我国大力支援东盟各国对高质量新型师资的培养和对现师资培训的升级。为此，我们实行了"请进来"和"走出去"的海外中文教师培养策略。"请进来"是指邀请海外留学生或中文教师到我国接受培训、进修，以及在国际中文教育专业各层次的学历教育中大量招收留学生，灵活采用课堂教学和课外专业技能训练相辅相成的教学模式，以便海外中文教师学习和运用中文知识，并深入吸纳我国优秀中文教师的教学经验。在目的语环境中学习中文能够使海外中文教师更充分地掌握中文交际技能，在提高中文能力的同时也能够更真切地体味中华文化的精彩。"走出去"是指向东盟各国派遣中文师资培训专家团开展面向本土教师的短期培训，设立海外中文教师培训点，以及支持当地大学开设中文教师培训班、国际中文教育专业等。

在中文师资培训中，通过中文教学实习、观摩教学、教学案例分析等培训环节，切实锻炼了中文师资的教学技能，提升了教学水平，有效地避免了理论教学与实践脱节的问题，使得学生在毕业后能够迅速适应中文教学的实际工作。

（3）师资培训初见成效

通过"请进来"和"走出去"的中文人才培养策略，不仅使得东盟的高层次中文专业人才数量大量增加，也使得更多的人能够胜任当地中文教学，提升了东盟本土教师的专业化程度，更多的本土人士得以参与到当地的中文传播事业当中，东盟中文传播的本土化趋向正逐渐显现。这其中一个重要的表现就是东盟区域有更多的大学有能力开设中文师资培养课程与专业，中文师资培养逐渐转入本土化培养模式。目前，新加坡已经基本实现了中文师资培养的本土化，2011年后新加坡教育部就不再从我国中小学选拔教师，基本实现了当地中小学教师由南洋理工大学国立教育学院来进行岗前培养，由新加坡华文教研中心来进行在职培训的模式（刘振平、罗庆铭，2012）。近些年来，南洋理工大学国立教育学院又开设了“汉语国际教学”研究生专业课程，兼招中国和新加坡本地的本科毕业生，南洋理工大学孔子学院开设“汉语国际教育”专业文凭课程，一定程度上缓解了新加坡本地国际学校和私立培训机构的师资压力。越南也在近些年来有越来越多的高校开设中文和中文教学本科专业，当前越南本土的中文教学基本上都是靠本土师资来承担，但越南高校开设中文教学专业高学历课程的能力还有待加强。而泰国则在中文教学专业的高学历教育上异军突起，近些年陆续有一些高校，如华侨崇圣大学、格乐大学等开设中文教学的硕士和博士专业，不仅招收泰国本土人士，也招收中国学生，为中文专业高层次人才培养做出了重要贡献。

以本土师资培养本土后备师资，这不仅能够使得师资培养更具有针对性，还能够减轻我国国际中文师资培养的压力，有利于东盟一些国家逐渐转入主动传播中文的模式。总之，无论是在理论奠基方面，还是在实践推进方面，我国在对东盟中文师资的培养、培训上所做出的努力，都极大程度地激活了东盟区域中文教学的生命力，增进了东盟各国人民对中文和中华文化的了解，进一步扩大了中文在东盟区域的影响力。

（三）传播平台多样化

中文传播平台不仅是连接中国与东盟国家的重要桥梁，更是推动双方文化互鉴、经济融合的重要力量，其重要性不言而喻。东盟区域的中文教育历史悠久，中文教学形式、传播平台也随着时代的发展而不断改进、丰富。

1. 华人移民和民间交流活动

华人移民无疑是中文在东盟各国传播的先驱者，他们在新的国家里扎根。通过家庭、社区和商业活动，促使中文在这些国家逐渐扩散开来，形成了独特的语言环境。此外，东盟国家的本地居民在与华人社区的日常互动中，接触并感受到了中华文化的魅力。他们通过语言学习班、文化交流活动等方式，积极学习中文，进一步推动了中文在这些国家的传播和应用。

2. 各类中文教学机构和孔子学院（课堂）

随着“一带一路”倡议的推进，中国与东盟国家的教育合作更为紧密，中文的传播也进入了一个新的阶段。孔子学院和传统中文教学机构，如华校、各种补习中心和大学中设立的中文系等，都发挥了重要作用，成为推广中文和传播中华文化的重要窗口。尤其是孔子学院（课堂）通过举办各类中文课程、文化讲座、艺术展览等活动，为当地民众提供了深入了解中国文化的机会。例如，在泰国，孔子学院的数量位居东盟国家榜首，其丰富的课程设置和多样的文化活动吸引了大量当地民众参与。孔子课堂作为与当地学校和教育中心合作的项目，也为中文的传播提供了更为广阔的舞台。

目前，东盟国家已有几十所孔子学院和孔子课堂，与当地学校和教育中心建立了紧密的合作关系。这些孔子学院不仅为当地学生提供了优质的中文教学资源，也为中华文化的传承与发展做出了积极贡献。同时，它们也成为中国与东盟国家文化交流的重要桥梁和纽带。

3. 互联网平台

随着互联网技术的快速发展，线上学习平台在东盟各个国家的中文传播中发挥着越来越重要的作用。这些平台通过提供视频课程、在线互动等功能，为当地民众提供了更加便捷、灵活的中文学习方式。东盟国家的中文传播平台正逐渐从传统的课堂教学向多元化教学模式转变。线上教学等新型教学模式的应用，不仅拓宽了学习渠道，也满足了不同学习者的个性化需求。与传统的课堂教学相比，线上学习平台具有更强的灵活性和互动性，能够更好地满足当地民众的学习需求。同时，这些平台也通过引入中国优秀的教育资源，为当地民众提供了更为丰富的中文学习内容。

在东盟各国因特网普及率逐年提高的背景下，中国—东盟之间建立互联网交流平台成为现实，中文网络教学更是在“互联网 +”高速发展时期成为东盟区域的一种新型中文教学方式。在中文网络教学普及之前，东盟的一些国家已存在用于网络教学的平台软件。对已有网络教学技术的学习借鉴，大大推动了东盟各国中文网络教学平台快速发展；中文教学背后隐含的高额收益，又进一步驱动了原有其他网络教学平台的转型。从最初的多媒体网络辅助中文教学发展到 1v1 网络中文私教，现如今东盟多数国家的中文网络教学平台已实现了将中文传播与“互联网 +”以及“人工智能”相结合的时代新目标。我国顺势开发了多款能够辅助学习者学习中文的电子产品和应用软件，完善、创建了多个1v1私人订制的中文学习网站，一定程度上满足了东盟对中文师资的需求，缓解了东盟区域中文教学发展不平衡的历史问题，加深了东盟各国人民对中文、中华文化的认识，实现了更多中文学习者参与1v1课程学习的愿望，为东盟中文学习者提供了更加全面、灵活、多样的教学服务。线上中文教学平台的搭建在加快东盟中文传播速度的同时，也提高了我国文化软实力和在东盟的影响力，深化了东盟人民对中国语言文化的认识，带动了中国—东盟之间经济贸易的发展。

4. 国际交流项目

新世纪，东盟国家加强了与中国及其他国家的国际交流项目。这些项目包括积极与中国以及东盟各国的中文教育机构开展合作、举办国际研讨会、教师互访、学生交流等多种形式。这些国际交流项目不仅促进了教育资源的双向流动，也加强了东盟国家与中国及其他国家的友好关系。国际交流项目的开展，使得东盟国家的中文学习者有机会接触到更多元化的文化和语言环境，提高了他们的跨文化交流能力，也为中文在东盟的传播和应用注入了新的活力。

二、东盟中文传播本土力量的迅速壮大

20世纪东盟区域的中文教学主要由当地华人社会的“华文教育”和主流社会的“中文作为第二语言教学”两大部分构成（郑通涛等，2014a）。二者虽同属于第二语言教学领域，但在教学对象和教学目的上又有所区别。其中，华文教育在东盟发展历程较长，是一种以华人华侨后裔为教学对象，以中文为教学媒介语教授学习者母语，以达到传承民族语言和文化目的的教育。中文作为第二语言教学则是以所有中文作为第二语言学习者（包括华裔与非华裔学习者）为教学对象，以教授他们中文交际能力为教学目的的教育。新世纪受我国国际地位和中文经济价值提升等因素的影响，东盟各国面向华人的中文母语教学迅速复苏发展，华人争相学中文的局面已打开；在当地政府的支持下，非华裔的中文作为第二语言教学突增猛进。东盟本土中文传播力量发生了较大变化，并迅速扩大。

（一）本土人际传播力量的发展变化

东盟各国的华人移居历史普遍较长。伴随着华人的移居，中文也进入东盟各国，成为东盟各国的一种语言资源。华人在当地与他族人士交往中，影响当地人获得一些中文交际能力，影响当地语言发生一定的变异，这些移居华人本身也就变成了中文在东盟本土的人际传播者。华人家庭保持着以中文作为家庭用语，进而进行代际传播。也就是说，只要东盟各国有人继续使用中文，中文的传播者也就没有消失。

19 世纪以前，东盟各国华人主动放弃中文的人并不多，主要是一部分与当地原住民通婚的华人，还有一些有条件接受西方教育的人。但 19 世纪以后，东盟大多数国家受西方殖民统治，使得一部分华人认识到掌握殖民语言能够获得发展上的优势，因而又有一部分华人为此放弃了中文的承继。20 世纪以后，东盟各国纷纷摆脱殖民统治独立建国，统治者强烈的国家意识使得他们认识到必须采取措施使华人国家意识当地化。政府削弱华人社团的社会影响力、限制或禁止民间办学、管制华校毕业生的出路、限制中文使用的场合等，从而使得越来越多的华人被迫放弃中文。然而，20 世纪末至今，随着我国综合国力和世界影响力的不断提升，中文的经济价值不断凸显，不仅越来越多的华人又重新开始学习中文，而且越来越多的非华裔也开始学习中文。

（二）本土媒介传播力量的发展变化

移居东盟的华人当中，自有一些有知识、有文化、多才多艺之人，他们进行文学创作、组织文艺活动，从而通过生动有趣的文学艺术将其载体——中文传播于东盟各地。19 世纪后，东盟的中文报业开始发展，中文传播又多了这一媒体。20 世纪后，随着我国综合实力的快速上升，我国与东盟各国商贸、科技、农业、医疗、能源等领域全方位合作走深走实，中国—东盟自由贸易区建设进程的加快，“中文热”在东盟各国迅速升温。各国的中文传播平台空前多样化，尤其是现代化的传播平台，如网络平台、广播电视等都有不同程度的发展，这些都大大推动了中文在东盟的传播。

（三）本土学校教育传播力量的发展变化

华人在东盟各国开枝散叶，首先要考虑的就是后代传承中文和中华文化的问题。于是，在新式学校教育出现之前，南洋华人模仿中国国内教育模式聘请有知识、有文化的人开办私塾教育，也就成为最初华人传承中文和中华文化的教育模式。随着当地华人人数的增加和当地华人经济实力的增强，华人纷纷成立宗乡会馆，并以会馆为依托开办较大规模的私塾教育。到了19世纪末20世纪初，东盟各国兴起了华人办华校的热潮。二战后，东盟各国摆脱殖民统治纷纷独立建国，各国政府希望华人的国家认同当地化，因此普遍制定了限制华校和中文教育发展的政策，华校数量和规模都受到了限制，有些国家的华校和中文教育则直接被取缔或因无法生存而自行消失。

从20世纪末至今，东盟各国对中文教学的限制逐渐减少、支持力度不断增大。在这样的背景下，一些国家的华校办学得以复苏，大量的社会力量开办中文教学中心。然而，复兴的华校和中文教学中心的举办者已不限于华人，大量的非华裔也参与到了中文教育事业之中。与此同时，一些国家也主动将中文纳入国民教育体系中。如新加坡独立建国后将“华语”定为官方语言之一，并规定华族子弟必须在中小学阶段接受中文教育。马来西亚教育部于2011年把“华文”纳入国小的正课，说明中文作为第二语言教学已正式迈入马来西亚的国民教育体系。文莱政府于2009年将中文、阿拉伯语和法语列为中学选修课。菲律宾教育部2011年宣布在重点高中开设中文课程，中文首次被正式列入菲律宾的课程体系，2013年又开始在全国范围内实施K-12学制，将中文列为外语选修课程。越南教育部组织专家在“普通教育课程改革委员会”和“2020国家外语计划”的指导下，于2018年成功制定了《普通教育课程中作为第二外语的汉语科目教学框架》，作为越南普通中学开展中文作为第二外语教学的法理依据。印度尼西亚教育部2001年放开了社会力量开办华校的禁令，并允许华校自定课程及教材，同时将中文纳入国民教育体系，作为初中和高中的选修课程。自20世纪90年代以来，老挝高等教育体系中的中文教学不断完善。其中，老挝苏州大学是经中老两国政府批准建立，开创了中国大学赴海外办学之先河，并得到了老挝政府在各个方面的支持。老挝中小学的中文教育虽然还很薄弱，但老挝教育部已批准中文可作为中小学选修课。早在20世纪90年代，泰国已将中文纳入国民教育体系。泰国政府内阁会议于1991年2月通过了教育部提交的有关放宽华文教育的报告，决定对中文教学实行有条件的开放政策，如允许增设华文幼稚园，允许小学与中学把华文列为选修课，华文可作为考入国立大学的科目等。中文被纳入国民教育体系中，使得这些国家的中文教学事业的主体发生了一个重大变化，即政府主动参与中文教学事业的发展。东盟中文教育事业就进入了政府和私人并举、华人与非华人共同支持的局面。

而聚焦各个机构中的师资来看，各国中文师资的本土化程度也在不断增强。当前，新加坡、越南、马来西亚的中文教学基本上都是靠本土师资完成的。新加坡自2010年后已经基本实现了中文师资的本土化培养，中小学华文师资实现了由“中国选调+本土培养”向“完全本土化培养”的转变。马来西亚中小学华文师资基本上都是本国或新加坡高校培养的本国人，而高校中文师资也以本国人为主，只不过这些人中有很多是在中国高校接受的高学历教育，尤其是博士学历教育。越南国内的中文教学，基本上也都是由本国人承担。由于越南目前能够开设中文专业博士学位课程的高校还很少，越南高校大量的拥有中文专业博士学位的教师都是从中国高校毕业的。这几个国家目前已经基本上不从中国引进教师，虽建有孔子学院，但与其他国家的孔子学院不同，这些国家的孔子学院师资也基本上做到本土化，无须我国合作院校再派遣志愿者。

其他的几个国家，虽然近些年中文学习人数与日俱增，然而中文师资的缺口却在不断减小，这主要是因为在我国和其本国中文专业高学历教育的推动下，其本土化师资队伍迅速壮大起来。随着东盟各国来华留学生的增加，尤其是学历生的增加，这些学生毕业后迅速充实到本国中文教师队伍中。另外，各国大学里开设中文系，且招生规模不断扩大，这也缓解了本国中文师资短缺的压力。目前，东盟国家中除文莱外，都有一些大学设立中文系。新加坡、马来西亚、泰国、越南这些国家里的一些大学还有中文专业的博士学历课程，不仅面向本国培养中文专业高学历人才和师资，还招收国际生，为其他国家的中文教学做贡献。

第三节 东盟中文传播的经验总结

任何事物都不是独立存在于客观世界中的个体，中文在东盟得以传承、推广、传播也绝非凭借单方面独有力量的努力，影响中文在东盟传播的因素也必定是多元的。语言得以传播的内部要素是要有传播者、传播平台和受传者，除此以外，还有保障传播得以顺利进行的外部环境因素。梳理中文在东盟传播的历程，我们可以得出以下一些认识。

一、与受传国政治不冲突是中文得以传播的根本保障

语言问题从来都不是简单的人际沟通和文化交流问题，而是极其复杂而敏感的政治问题。通过梳理东盟各国中文教育发展的历史，我们不难看出，中文在东盟各国的传播主要是以华人华侨移民的方式进行的，这与英国靠殖民传播语言的方式存在本质的不同。华人在东盟各国的人数多寡不同，政治、经济地位各异，中文在东盟生存的政治环境也存在差异。但整体来看，东盟是华人移民最多的地区，又与我国地缘相近，我国与东盟国家的关系会直接影响到华人在当地的政治地位和语言地位。因此，维持我国与东盟良好的双边关系，提升华人在当地的地位和影响，是中文在该区域顺利传播的基础和条件。

“一带一路”建设为中文在东盟区域传播提供了良好的外部环境，但是中文的顺利传播还需要依靠东盟各国政府、民间组织和个人的共同努力才能实现。我们应在与各国建立友好双边关系的基础上，尊重东盟各国人民的政治立场和国家认同，不危及各国对本国国民国家认同在地化的教育，不影响各国的官方语言教育，不宣扬民族主义等。

（一）与所在国的国情相关

纵观东盟中文传播的发展历程，我们不难发现，20世纪东盟各国普遍打压华校、限制甚至禁止中文教育，导致中文传播受阻。这是因为华人华侨在东盟各国有着庞大的人口基数，且华人华侨社群一直保持着对中华文化的强烈认同感和归属感。中文不仅是他们的母语或第二语言，更是他们身份认同和文化传承的重要载体。而当时的东盟国家为巩固新生政权和国家统一，开始采取文化同化政策。各国开始纷纷制定官方语言政策，推广本国语言作为主流教育语言，注重本国语言和文化的推广。通过限制或禁止中文教育，削

弱华人的民族认同感，加速华人与所在国主流文化的融合。因此，中文教育的地位被削弱，教学资源投入减少。另外，当时东盟各国普遍与西方国家建立经济联系，这些国家往往更倾向于推广英语等西方语言，而不是中文。

此外，冷战时期，东南亚国家受到西方国家的压力，担心华人社群成为共产主义势力的渗透点。因此，一些国家实施了排华政策，其中包括对中文教育的限制和打压。为了规范华文教育，一些东南亚国家还出台了相关政策，限制华文学校的注册和运营、限制华文课程的设置和授课时间等。这些政策严重影响和限制了中文传播的发展空间。

20 世纪 90 年代后，随着东盟国家与中国合作的加深，中文传播迎来了复苏的契机。各国政府开始重新审视和重视中文的重要性，纷纷出台相关政策支持中文教育和中文传播的发展。例如，各国政府先后制定多项政策推动中文教育的普及和提高，包括为中文学校提供资金支持、加强中文教师的培训等。中文作为连接中国与东盟国家的重要桥梁，其重要性日益凸显。在这一背景下，中文教学得到了广泛的关注和重视，取得了显著的发展成果。

（二）与所在国的政治外交关系相关

中文能否获准在东盟区域传播，还受到各国与我国的外交关系是否友好、融洽的影响。东盟一些国家与我国的双边关系曾在20 世纪的某个阶段一度恶化，这些国家与我国交恶后，普遍实施了禁止中文教育的政令。如在泰国，1941 年泰国与日本结盟，并承认日本在中国东北建立的伪满洲国政权，导致中泰关系僵化。新中国成立后，泰国追随美国对中国采取封锁和遏制的政策，中泰两国依然处于敌对的状态。直到 1975 年中泰建交之前，在长达 30 多年时间里，泰国的中文教育基本上处于被政府严厉控制的状态之中。又如在柬埔寨，1958 年中柬建交，柬埔寨中文教育得以快速发展。截至 1970 年，全柬华校发展到了 200 多所，在校中小学生达 5 万多人（韦丽娟，2012），然而 1970 年朗诺发动政变推翻了西哈努克政权，中柬关系恶化，柬埔寨开始全面禁止中文教育。到了红色高棉政权时期，柬埔寨国内的中文教育基本消失。再如，1967 年 6 月中缅关系恶化，20 世纪 70 年代后期，越南、老挝与中国的关系恶化，这些国家的中文教育也都曾被全面禁止。

而一旦双方外交关系改善，东盟各国随即不同程度地放松对中文传播的限制。例如，1975 年中泰两国建交，两国关系的改善大大推动了泰国中文教育的发展，很多学校开始增设中文课程，大学里也开始陆续开设中文专业。1992 年，泰国政府发布的国家教育计划中，决定对中文教育实行有条件的开放政策。此后，泰国形成了完整的中文教育体系，1999 年又将中文纳入了国民教育体系。2005 年，泰国政府推出《泰国促进汉语教学，提高国家竞争力战略规划（2006—2010 年）》。在这个规划的指导下，中文教育在泰国得到了广泛的支持，发展迅速，泰国在中文传播方面取得的成就令世界瞩目，值得世界借鉴（吴应辉等，2012）。

又如，1988 年之后缅甸政府与我国的友好关系日益密切。“缅甸汉语教学在没有明确政策支持的条件下，还是得到了快速发展。在高等教育层次，1997 年新成立的曼德勒外国语大学设立了中文专业。虽然汉语教学在中小学课程体系中的合法地位尚未取得，但政府对在各类业余学校开展汉语教学也持宽容的态度，由于就业市场对汉语人才的需求增长，因此业余华文补习学校得到了快速发展。”（张栋、刘振平，2019）

再如，1988 年老挝与我国的双边关系正常化，老挝的中文教育政策也随之放松（刘振平、张丽萍，2019）。1991 年后老挝政府不但同意华校毕业生到中国留学，还允准了我国国务院侨办应一些华校的要求派遣志愿者进入老挝从事中文教学。1996 年老挝政府兴办的老挝国立大学也开设了中文课程，并积极邀请我国教师前去授课。进入 21 世纪后，老挝国立大学不但建立了中文系，而且还与广西民族大学合作建设了孔子学院。

另如，1990 年柬埔寨结束内乱后，中柬关系重回正轨，中文教育逐渐复苏。近些年中柬关系愈加友好，柬埔寨中文教育得以快速发展，不但成立了柬华理事会支持中文教育事业，而且众多著名的华校复校，如启华学校、端华学校、崇正学校、集成学校等。1990 年 8 月 8 日，印度尼西亚与我国恢复了断绝了 23 年的外交关系[①]，两国经贸、文化交流逐渐增多，印尼政府的中文教育政策随之有所松动（杨绪明、宁家静，2019），最主要的表现有以下几个方面：一是在政府兴办的大学里开设了中文系，多所大学都开设了中文课程；

---

① 中国同印度尼西亚的关系［EB/OL］.［204-10］. https://www.fmprc.gov.cn/gjhdq_676201/gj_676203/yz_676205/1206_677244/sbgx_677248/.

二是将中文纳入了国民教育体系；三是鼓励华人开办华文补习班；四是允准中国国家汉办派遣的志愿者进入印尼从事华文教学，并允准本国的教育机构建设孔子学院。1990 年中越关系正常化，此后越南国内的中文教学迅速发展。如今中文不但进入了越南国民教育体系，而且无论是在各高校还是在民间都受到了普遍的欢迎。中文课程已经涵盖小学、中学、本科和研究生各个层次，中文专业本科教学发展得尤为成熟（陈灵芝，2014）。

二、中国综合国力提升是中文学习需求增长的根本因素

综观东盟各国，在独立之前的语言教育政策与规划更多的是受政治的影响，受到殖民国家向广大民众推行其国家身份认同与殖民文化的制约；而独立之后的语言教育政策与规划更多以国家利益为主导，受到国家行为体自我身份认同与历史、文化延续的需要和经济的影响。

（一）中国综合国力的影响

近些年我国的综合实力显著提升，令世人瞩目。我国长期奉行和平发展的原则，在搞好自身建设的同时致力于构建人类命运共同体，与世界各国合作共赢、共同发展。2013 年 9 月 7 日和 10 月 3 日，习近平总书记在访问哈萨克斯坦、印度尼西亚期间先后提出共同建设“丝绸之路经济带”与“21 世纪海上丝绸之路”两大倡议，简称“一带一路”倡议。[①] 这开启了造福沿线国家人民和世界人民的又一项伟大事业。为促进亚洲区域的建设互联互通化和经济一体化，加强我国与其他亚洲国家和地区的合作，重点支持亚洲各国的基础设施建设，我国于 2014 年倡议并作为主要出资国建立了亚洲基础设施投资银行。这一切都反映了我国是一个愿意而且有能力为世界发展做出突出贡献的国家，是一个有担当、负责任的国家。我国国际影响力的提升，唤起了世界华人的民族自豪感，争相通过学习中文、传承中文和中华文化而加强与中国的联系。

---

① 史志钦、陆洋. 共建“一带一路”推动构建人类命运共同体［EB/OL］.［2023-10-08］. http：//theory.people.com.cn/n1/2023/1008/c40531-40090574.html.

（二）“一带一路”建设具有里程碑意义

与此同时，随着我国经济强劲发展、“一带一路”倡议的深入推进，以及中国—东盟各领域合作的不断拓宽与夯实，中文经济价值日渐凸显，东盟各国的中文学习需求也与日俱增。我国开启改革开放的伟大征程以来，对外贸易不断开拓新格局，实现历史性跨越，货物进出口规模实现跨越式发展。目前，我国经济总量已稳居世界第二。东盟各国因为与我国临近，经贸往来更为频繁。尤其是“一带一路”倡议的提出，更是促进了东盟各国与我国的经济往来，东盟是我们开展“一带一路”国际合作的优先方向和重要伙伴。我国与东盟已连续多年互为最大贸易伙伴。随着中文经济价值的日益凸显，同时也为了满足当地华裔身份认同和文化传承的需要，东盟各国从国家战略的高度越来越重视中文的经济价值，越来越为中文教育提供更加宽松的环境，提供更加便利的条件。

（三）中文的经济价值凸显

东盟各国旅游业对中国游客的依赖也不容忽视。我国改革开放 40 多年，据国家统计局发布的经济社会发展成就系列报告显示，我国出境旅游人数稳居世界第一位。我国已经成为泰国、越南、柬埔寨、印度尼西亚等国家的第一大入境旅游客源地，我国游客在这些国家国际游客中的占比最高达 30%。我国游客对东盟各国旅游业的贡献率是非常高的，旅游必定带动消费，要想吸引更多的中国游客赴本国旅游从而带动当地经济发展，在语言软实力方面的提高是很有必要的，东盟各国认识到了中文学习将为本国带来的经济利益，势必会加大对本国国民中文学习的支持力度。

泰国政府 2005 年颁布的《泰国促进汉语教学，提高国家竞争力战略规划（2006—2010 年）》，充分表明中文经济价值的提升是促使该国近些年来支持中文教学的重要因素。该文件中明确指出：“中华人民共和国在东盟国家乃至世界各地的经济发展中扮演着十分重要的角色，而且其影响力还将继续扩大。”“中国人遍布世界各地，在国际贸易和投资中占有很大份额。……因此，汉语必将成为提高国家竞争力的重要语言。”“教育部已经深刻认识到汉语教学的重要性，……为建立以汉语为交际工具的经济社会，促进汉语教学成为

泰国既非常重要而又必须开展的工作。”（吴应辉等，2009）

20世纪90年代以来，马来西亚的中文教育政策越加宽松（如在更多的政府中小学和大学里开办中文课程、将华社兴办的民办高校升格为大学学院等），这跟政府认识到了中文的经济价值是分不开的。1992年初，马来西亚的政府官员就认识到了中文在世界经济交往中的重要作用，进而明确指出："华文华语的商业价值已受肯定。我们需要精通华文华语的人才，成为大马与远东经济挂钩的先锋。"（薄宝华，1992）

新加坡1956年确定了双语教育政策，为了保障双语教育质量能够适应时代的发展，新加坡政府不定期成立母语检讨委员会，调研母语教育的各个方面，针对问题对政策做出调整。从最近两届母语检讨委员会发布的报告书中，我们可以明确看到，促使新加坡政府调整中文教育政策的一个重要因素是中国的崛起以及中文经济价值的增大。如,2004年的报告书中，在阐述成立"华文课程与教学法检讨委员会"的背景时明确指出："华文是华族的母语，随着中国环球影响力的提升，华文的用途必将与日俱增，这是毋庸置疑的。"（新加坡教育部，2004）2010年的报告书中又明确指出："中国和印度的崛起，以及亚细安各国的一体化，学习母语显得越来越重要，熟练掌握英语和母语使我国学生及本地企业在竞争中保持优势。这是新加坡强而有力的优点，我们应当加以保留和发扬光大。"（新加坡教育部，2011）

（四）中文的实用价值在多领域得到体现

另外，东盟国家某一个时期的社会背景和各国政府对华人以及中文所持的态度，以及各国内部的整体意识形态等都会直接影响中文的传播。当整个东盟区域因时局动荡和殖民灾难而笼罩在国际冷战氛围和民族主义意识下时，华人华侨受到同化，中文教学受到来自政府的压制和民众的排斥，在东盟的传播刹那间陷入边缘化的绝境。而当冷战结束后，随着我国外交环境的改善、经济实力的增强、国际地位的提高，中华文化的载体、与中国沟通交流的桥梁——中文也随即提升了相应的实用价值。

此外，当世界进入21世纪，和平与发展成为新的时代主题，全球合作化、多极化的进程逐渐深入，区域一体化日渐发展成为时代进步的主流，东盟各国在经济利益的驱使下主动加强了与我国的经济贸易合作，积极配合我国对于区域发展战略所提出的合作倡议。“一带一路”倡议的推进、亚投行的建立等区域合作项目的运行无不使我国与东盟各国在新时代进一步加强了国际联系，强化了紧密的战略伙伴关系。

（五）人文交流的需求

在经济得以稳定发展的条件下，人文接触和文化交流也随着区域间国家的密切往来而不断深入，中文作为文化的载体和交流沟通的工具也因此在东盟各国重新获得肯定，被民众广泛接纳。东盟各国政府在开放发展的时代潮流和多元化民族发展趋势推动下逐步放宽对中文教学的限制，例如解除中文教学的禁令、增加华校的拨款、承认华校学历、将中文纳入国民教育体系、在主流教育机构中设立中文专业和中文系、积极支持各教育机构研发本土化中文教材、主动制定本土化师资培养培训计划，以及开展“东南亚华文教学研讨会”等有利于东盟区域华文教学合作发展的区域性会议，等等。从政府角度出发的政策性支持无不成为东盟各国中文教学最坚实的后盾，同时这也进一步体现了东盟各国政府对多元民族的接纳和多元文化的认可，以及对中文的商业经济价值及实用性的高度肯定。在此政治环境下，作为旧式华文教育推行的主要场所、摆脱了政策压迫的华校也在华人华侨的助力下积极恢复办学。除去“政府限制”的顾虑而面对中文背后隐藏的高额效益，东盟各国中文学习群体开始发生变化。东盟中文学习群体中迎来了大量的华裔子女及非华裔成人，东盟各国中文教学的需求日益扩大。在政治生态的指导和居住地民众的支持下，东盟区域的中文教学如鱼得水，在 20 世纪 90 年代后便逐步向系统化、区域化、国际化的方向转变。

三、科技发展是推动传播平台创新发展的重要条件

在 21 世纪信息技术高速发展的今天，网络技术成果早已融入世界人民的生活中，“互联网 +”“人工智能”以及各式电子产品作为时代的产物也已然与人类文明形成了密不可分的关系。在此时代背景之下，中国在中文传播途径上也做出了创新。

在支持东盟各国中文教学方面，我们每年派出的国际中文教育志愿者都

被要求熟练掌握多媒体辅教手段，充分利用现代化信息技术激活中文课堂，用生动活泼、引人入胜的方式提高中文学习的吸引力，力求获得更多学习者的认可。此外，除了线下面授课程，为了扩大中文在东盟区域的传播范围，我国的一些教学机构和教师团队又研发了各式的中文网络教学平台，如“网络1v1汉语教学平台”“网络视频课程平台”以及多种类型的自学中文小程序等。

另一方面，中文在东盟传播的形式也突破了“教学”的单一模式，除了本地的华文广播报刊，全球因特网技术的成熟也为东盟各国带去了更多了解中国文化、接触中文的途径。更多的中国影视作品、娱乐节目通过网络为东盟各国人民所认识，东盟各国人民也可通过各式的网络社交平台接触到更多的中文母语者。中文因此也得到了更广泛的传播，中国和中华文化被东盟各国进一步熟识，深入的交流和理解也进一步激发了东盟各国人民学习中文的欲望。

四、华人华侨一直是东盟中文传播的中坚力量

东盟各国的华人华侨自始至终都是推动东盟区域中文教学发展壮大的中坚力量，他们对东盟中文传播的推进更是付出了诸多心血。

（一）华人华侨是中文传播的奠基者和主力军

早期华人虽身在他乡，但中文仍然是他们身份认同和文化传承的重要载体。因而，无论身处何方，华人华侨总怀着一颗炙热的赤子之心，维护着中文（母族语言）的地位，努力办好中文教育，传承民族的语言文化。东盟区域的中文教育因华人华侨的存在而萌生并发展起来。不同国家的华人华侨因群体规模、经济实力和国家政策等原因具有不同的政治地位，但华人华侨在移民或定居东盟国家后，都努力通过辛勤劳作发挥中国人以和为贵的优秀品质，在与东盟国家人民的交往接触中逐渐融入主流社会，并努力将数千年的中华优秀传统文化传播到当地。

早期东盟国家的华人华侨自身也不富裕，但他们想方设法维护中文作为母语和文化的传承，通过修建庙堂、会馆，兴办华教私塾，开展民族传统活

动等方式培养一代代具有民族认同的海外华裔，在强化族人团结意识、保护中文和中华文化得以传承的同时，也为中文和中华文化在东盟区域的传播创造了条件。19 世纪末和 20 世纪初，随着新式学校的诞生，东盟的华人华侨又不遗余力地兴办华校。1955 年新加坡和马来西亚华人兴办了第一所海外中文大学——南洋大学。为了兴办这所大学，除了当时的华人社团出资出力兴办与管理，连温饱都成问题的底层劳工、三轮车夫、街头小贩、手艺人等都自愿捐出一天的收入。由此可见东盟区域的华人华侨在中文和中华文化传播上的积极性。

20 世纪以前及初期，东盟华人华侨具有兴办华校的自主权，华族子弟的教育可以由华人自主决定，无论是兴办大型私塾，还是兴办华校，都是华人自己筹资、自己管理，当地政府不做过多的干涉。但随后政府为了使得华人国家认同的本地化，便开始限制华人办华校，不仅对华校资质、教师和教科书进行审查，还限定华校开设中文教学的课时数，要求必须以本国官方语言或政府主要行政语言为主要教学媒介语。有些国家甚至取缔华校，没收华校资产。中文传播在东盟的发展进入了艰难时期。然而，困难与挫折并没有完全把华人华侨传承中文和中华文化的热情扑灭，各国的华人华侨都做了不同程度的抗争。如在马来西亚，华人华侨组成的华人社团成为主导该国中文教育发展的主力军，在危难时刻仍毅然决然挑起保卫母族文化的重担。为维护华人华侨的权利和中文教育的发展，马来西亚董教总[①]直面反对马来西亚政府出台的限华同化政策，通过主动协商的方式极力维护中文的社会地位，为此与马来西亚政府抗争了 40 年之久，顶住政府压力保存了一些以中文作为教学媒介语的华校（华文独立中学），创办了大专院校——南方学院，从而在马来西亚形成了一套东南亚最完备的中文教学体系（周倩，2015）。又如在新加坡，从 1920 年华人办华校就开始受到殖民地政府颁布的《学校注册法令》的约束，华校的办学条件被迫升高；1956 年又进而受到《新加坡立法议会各党派华文教育委员会报告书》的约束，华校里的教学语言除使用华语外，还必须在英语、马来语、泰米尔语中选择一种语言作为教学语言。同时，华校还要

① 马来西亚“董教总”是马来西亚华校董事联合会总会（董总）和马来西亚华校教师会总会（教总）的合称。

面对着以英语为教学媒介语、办学经费充足、软硬件条件优良的政府学校的竞争。而且，华校毕业生如果想升入政府举办的大学，英语成绩必须要足够好。华人举办的南洋大学的文凭不受政府承认。面对这一系列不利于华校和华文大学生存发展因素的挤压，新加坡华人努力抗争，虽然举步维艰，但华校仍然存续到 1986 年，南洋大学也在风雨飘摇中生存了二十多年。正是因为新加坡华人拥有强烈的传承中文和中华文化的意愿，并为达成这种意愿而不懈努力，虽然华校、华文大学成为历史，但是中文最终还是被纳入了国民教育体系，成为中小学里华族学生的必修课。政府大学里也开设了中文系开展中文专业的高学历教育，并培养本土华文教师。再如，缅甸的华校在 20 世纪 60 年代后被取缔，连家庭补习班也被禁止，但缅甸华人并没有完全放弃中文传播，有些地区（如曼德勒以北的农村地区）以其他名义持续、艰难地开展着中文教育，公立仰光外国语大学中文系依然公开开展中文教学（张栋、刘振平，2019；邵滨、刘帅奇，2019）。

东盟华人华侨除了不遗余力地兴办学校传播中文，还积极办报办刊、创作文学作品、举办文化艺术活动、推动广播电视台设立中文频道或节目等，近些年来随着新媒体的出现，华人华侨们又积极探索利用新媒体推动传统传媒的转型发展、探索“互联网 +”的中文教学、开发中文教学与传播的小程序等，依托这些传播介质使得中文在一定范围内持续传播。

正是因为华人华侨对中文教育的执着和坚持，东盟中文教育在 20 世纪以前就打下了坚实的根基，虽在 20 世纪经历了政策的挤压，但并没有完全消失，中文依然在东盟各国某些领域、某些范围内传播。因而，我们应明确承认并重视华人华侨在历史上为东盟中文传播所付出的奠基性和建设性的贡献。

而当历史发展到 21 世纪的今天，东盟华人华侨作为中文和中华文化的实践者和传播者也无不尽心尽力地践行着传承、传播中文和中华文化的使命担当。东盟华人华侨对华校的资金投入，华人社团对中文教学的坚定维护和对东盟中文教学区域化发展的无条件支持，以及在华人定居影响下得到广泛传播的中餐、中医、武术、太极等中华传统文化和中国传统节日，都深刻体现了东盟华人华侨对中文在该区域传播所发挥的重要作用。无论所居何时、无论所逢何事，华人华侨永远都是中文和中华文化在东盟传播的主力军。

（二）华人华侨是中文在东盟国家的使用者和传播者

东盟华人华侨既是推动中文在东盟传播的积极传播者，又是积极的中文学习者和使用者（受传者）。从已有研究中，我们不难看出，历史上中文在东盟各国的传播对象主要是华人华侨，在相当长的时期内中文在东盟各国的传播主要是华人之间的代际传承。在华人华侨的影响下，中文在其他族群中也有一定的传播。比如说，有些华人与他族通婚后，混血后裔有一部分人也转而学习、使用和传承中文和中华文化。华人在与他族的交往交际中，影响了他族的语言和文学艺术，使得中文与他族语言和文化有一定的交融。在当前全球“中文热”的背景下，东盟各国华人华侨又是积极响应者，即便是之前因为政策和环境的影响一度失去了传承中文的机会和权利，而在当前各国重新支持和允准中文传播的大背景下，他们迅速加入到中文学习者的队伍中。如泰国政府早在 1918 年就颁布了《暹罗民立学校法》限制华人办华校，随后又直接取缔华校，采取高压政策剥夺了华人学习中文的权利，对华人进行全面的泰化教育，新一代在泰华人失去了中文交际能力，无法再传承自己的民族语言及背后的文化，文化上断了“根”。20 世纪 90 年代以来，受中国经济发展的影响，泰国政府对国人学习中文放宽了限制，甚至还出台相关政策予以支持，新一代华人虽已不具有中文交际能力，对中文也已很陌生，但绝大多数华人又毫不犹豫地开始学习中文。据筱风（2020）的调查，有 86.1% 的华人正在学习或表示自己未来会学习中文，有 97.63% 的华人家长希望子女学习中文。

五、中国的支援是中文在东盟顺利传播的坚强后盾

作为中文的发源地，中国对海外中文教学一直秉持着积极支持的态度。改革开放后，随着全球化程度的日益深化和我国外交环境的不断改善，中文在全球范围内的影响力逐步扩大，其备具潜力的现实价值也进一步深化了全球范围内的“中文热”，极大程度调动了中文教学研究者的热情和信心。在此背景下，我国政府不断调整政策积极推动国际中文教育发展，坚持从三大方面加强对海外中文教学发展的支持，即参与、开放和支援。

（一）积极参与东盟的经济、文化发展

我国始终秉持着合作共赢、和平发展的外交理念，对东盟各国在外交上提出的合理倡议，无论是与经济贸易发展相关的，还是与社会文化发展相关的，都会在第一时间予以正面支持。

（二）保持开放、合作的态度

在开放方面，自中国 1978 年改革开放以来，我国便致力于主动打开国门，由内而外地推动国家在引进来的基础上更快、更好地走出去。对海外各国的开放也是优先从经济贸易层面出发，在促进中国—东盟区域贸易发展和经济一体化繁荣的道路上积极提出了多项有利的区域合作项目，例如“一带一路”倡议的提出、中国—东盟自由贸易区的建立等。而随着与东盟各国贸易往来程度的加深，人文交流的逐渐密切，文化软实力对提升国家影响力的作用也日益凸显。为此，我国也认识到中文和中华文化传播的重要性，将中文和中华文化的传承、传播视为经济社会发展的重要助推力，相关的语言文化开放政策也应运而生。自 2011 年起，我国在“十二五”和“十三五”规划中分别指出要提高文化开放水平，加强国际传播能力建设，创新对外传播、文化交流、文化贸易方式，推动中华文化更好、更快地走出去。此外，“弘扬传播中华优秀语言文化”也被《国家语言文字事业“十三五”发展规划》列为五大任务之一（李宝贵、尚笑可，2018）。

随着中文在海外传播范围的扩大，全球“中文热”的升温，中文作为打开中国国际市场的桥梁也逐渐被世界人民所认识、接受、追捧，学习中文成为海外学子和社会人士谋生的新渠道。为了使中文更快融入国际社会，提高中文的国际吸引力，20 世纪 80 年代末国内开始着手研发并实施了汉语水平考试（HSK）。而随着国际中文学习者对水平考试标准化要求的提高，汉语水平考试又不断改革创新，以求使其更好地贴近国际化标准。同时，为了扩大汉语水平考试的国际影响，满足不同学习动机的中文学习者的需求，中国在汉语水平考试的基础上又推出了汉语水平口语考试（HSKK）、中小学生汉语考试（YCT）、商务汉语考试（BCT）和孔子学院 / 课堂测试（HSKE）等多种类型的汉语水平测试，以求在扩大语言开放程度、提高语言国际影响力的基

础上推动中文的传播。2007 年，国家汉语国际推广领导小组办公室组织研制的《国际汉语教师标准》由北京语言大学出版社出版，全面描述了从事国际中文教学工作的教师所应具备的知识、能力和素质，建立了一套完善、科学、规范的教师标准体系，为国际中文教师的培养、培训、能力评价和资格认证提供依据。2021 年，中国教育部中外语言交流合作中心集合国际中文教育的核心力量研制的《国际中文教育中文水平等级标准》（GF0025–2021），由国家语委作为语言文字的规范文件予以发表，该标准的发布为世界各地的中文教学提供了基本的参照标准。

（三）多角度支援中文传播

我国对东盟中文传播做出了众多具有实际意义的贡献，其中包括对东盟中文教学历史、现状的调查研究，积极探索东盟中文教学发展前景和突破点，为东盟各国中文教学培养本土师资和应要求选派高质量教学志愿者，从中文原生国的角度为东盟各国提供国别教材编写的援助，合作创办本地化的孔子学院、孔子课堂等教育机构，研究开发适合东盟各国中文学习者和中文教师使用的网络教学平台、软件设施等新型教学工具等。

在这个积极共建人类命运共同体的新时代，区域经济一体化发展促使我国与东盟建立起了密不可分的友好伙伴关系。从共同发展、互利共赢的角度出发，我国近些年来不断强化与东盟各国之间的政治、经济和文化交流，积极推行维护世界和平、促进共同发展的外交政策，互利互惠、合作共赢的经济政策和加强了解、增进友谊、共促世界文化繁荣的文化交流政策等，为东盟中文教学提供的支持和帮助，都使中文在东盟的传播迸发出更强的活力。

本讲回顾

中文在东盟区域的传播距今已有上千年历史，规范性的中文教学在东盟各国的发展也已历经数百年。时代背景作为主导因素直接影响着东盟中文教学发展的起落，各国政策也随时代变迁决定中文传播范围的大小。从古至今，海外华人华侨极力捍卫着传承中文和中华文化的权利，努力维护着中文和中华文化的传承。致力于中文和中华文化传承的华人华侨们曾体会过中文教育兴盛的愉悦，也尝尽了没落的辛酸，作为东盟中文教育发展的坚定支持者和中坚力量，东盟各国华人和华人社团无疑是推动中文在该区域传播的主力军。而我国作为中文的原生国、中文国际传播的积极推动者，更是在新世纪新潮流的推动下加速了与东盟各国的合作，从“参与”“开放”和“支援”三方面深入与东盟各国之间的经济、政治、文化交流，积极扩大开放，利用经济贸易带动人文交流，主动支援东盟区域的中文传播事业，力求实现中文在东盟各国的传播范围最大化。

作为中国这一文明古国的邻邦国家，东盟各国凭借着近水楼台的地理优势，共享着千百年来由华人带去的中华优秀文明成果，把握着来自中国的经济资源，坐拥庞大的、具有强大发展潜力的华人群体。经济发展推动中文传播，中文传播助力经济合作。在 21 世纪的今天，东盟已成为中国在世界上的第一大贸易伙伴，也成为名副其实的世界第二大中文区。

中文在东盟的传播历史悠久，但在 20 世纪又颇为坎坷，由华人华侨创始的华文教学在历经“发展—繁荣—挫折—复苏”的曲折过往后，在我国国际地位不断提升的背景下，在中国—东盟政治互信、经济合作日益深化的推动下重获新生，开始了全新的探索历程。面对东盟各国人民学习中文的热潮，东盟区域原有的教学资源已难以满足现实发展的需求，结合时代背景和国家、区域发展之间的需要，我国与东盟各国在政策、经济、文化方面又进一步深化了多边合作，力求在经济贸易合作的基础上带动中国—东盟之间的人文合作交流和语言传播合作。东盟华人华侨积极参与，满怀希望、信心满满地积极支持中文传播，为中文教学在东盟各国的新型发展尽其所能，赓续中文和中华文化的传承，在居住国以多种形式传播着中文和中华文化，为中文在东盟的传播提供了坚实的后盾。在推动新时代东盟中文传播方面，我国更是不吝施援，在“参与”“开放”“支援”三方面予以全方位的支持，在友好外交关系的保障下、日渐密切的经济合作的推动下、开放交流的文化政策支持下，积极与东盟加强国际事务合作、增进政治互信、携手构建人类命运共同体，加大与东盟之间的贸易规模、扩充贸易领域、推动区域经济互补发展，积极开展高层次多领域的文化交流、教育合作，在师资培训、机构建设、教材编撰、平台搭建等方面层层助力东盟各国中文教学的发展，并借助网络信息时代的快车将中文和中华文化通过媒体、娱乐等方式广泛传播至东盟各地，使中文在东盟区域获得更为广泛的传播空间。

从整体上看，随着我国与东盟区域经济一体化程度的加深，我国的国际地位、经济实力、文化软实力的逐步提升，以及东盟华人华侨在中文传播上的不懈努力，中文在东盟大部分国家的教育体系中已占有一定的地位，东盟中文教学资源和教学质量也在我国和东盟各国的共同努力下日益丰富和改善，中文国际传播在整个东盟区域的发展已展现出蒸蒸日上之势。中文在东盟传播的主导力量在新世纪初得到了应有的强化，作为中文传播的重要途径——华人文化传承、媒体传播也在不断扩大中文和中华文化的影响范围。在合作共赢、互助发展的时代背景下，在中国—东盟双方合作良性发展的态势下，中文在东盟区域的传播必将达至新的历史高度。

课后思考与讨论

1. 历史上，中文在东盟的传播途径有哪些？
2. 20 世纪，中文在东盟的传播经历了哪些阶段？
3. 新世纪，影响中文在东盟迅速传播的因素有哪些？
4. 为了促进中文在东盟的传播，我国做了哪些方面的工作？
5. 华人华侨为中文在东盟的传播起到了怎样的作用？
6. 为了进一步促进中文在东盟的传播，你认为还有哪些值得注意的方面？谈谈你的看法。

拓展阅读文献

［1］薄宝华，1992. 东南亚华文教育出现的发展契机［J］. 华人月刊（4）.

［2］蔡昌卓，2010. 东盟华文教育［M］. 桂林：广西师范大学出版社.

［3］曹云华，2015. 东南亚华文教育的过去、现在与未来：国家间关系的视角［J］. 东南亚研究（1）.

［4］曹云华，2020. 全球化、区域化与本土化视野下的东南亚华文教育

[J]. 八桂侨刊(1).

[5] 陈红梅，2011. 面向东盟的汉语国际教育专业硕士培养模式微探[J]. 东南亚纵横(9).

[6] 陈昕，2003. 面向东南亚短期汉语教材的编写设计[J]. 海外华文教育(3).

第二讲　新加坡中文传播概况

新加坡地处东西方交通要道，是一个移民国家，中文很早就随着华人移民的到来传入了该地。从纵向的历史层面来看，新加坡的中文教育一直处于一种比较宽松的环境中，并在独立建国后得到了该国政府政策上的保障，因而得以健康发展至今。20 世纪 50 年代双语教育政策实施之前，新加坡的中文传承的动因主要是华人对民族语言和文化的认同；而双语教育政策实施之后，新加坡华人学习中文依然主要是为了继承民族语言和文化，但也不能否认有一部分学习者是受政策制约才不得不学习中文的。近些年来，随着中国的崛起，尤其是中国提出“一带一路”倡议后，新加坡人学习中文的积极性逐渐升高，一部分人开始有了新的学习动机，即为了以后能够更加顺畅地与中国开展经贸合作。

从横向的现实层面来看，新加坡的中文传播拥有良好的基础。一是中文学习群体大。新加坡人口中华人约占四分之三，华人必须在中小学阶段修读华文课程；二是传播平台好，中文纳入了国民教育体系，且高等院校有中文系和中文教育研究机构，社会上有大量的补习中心，还有孔子学院（课堂）、中国文化中心等；三是政府投入大，政府设立“华文特选学校”培育中英双语精英人才，给予中文教育活动充足的经费支持，不断检讨中文教育政策，组织编写教材和制定课程标准等（刘振平，2017：122—123）。

中文在新加坡的传播历史较长又有着良好的基础，但并不意味着当下中文在新加坡的传播并无问题，在新加坡“多语并存英语独尊”语言政策（郭振羽，1995）的推动下，中文失去教学媒介语的功能，用中文作为交际工具的华人已经越来越少。“虽然官方话语一直反复强调英语与母语在国家的语言资产中各司其职，但事实却无可辩驳地表明，华语正在被逐渐地排除出家庭领域——这个被语言规划学者视为濒危语言的最后堡垒和保护地。”（赵守辉、王一敏，2009）

总之，中文在新加坡有着很高的地位，是四大官方语言之一，也是新加坡华人子弟在中小学阶段必须学习的语言，小学阶段中文成绩不好会难以升入好的中学，中学阶段中文成绩不好会难以升入初级学院从而丧失上大学的机会。单从政策上来看，新加坡无疑是中国之外最为重视中文和中文教育的国家，中文的学习对于新加坡华人来说意义重大。但我们也应该看到这样的事实，中文在新加坡的实用价值已比以前大大降低，不再是学校里的教学媒介语，越来越多的华人在社会交际中不再运用中文，甚至在家庭中也不再以中文作为主要用语。

第一节　中文传播平台和媒介

新加坡政府规定，所有华族公民子弟在中小学阶段必须学习母语。因此，中小学是新加坡中文教学的主要场所，中文教学的主要对象也主要是来自华人家庭的中小学生。有些幼儿园和高中（初级学院或高级中学）会为对中文感兴趣的学生开设中文课程。

为培养中文专业高层次人才和中文教师，新加坡的一些高等院校和科研院所也开设中文专业和相关培训课程。目前，新加坡有一所理工学院——义安理工学院开设华文专业文凭课程，三所大学——新加坡国立大学、南洋理工大学和新加坡社科大学开设中文本科和研究生课程。南洋理工大学的人文社会科学院和国立教育学院都有中文系，后者主要负责培养中文师资。另有新加坡华研中心主要开展中文教师的在职培训工作。

除此之外，国际学校里也会开设中文课程，目的是使学生能够在升大学时顺利通过 IB（International Baccalaureate）考试，教学对象主要是一些外籍华人子弟；新加坡国立大学和南洋理工大学的语言中心开设成人中文第二语言课程，主要为希望学习中文的非华族人士提供培训；通商中国、新加坡中华总商会、新加坡宗乡会馆联合总会属下的新加坡华族文化中心、福建会馆属下的文化学院和一些补习学校等民间机构也进行中文和中华文化培训，教学对象既有成人也有中小学生。另外，南洋理工大学孔子学院、科思达孔子课堂和2015年在新加坡揭牌的中国文化中心都是为对中文和中华文化感兴趣的人士开设相关课程的重要场所。

一、传播平台

（一）学前教育机构

新加坡是一个多种族、多语言的国家。新加坡总理李显龙曾在《2010年母语检讨委员会报告书》中指出："掌握母语会让我们具有亚洲社会的特质，保存亚洲传统与核心价值观，……我们必须尽一切努力保留我们的语言传统……"[①] 因此，为了弘扬和保护各族文化，新加坡政府实行的是英语+母语的双语教育政策。新加坡教育部在2014年和2015年颁布了《学前母语课程框架》和《学前华文教学指南》来指导和帮助学前华文教学。然而，学前教育并没有纳入国民教育体系中，目前新加坡学前阶段的中文母语教学还没有统一的教材，也没有统一的课程设置等。学前教育机构的华文教学只是围绕某些主题来展开华文教学。

（二）小学

每所政府中小学、初级学院都开设中文课程，有些初级学院还开设"华文文学""中国通识"等课程。中小学中文及相关课程的课时、教学目标、课程标准都是教育部统一规定的，教材也是由教育部统编的。此外，有些学校会自编校本教材作为补充教材。教育部还会不定期成立教学检讨委员会，诊断中小学中文教学各个方面存在的问题，进而调整课程标准、教材等。

小学六年制，1—4年级开设"华文"和"高级华文"两种课程；5—6年级，增开"基础华文"。语言能力中等的学生修读"华文"课程，语言能力较

---

① 新加坡教育部:《2010年母语检讨委员会报告书》，2011，第5页。

强的学生修读“高级华文”课程，语言能力尤其是读写能力较弱的学生则修读“基础华文”课程。小学各课程采用单元模式，以照顾学生家庭语言背景的不同和学生能力的差异，使中文教学更具灵活性。

各课程有不同的单元组合模式，具体情况如下（以下信息主要来源于新加坡教育部编写的《小学华文课程标准 2015》）：

1．华文课程

课程	单元组合与课时分配	
	70%–80%	20%–30%
华文	核心单元 +	导入 / 强化单元 或 校本单元 或 深广单元

2．高级华文课程

课程	单元组合与课时分配	
	70%–80%	20%–30%
高级华文	核心单元 +	校本单元 或 深广单元

3．基础华文课程

课程	单元组合与课时分配	
	70%–80%	20%–30%
基础华文	核心单元 +	校本单元

各个阶段和各个单元的教学要求如下所示：

课程	学习阶段	学习重点
华文	奠基阶段（小一至小四）	培养基础阅读和写作（写话、写段）能力，着重聆听、说话、口语互动、识字和写字的训练。
	定向阶段（小五至小六）	综合发展各语言技能，着重口语互动、阅读、写作和书面互动的训练。
高级华文	奠基阶段（小一至小四）	培养基础阅读和写作（写话、写段）能力，着重聆听、说话、口语互动和阅读的训练。
	定向阶段（小五至小六）	综合发展各语言技能，着重阅读、写作和书面互动的训练。
基础华文	定向阶段（小五至小六）	培养基础阅读和写作（写话、写段）能力，着重聆听、说话和口语互动的训练。

单元类型	说明
核心单元	所有学生都必须学习核心单元。这是为了确保所有学生都完成一套共同的学习目标，以设定华文水平的底线。小学离校考试（PSLE）的华文试卷应该以核心单元的程度为依据。
导入单元	在低年级阶段较少接触华文的学生可以学习导入单元，着重聆听、说话技能的学习，目的是为学习核心单元做准备。
强化单元	在中年级阶段需要额外帮助的学生可以学习强化单元，着重识字、阅读技能的学习，目的是强化所学过的内容，也为学习核心单元做准备。
校本单元	只供能力中等的学生修读。学校就实际情况的需要和许可，根据校内学生的不同能力和需求设计的课程。学校可根据各自的情况，采用以下任何一种处理方式： ● 采用部分导入 / 强化单元或深广单元，加强针对性教学。 ● 利用核心单元，丰富教学活动。 ● 自行设计教材，丰富学习内容。
深广单元	能力较强又对华文感兴趣的学生，则学习深广单元。

教育部规定的各个年级每周华文课时量如下：

年级 / 小时 / 课程	小一	小二	小三	小四	小五	小六
华文	6	6	4.5	4	4.5	4.5
高级华文	7	7	5.5	5	5.5	5.5
基础华文					2.5	2.5

（三）中学

新加坡中学学制4—5年，都开设华文课程。新加坡教育部根据学生华文水平由低到高，设置了“华文基础”“华文（B）”“华文（普通学术）”“华文（快捷）”“华文（高级）”五种课程。各中学根据自己学校里的学生华文水平，选择开设其中的一种或几种课程。各课程每周授课时间安排如下：

课程＼年级（小时）	中一	中二	中三	中四	中五
华文（基础）	2	2	2	2	–
华文（B）	3.75	3.75	3.75	3.75	–
华文(普通学术)	3.75	3.75	3.75	3.75	3.75
华文（快捷）	3.75	3.75	3.75	3.75	–
华文（高级）	4.25	4.25	4.25	4.25	–

为了培养中英双语精英，新加坡教育部将德明政府中学、公教中学、海星中学、华侨中学、立化中学、南华中学、南侨中学、南洋女中、圣公会中学、圣尼格拉女校、中正中学总校共11所中学遴选为华文特选中学。特选中学强调英语和中文双语并重，注重向学生传授中华优秀传统价值观，除开设“高级华文”课程外，在三、四年级还会开设“华文文学”课程等供学生选修。

（四）初级学院和高中

在新加坡教育体制中，初级学院（Junior College）相当于中国的高中。另外，还有一些以“XX Institute”和“XX High School”命名的学校设有相当于中国高中的高中部，如华侨中学（Hwa Chong Institution）和德明政府中学（Dunman High School）。无论是初级学院还是高中部，学制都是两年。在这些初级学院和高中部里，除了开设“华文”课外，有的还开“华文与文学”课。中学毕业时，高级“华文”成绩通过者可以免修“华文”课，为了进一步提升中文水平可去选修“华文与文学”课。只不过，中文成绩非常好的学生才会去选修“华文与文学”，所以，“华文与文学”课只在那些有较多中文水平较高学生的学校，如莱佛士初级学院、华侨中学、德明政府中学等，才能开班。

（五）高等学府

高等学府里，义安理工学院（新加坡的各个理工学院相当于中国专科层次的高校）开设华文专业文凭课程；新加坡国立大学文学暨社会科学学院开设汉学专业本科，以及中文专业的硕士、博士课程；南洋理工大学中文系开设中文本科、硕士、博士课程；南洋理工大学国立教育学院亚洲语言文化学部开设华文教学专业文凭、本科、教育硕士和应用语言学博士课程，用于培养中小学中文师资和高层次的中文研究者，另有面向国际招生的汉语国际教学硕士课程；新加坡社科大学开设中文专业本科课程和学前教育（华文）硕士课程。

新加坡国立大学和南洋理工大学都设有面向社会招生的语言培训中心，开设针对成人的中文作为第二语言的短期培训课程。南洋理工大学还设有中华语言文化中心，主要开展中国语言文化方面的研究工作。新加坡华文教研中心也挂靠在南洋理工大学，开展在职中文教师的培训，提升在职中文教师的教学素养、教学能力与专业水平，并开展创新教学与学习策略的研究，探索新加坡双语环境下的中文教学法。

（六）国际学校

新加坡的国际学校开设国际文凭课程（IB，International Baccalaureate），其课程体系要求至少教授两门语言：语言 A 和语言 B 。就英语国家开办的国际学校而言，语言 A 事实上就是英语，语言 B 即为第二语言课程。在新加坡，主要是英语国家开办的国际学校开设中文课程，选读中文课程的学生从语言背景上大致可以分为三类：一是中文为第一语言的学生，这类学生主要来自中国大陆和港澳台等地；二是中文为第二语言的学生，这类学生主要来自海外华裔家庭；三是中文作为外语的学生，这类学生主要来自海外非华裔家庭。凡修读中文课程的学生基本上都是按年龄分班，不同语言背景的学生，往往同处一个班级。在课时安排上，较为普遍的情况是每周 4 节中文课，每节课 40—45 分钟。

（七）私立补习中心

新加坡华文补习中心有两类：一类补习中心是面向中小学生开设的。这类补习中心的课程主要是一些围绕着中小学开设的华文课程而开设的强化、巩固和拓展类课程，目的是帮助学生在毕业考试时取得好的成绩。这类补习中心在新加坡遍布全岛。另一类补习中心主要开展面向成人的中文作为第二语言教学的课程，课程的教学目的是帮助学习者获得基本的中文交际能力以满足工作需求，有的课程是为了满足成人学习者体验中国语言文化的魅力。

（八）通商中国、中华总商会和宗乡会馆下属的培训机构

新加坡通商中国和中华总商会都设有华文教学中心，主要针对成人开展中文技能培训。新加坡宗乡会馆联合总会属下的新加坡华族文化中心、福建会馆属下的文化学院，主要进行华族文化的教学和宣传。

（九）孔子学院、孔子课堂和中国文化中心

根据孔子学院全球门户网站（Confucuis Institute，https://www.ci.cn/qqwl）显示，新加坡目前有两所孔子学院和一个孔子课堂——南洋理工大学孔子学院、新加坡丝路孔子学院、科思达孔子课堂。另建有中国文化中心。

南洋理工大学孔子学院 2005 年 8 月开始运营，中方合作院校是山东大学。目前学院开设的课程主要有：中小学生华文补习课程、面向成人的专业中文课程（商务汉语、财务与会计汉语、交际汉语等）、汉语国际教育专业文凭课程、商务翻译及口译专业文凭课程、中华文化课程、中国通商策略与法则等课程。另外还不定期开展各种中华文化活动和文化讲座，并依据学习者的需求量身定制一些中文和中华文化课程。

新加坡中国文化中心是目前我国在海外建设的规模最大、设施最完善的文化中心。2015 年 11 月 7 日，由中国国家主席习近平与新加坡荣誉国务资政吴作栋共同揭牌[①]。中心设有展厅、剧场、图书馆和教室，为新加坡公众提供

① 习近平与吴作栋共同为新加坡中国文化中心揭牌［EB/OL］.［2015-11-09］. https://www.mct.gov.cn/whzx/ldhd/201511/t20151109_697490.htm.

各类中华文化活动、中文和中华文化教学培训和信息服务。

二、传播媒介

（一）中文教材

1. 小学华文教材

1979 年后新加坡中小学华文教材，由新加坡教育部统一编写，截至目前先后完整出版了五套八版小学华文教材，即：1979 年开始出版的《小学华文教材》，共出了三版；1994 年开始出版的《好儿童华文》，共出了两版；2001 年开始出版的《小学华文》《小学高级华文》《小学基础华文》；2007 年与中国的人民教育出版社合作编写并出版的《小学华文》《小学高级华文》《小学基础华文》；2015 年开始出版的《欢乐伙伴——小学华文》《欢乐伙伴——小学高级华文》《欢乐伙伴——小学基础华文》。2023 年开始，新加坡教育部着手修订 2015 年出版的这套《欢乐伙伴》系列教材,2024 年《欢乐伙伴（2.0 版）》一年级教材已正式出版并投入使用。

当前新加坡小学使用的《欢乐伙伴》系列教材是依据 2010 年母语检讨委员会提倡的“乐学善用”理念而编写的。《欢乐伙伴——小学华文》《欢乐伙伴——小学高级华文》都是贯穿 1—6 年级的教材，后者用于中文水平较高的学生。每个年级分上下两册，共 12 册。《欢乐伙伴——小学基础华文》是从五年级开始使用的教材，用于那些使用《欢乐伙伴——小学华文》已感觉困难，中文读写水平较低的学生，也是每个年级分上下两册，共 4 册课本。各层次的课本都配有活动本（习题册）。

《欢乐伙伴》调整了汉语拼音教学内容的编排。与以往的教材不同，《欢乐伙伴》中有关汉语拼音的教学内容被分散到了一年级课本上下两册之中。而且，以往作为独立板块的汉语拼音教学，调整为听说与拼音、读写与识字相结合。教材中每一课都设计了大图书和动画，意图让学生先通过一系列听说活动对汉语音节有所感知，然后再分析音节的声母和韵母，最后在会话中强化所学的汉语拼音知识。在汉语拼音拼写规则的教学方面也与之前版本的教材有所不同，突出表现在两个方面：一是分词连写；二是字母分大小写。

《欢乐伙伴》充分考虑新加坡本地华语的特点，沿袭上版教材严格控制儿化词的原则，而在轻声词的认定上更加严格，凡《现代汉语词典》（第 6 版）未标注为必读轻声词的都不作为轻声词。

在汉字内容的编排上，《欢乐伙伴》与 2007 年《小学华文》的汉字学习量大体相当，创新之处在于：一是提出了处理“语”“文”关系的新模式，即“语”“文”分流（先口语再识字），有机关联（在听说与读写之间建立内容上的有机联系，降低读写板块的识字难度）。在从听说到读写的滚动编排过程中，把汉字形、音、义的难点分散到听说、拼音、读写三个板块中。听说、拼音板块学习口语，了解字的音、义，建立音、义的联系；读写板块则借助听说、拼音板块的已知，开展识字、写字教学。由于此时字音、字义多数已成为学生的已知，识字的任务便只集中于字形，从而减轻了汉字学习的负担，提高了字形学习的成功率。二是“识”“写”分流，多认少写。“识”“写”分流就是识字、写字遵循各自的特点和规律平行或异步发展。识字的难度低，写字的难度高，先认后写，多认少写。识读字的选择遵循四个优先的原则：（1）可作为常用偏旁部首的字优先；（2）构字能力强的字优先；（3）使用频率高的字优先；（4）构词能力强的字优先。选择识写字时遵循四个优先原则：（1）独体字优先；（2）笔画数少的字优先；（3）能作为常用偏旁部首的字优先；（4）构字能力强且难度低的字优先（罗庆铭等，2017）。

课本内容安排主要有四个环节：听说剧场、拼音城堡、读写乐园与生活运用。“生活运用”为学生创设语文情境，也鼓励家长同孩子互动，用课本的活动以及数码资源，以中文跟孩子互动。教材增添了科技教具，每一课都有相关的语文活动、儿歌与游戏等，学生日后还可自行上网进行部分活动。为使教材更贴近生活，《欢乐伙伴》以四个学生主人翁“欢欢、康康、小安、小乐”贯穿小一至小六的华文课本，他们可成为篇章或学习活动主角。

2．中学华文教材

新加坡教育部自 1983 年开始出版中学华文统编教材，后又于 1994、2002、2011 年先后出版了三套。随着以英语作为第一语言的华族子弟越来越多，新加坡原有的面向母语教学的华文课程标准和教材逐渐表现出其不适用性，于是教育部依据 2010 年母语检讨委员会的报告，重新编写了课程标准，并于2020年着手编写新的中学华文教材《华文伴我行》。编写《华文伴我行》的一个重要目标是适应新加坡华文教学逐渐向第二语言教学转变的事实，充分照顾第二语言学习者的学习特点。该教材2021年陆续出版，至2023年底中学四个年级的课本和活动本全部出版完毕。根据学习者的语言能力和学习需求，每年级都有五套不同水平层次的课本和活动本供选择，分别为《华文伴我行·华文B》《华文伴我行·基础》《华文伴我行·普通学术》《华文伴我行·快捷》和《华文伴我行·高级》。中学一至三年级教材分上下册，四年级不再分上下册，只有一册。《华文伴我行》采用单元模式编写而成，4个年级7册23个单元，其中一、二、三年级，每个年级教材分上下两册，每册3个单元；四年级不分册，共5个单元。

《华文伴我行·普通学术》和《华文伴我行·快捷》是绝大多数中学生使用的教材，而《华文伴我行·高级》是小学毕业会考华文水平在全国前5%的学生使用的教材，《华文伴我行·基础》《华文伴我行·华文B》是用于那些华文水平较低，只能着重发展听说能力的学生。

（二）中文报刊

新加坡目前主要的中文日报有三份:《联合早报》《联合晚报》和《新明日报》。这三份报纸同属新加坡报业控股（SPH）华文媒体集团旗下。其中，《联合早报》是新加坡发行量最大、最有影响力的中文报纸，每日出版30—60版。该报纸大量报道中国的时事新闻，而且还经常在副刊中刊发新加坡本地作家创作的文学作品、探讨新加坡中文教学的相关问题等。《联合晚报》和《新明日报》主要是报道娱乐花边新闻和当地新闻。除了这三份日报之外，新加坡报业控股还出版了两份分别给中学生和小学生阅读的中文报纸《逗号》和《大拇指》周报，以及两份中文期刊《都会佳人》和《优》周刊。

中文学术期刊方面，新加坡华文教师总会和新加坡华文教研中心联办的《华文学刊》是一份刊发中文教学研究的学术期刊，一年两期，获收录为中文社会科学引文索引（CSSCI）海外版来源期刊。新加坡教育部课程规划与发展司还主办了一份中文期刊《华文老师》，是新加坡教育部华文课程组和各中小学教师分享华文教学经验和研究成果的主要阵地。

另外，还有一些文学和文化类刊物，影响较大的如新加坡作家协会主办的《新华文学》、新加坡宗乡会馆联合总会主办的《源》等。

（三）广播电台和电视台

在新加坡，主要有三个公司运营广播电台：新传媒（Media Corp）、报业控股（SPH）和新加坡战备军协电台（SAFRA Radio）。新传媒有三个中文频道，报业控股有一个中文频道，新加坡战备军协电台没有独立的中文频道，但有一个中英双语频道。新加坡只有新传媒一家公司经营电视台，有两个中文频道：8 频道和 U 频道。

（四）文学教材和文学作品

新加坡的一些中学三、四年级开设“华文文学”课程，初级学院和高中开设 H2/H3“华文与文学”，皆为选修课，开设学校不多，学生选修人数总量非常低。新加坡教育部之前为这些课程组织编写了一些教材，2012 年新加坡教育部出台了《中学华文文学课程标准 2013》，对其完整课程和配对课程的教学目标和内容等方面都做了明确规定和建议，尤其重视文学教材编写理念和内容的改革。教育部指定两家出版社根据新课标来出版文学教材：名创教育出版社编辑出版《古代文学作品选读》，玲子传媒编辑出版《现当代文学作品选读》。

新加坡华文文学以中华文化为底蕴，立足于自己所生存的这片土地，展现出了既有中华神韵又有南洋风味的独特风采。新加坡华文文学作品丰富，有大量的长、中、短篇小说，难以计数的散文、诗歌创作。华文作家队伍规模大，成立了新加坡作家协会，还创办了专门的华文文学刊物《新华文学》，出版了作协系列丛书，涌现了黄孟文、王润华、希尼尔、艾禺、林得楠、刘瑞金、郑景祥、周德成、穆军、烈浦、钟韵宜、林锦、李叶明、陈彦熹、冰秀、郭永秀、毛丽妃、陈帅、沈斯涵、君盈绿、辛白、林高、周通泉、孙爱玲、廖建裕、蔡宝龙、柯奕彪、佟暖、张松建、陈华淑、王丽珊、李喜梅、陈志锐等一大批知名的本土作家。

第二节 中文师资和学习者

一、师资构成及培养

1. 中小学师资主要为本土教师

由于新加坡中文教学主要集中在基础教育阶段，所以中文师资培养的重心也就主要集中在中小学师资培养上。新加坡的中小学中文师资，绝大多数是本国自己培养的。20世纪末至2010年，每年从中国大陆、中国台湾地区和马来西亚等地招聘汉语言文学专业本科及以上学历的应届毕业生或在职中小学语文教师到政府中小学任教。但目前新加坡华文师资培养已经完全本土化，不再采用这种方式引进师资。

2. 师资培养的领导和实施机构

新加坡中小学中文师资的培养工作，受教育部统一领导，主要由教育部相关行政部门、南洋理工大学国立教育学院（以下简称“教育学院”）中文系、新加坡华文教研中心（以下简称“华研中心”）和中小学校合作完成。教育部主要负责中文教师培训前的遴选和受训后的分配工作，教育学院中文系主要承担职前的专业培训、考核认证及在职研究生的培养工作，华研中心主要负责中文教师的在职培训工作，中小学校的任务主要是为受训教师提供教学实习和为培训单位提供专业研究等方面的支持。

3. 师资培训体系

新加坡的师资培训体系受英国师范教育影响很大，其主要特点是职前教师培养采用双轨制，一是通过专业本科教育培养教师，二是采用开设专业文凭课程，颁发专业教师资格证书的方式引进合格教师，这与中国师范教育的做法不同。作为新加坡唯一的一所从事中文师资职前培养的教育机构——教育学院中文系，目前只开设了旨在培养小学华文师资的本科教育课程［简称“BA（小学）课程”］，四年制，毕业合格授予华文教育专业学士学位；而开设的专业文凭课程按入学条件和培养目标的不同分为四类：（1）旨在培养小学华文师资的一年制大学毕业生专业文凭课程［简称“PGDE（小学）课程”］；（2）旨在培养中学华文师资的一年制大学毕业生专业文凭课程［简称“PGDE（中学）课程”］；（3）旨在培养小学华文师资的两年制专业文凭课程［简称“Dip Ed（两年制）课程”］；（4）旨在培养小学华文师资的一年制专业文凭课程［简称“Dip Ed（一年制）课程”］。

职前教师培训课程共有五大模块：教育类课程、专业学术类课程、教学法课程、教学管理类课程和教学实习。教育类课程目标在于培养职前教师掌握教育的一般规律和工作技能，能胜任现代教育制度下的学校教育，主要课程有教育学、教育心理学、教育与社会背景、课堂管理、资讯科技应用等。专业学术类课程目标在于培养职前教师掌握教学所需的专业知识。分为语言和文学两类，总体上看培训中语言类核心课程居多，文学类选修课程较多。教学法课程主要是培养职前教师面对复杂社会背景和多元化教学对象的实际课堂教学能力。主要课程有语言与言语知识教学、听说教学法、读写教学法、汉字教学专题等。教学管理类课程目标是帮助学生毕业后能够适应学校的教学管理需要，主要课程有教师沟通技巧、专业文本分析、多元文化研究等。教学实习有学校体验（School Experience）、助教（Teaching Assistantship）、见习（Teaching Practice 1）和毕业实习（Teaching Practice 2）四种形式。不同类型课程对实习的要求不同，参加 BA（小学）课程的学生必须完成全部四种实习：第一年要进行两周的教学观摩，第二年要进行 5 周的助教活动，第三年要进行 5 周的见习，第四年要进行 10 周的毕业实习；参加 PGDE 课程的学生则只需完成 10 周的毕业实习；参加 Dip Ed（一年制）课程的学生在入学前要进行 4 周的教学观摩，然后在毕业前再完成 10 周的毕业实习；参加 Dip Ed（两年制）课程的学生，第一年要进行 5 周的助教活动，第二年要进行 10 周的毕业实习。

新加坡教育部历来都非常重视师资的在职培训工作，并制定了相关的政策鼓励和支持中小学教师参加在职培训。而具体承担在职培训的机构，在培训过程中也不断积累经验，既注重对教师职业发展需求的调研，也强调针对个别学校需求的个性化课程开发，逐步形成了一套切实可行、注重实效的培训体系。从课程内容和培训目的来看，新加坡中小学中文师资的在职培训主要有以下几种类型：

（1）以教学为中心的短期培训。这类培训主要是为了解决教师在课堂教学中遇到的知识和技能方面的问题，目的在于提高教学质量，推行教学改革。这类培训是新加坡中文师资在职培训的主体。目前，主要是由华研中心来做这方面的培训工作。

（2）资格培训。这类培训主要是让教师通过学习某些特定培训课程，从而获得参与某项教学活动的任职资格。教育学院中文系和华研中心都不定期开设这类培训。

（3）学位课程培训。这类培训主要是为了中小学中文教师自身的专业发展。获得华文教育专业学士学位的教师入职后，如果想进一步提升自己的专业水平以获得高级学位，绝大多数人是通过在职学位课程培训。目前提供华文教育专业高级学位在职培训课程的，主要是教育学院中文系。另外还有新加坡国立大学、南洋理工大学和新加坡社科大学的中文系，以及中国的一些大学（如暨南大学、香港大学教育学院等）与新加坡当地的教育机构合作开设的中文专业高级学位班。

二、学习者情况

新加坡的中文学习者以华人为主体，但也有一些非华族人士，尤其是随着中国经济的发展，越来越多的非华族人士认识到了中文的经济价值，开始学习中文。

（一）华人及其学习态度

学习中文的华人主要有两类。第一类是在校的中小学华族学生，这也是目前新加坡中文学习者的最大群体。华族子弟无论是否愿意，都必须学习华文（中文），这是新加坡一项基本的教育政策。第二类是20世纪80年代前，从使用英语为教学语言的学校毕业的成人。他们原来接受的几乎是全英文的教学，不具备运用中文进行交际的能力。如今他们在工作、生活中或是感受到了中文能力缺失带来的不便，或是认识到了掌握中文将会带来更多的经济利益或有助于增加事业上升空间，于是选择参加成人中文培训班。

英语在新加坡双语教育政策中占据主导地位。首先，华族学习者面临升学压力；其次，中文在学校课程中使用范围非常有限；另外，中文的价值在社会生活中没有很好地体现出来。因此，年轻一代的新加坡华人已经很少有老一辈华人继承中文和中华文化的情怀，更看重的是中文的实用性。因此，学习者的积极性并不高。“据华文教师和家长反映，在许多学生的眼中，华文不是主流学科，仅是为了应付考试而不得不读的科目，考试过后如释重负，就较少甚至不再接触华文了。在这些学生和部分家长的心目中，华文似乎是影响学习其他科目以争取优异成绩的一个包袱，甚至是累赘。”（吴元华，2004）

而另一类学习华文的华人，即那些当年从英语为主的学校毕业的华人，往往是因为如今认识到了中文学习的重要性而参加成人中文课程的。他们有着明确的学习动机，因而学习的积极性普遍较高。

（二）非华族人士及其学习态度

学习中文的非华族人士也主要有两类。第一类是选修“华文特别课程”［Chinese（Special Programme）］的马来族和印度族中学生。新加坡教育部2004年推出中学华文特别课程，目的是让小学毕业会考中英文和母语成绩优异，且对中文感兴趣的其他族群学生有机会学习中文，这些学生在学习英语和本族群母语外，还可以选择中文作为第三语言来学习。

第二类是已经参加工作的成人。这些人往往有明确的学习动机，要么是工作中需要用到中文，要么是认识到了中国经济发展给中文带来的经济价值，要么是真正对中文或中国文化感兴趣。非华族人士往往是在明确的动机驱动下学习中文的，因而学习积极性普遍较高。

第三节　尚需解决的一些问题

目前，新加坡年轻华人的中文水平普遍不高，跟原来以中文作为教学媒介语的华校毕业生相比差距较大，学习积极性也不高。他们之所以学习中文主要是因为中文是毕业考试的必考科目，对学习中文的其他意义和价值认识不足，这是新加坡官方和民间都已认识到的问题。也正是认识到了年轻人学习中文的积极性和中文水平都在不断下降，官方每隔几年就成立母语检讨委员会调研造成这些现象的原因，教育部进而根据检讨委员会的调研结果调整中小学课程标准。

一、政策导向造成年轻华人学习和运用中文的积极性降低

“新加坡的语言政策演变至今，英文已经成为强势的主导语文，它的使用价值大大超越所有其他语文，而各族语文已逐渐失去其主流语文的地位与功能。”（刘振平，2014a：29–32）英语是学校里的教学媒介语，“华文”只是一门语言课程，新加坡华人在接受学校教育时，课堂上受到的英文训练远远多于中文。而且，由于各种族学生共处一校，华族学生在学校里还要与其他种族的学生交际，所以，同学们之间大多时候都是在用英语交际，如果不是华文课上有特定要求，学生通常是不会选择中文交际的。正是因为学校环境中英文的学习和使用机会大大多于中文，从而使得新加坡年轻人的英文水平普遍高于中文水平。人们使用语言的基本规律是通常情况下人们会主动选择自己最熟悉的语言进行交际，因而新加坡年轻人普遍都会优先选择运用英语进行交际。

在推动英文成为社会强势的主导语文的同时，政府为减轻年轻人中文学习的压力而不断调整政策。虽然政府规定所有华族儿童都必须学习中文，但当发现有些学生学习中文吃力时，就降低对中文水平的要求，将中文课程分为“高级华文”“普通华文”和“基础华文”，允许那些学习中文吃力的学生修读“基础华文”。“基础华文”课程的要求很低，不注重读写能力的培养，修读“基础华文”课程的学生难以获得基本的中文交际能力。如果说增设“基础华文”课程是把中文学习的要求降到了最低限，而 2004 年 2 月 28 日教育部宣布接受大学入学委员会的建议：华族学生申请进入大学，华文成绩仍需及格但不再计入入学成绩总分中，这一政策则客观上造成了大多数初级学院的学生降低了对中文学习的要求，不再尽最大努力提升自己的中文水平。

二、年轻人的语言态度影响了他们中文学习的积极性

新加坡国土面积有限、资源匮乏，主要以“外向型经济”为主要经济发展模式。为了国家的生存与发展需要，新加坡政府采用英语作为国家行政语言和全民共同语言，确立英语在双语教育政策中的主导地位。为了实现将新加坡建设成重要国际贸易中心这个政治目标，让新加坡立足于国际社会，英语成为谋生的工具和竞争的优势。（戴家毅，2022）虽然政府在政策层面上采用双语教育政策，看似是平等对待不同的语言，但其显性与隐性政策的矛盾决定了各个层面上明显地出现了鼓励人们更好地学习英语的导向。比如，政府部门要求日常工作的书信、电函、文件等都需要用英文书写，英文好的人有更多的到政府部门工作的机会；高等院校也主要用英语作为教学媒介语，英文水平不高的华校生升学的概率变小；此外，商业交流也主要是用英文，英文不好的毕业生没有好的就业前景（刘振平、赵守辉，2017），中文的经济价值在社会中并没有得到明显的体现。赵守辉、刘永兵（2008）的调查发现，在新加坡社会，英语通过其所拥有的象征价值具有清楚地标志社会阶层的功能。鉴于英语的声誉和使用价值，无论英语家庭还是中文家庭在任何场合下都鼓励自己的孩子使用英语。在这种背景下，新加坡年轻一代华人对中文的学习积极性必然受到影响。他们自然而然地将英语作为首选学习对象和实际使用的交际工具。这种情况按照郭熙（2021）的观点来看，中文更像是作为一种祖语（heritage language）而存在。中文作为社会主体语言之外的语言文化传承的祖辈语言，其重要特点是被边缘化，有时候其象征意义大于实用的交际意义。

三、对面向成人的中文培训关注不够

随着中国经济的快速发展，新中经贸合作与往来日益增多，“一带一路”倡议的提出进一步加强中国与沿线各国之间的经贸合作，中文的价值正在不断增加。在新加坡，已有越来越多的人认识到了这一点，这些人当中既有新加坡本地华人，也有来新加坡务工的其他种族的人，他们为了方便自己的工作或为了今后能够从事与中国打交道的工作而积极参加中文培训班。但目前

新加坡在面向成人中文培训方面还做得很不够，一是忽视教学对象之间的差异，没有针对不同的教学对象开发不同的课程；二是没有开发专门的教材，多是由培训者自己选择教学材料，教学材料是否科学缺乏足够的论证；三是相关的研究不足，无论是新加坡本国的学者还是中国的学者，对新加坡的这一类华文教学都不曾做过专门的研究，对目前教学中存在哪些问题、如何改进等缺乏系统的分析和总结。

四、师资培训有待进一步规范

新加坡是中国以外投入最大、经验最多、各方面建设最完备的中文师资培训基地，在中文师资培训方面所取得的成绩令世界瞩目。不过，细细检讨，会发现还有一些需要不断改进的地方，主要是：（1）遴选职前教师和培训过程中，对申请者的华文口语表达能力重视不够；（2）很多课程没有公开出版的、认可度较高的教材，也没有经过详细论证的课程标准对每门课程的基本教学内容做出规定，往往是由授课教师个人决定教授哪些内容，带有很大的随意性；（3）职前培训中有些教师教给学生的教学法单一，在职培训中对推出新教学法却有乐此不疲的倾向，有些教学法的适用性尚未得到很好的验证。

本讲回顾

出于国家生存、团结的需要，新加坡把语言问题当作政治课题来处理，在独立建国初期便确立了“英语＋母语”的双语教育政策。新加坡华文教育政策的演变历程，反映出不同历史时期的政策取向变化。具体表现为从突出语言的政治性到强调语言的民族性再到发挥语言的经济性的变迁趋势。（戴家毅，2022）20世纪末，中文的经济实用价值提升，使新加坡人的中文能力在亚洲经济发展中成为竞争优势。这激发了华族子弟和非华族学生对中文的积极态度。新加坡中文的发展，既有华人群体内代际的纵向传承，也有不同区域内从华语群体向非华语群体的横向传播。正是这些友族学习者的加盟，

激发了那些原想放弃祖语的人重新继承和学习祖语的热情和信心。（郭熙，2021）

新加坡虽然在20世纪80年代将华校都转制为政府学校，中文也由教学媒介语变成了单科教学语言，但新加坡是中国之外唯一明令要求当地华人在基础教育阶段必须学习中文的国家（刘振平，2014b），这至少保障了中文在新加坡得以继续传承和发展。同时，新加坡政府也意识到在学校里进行单科教学要想培养出中文精英存在一定难度，因此设立特选学校以培养中英双语精英人才。总体来看，新加坡政府非常重视中文教学，不断对中文教学的效果进行调研，并根据社会环境和学生特点等不断调整中文教学的内容和方法。

此外，新加坡教育部根据学习者的变化而不断修订、新编教材。新加坡目前已实现了中文师资的本土化培养，并在大学里开设了中文专业的高学历教育，形成了一支颇具实力的中文和中文教育本土科研队伍。近些年来，随着中国国际地位的提升和中文经济价值的增长，有越来越多的非华族开始学习中文。新加坡中文传播平台也较为多样和发达，华文报刊、在线教学平台数量较多，有多个广播电视台播放中文节目，开展中文教学的民间私立教学机构众多，这些都为中文的进一步传播奠定了扎实的基础。新加坡的中文传播发展态势良好。

我们还应看到新加坡中文传播发展面临着严峻的形势。新加坡政府学校里的中文教育经过多年的积累和探索发展良好，但面对英语的强势挤压，实际上有越来越多的华人已经不再以中文作为交际用语，出现了越来越多的中文作为第二语言学习者，而新加坡中文教学界在中文作为第二语言教学方面的探索还很不足，如何调整教学内容和方法，从而提升这个群体的中文学习效率，是推动中文传播在新加坡进一步发展亟须解决的重要问题。另外，采取什么样的策略才能进一步提升华人学习中文并使用中文进行交际的积极性，也是一个需要深入探讨的问题。

课后思考与讨论

1. 请总结新加坡中文教育的成就与不足。
2. 你认为新加坡华裔与非华裔中文教学的不同点在哪里？

3. 对于新加坡年轻一代对中文学习的兴趣不高的问题，你认为原因何在，该如何解决?

4. 请论述在“一带一路”背景下，新加坡中文传播的机遇与挑战。

拓展阅读文献

[1] 高茹、刘振平，2014. 新加坡双语教育政策中因材施教理念的注入与发展——新加坡教育政策报告书解读[J]. 外国教育研究(3).

[2] 刘振平，2014. 新加坡华文教学研究[M]. 南京：南京大学出版社.

[3] 刘振平、杨绪明，2019. “一带一路”背景下新加坡汉语传播现状及策略[J]. 海外华文教育(1).

第三讲　越南中文传播概况

中越两国山水相连，有着悠久的传统友谊。自1950年两国建交以来，中越两国结下了深厚友谊。虽然两国关系在历史进程中曾有过曲折，但总体保持向前发展的势头。特别是20世纪90年代以后，中越两国关系实现正常化以来，双方在各领域的友好交往与互利合作不断加强。越南作为所有东盟国家中唯一一个与我国海陆相连的国家，以其在“一带一路”建设中显著的地缘优势承担起了促进我国与东盟合作共赢的桥梁作用。

历史上，早在秦汉时期中国就在百越地区（含现越南北部）设置郡县直接管辖。到宋朝时，越南丁朝建国后也与中国保持着藩属关系。在这1000多年间，中原文化继续源源不断流入越南。“随着宗藩关系的加强，中国先进的文化源源不断地输入越南，汉语汉文化得到了更加广泛深入的传播，汉字甚至成了越南社会正式的文字”，“汉语汉字通过多种途径在越南进行传播，对越南社会政治文化以及语言文字的社会功能产生了广泛而深远的影响”。（祁广谋，2006）越南早在秦汉时期就有汉字传入①。13世纪时，出现了根据汉字的形体特征，借用汉字或汉字的构建，采用假借和自造等方式创造出来书写

① 据郭振铎、张笑梅（2001）主编的《越南通史》认为，秦始皇三十三年征伐岭南之后，设置象郡。因此，有大批中原汉人进入象郡，汉字自此开始传入越南。公元前207年，南海尉赵佗在南越建立政权后，也从中原地区吸收了大批有汉文知识的“徙民”，并大力推行和发展汉文化，还设立学校教授汉学。到汉武帝时，汉朝在越北设置郡县，越南正式使用汉字纪史。关于“喃字（或字喃）”的出现，《越南通史》中认为，现知越南出现字喃最早的确凿证据是“报恩碑”，该碑刻有“李高宗龙应五年”（1209年）字样。同时，文中还引用越南史学家明铮在《越南史略》中的观点，“13世纪出现了一个大的变动，字喃被用来记载我国人民的思想和情感。13世纪使用字喃一事，是我国人民文化生活中的一个重大变革”。

越南民族语言的符号体系——喃字（祁广谋，2003）。“喃字（或字喃）”一直与汉字平行使用，直至20世纪初期才退出历史舞台。19世纪起，越南采用拉丁化新文字。1945年，越南民主共和国成立，用新文字扫除文盲。随着扫盲工作的开展，新文字在越南普及了。自1950年中越两国建立外交关系后，中文逐渐成为越南的一门重要外语。

20世纪后期，越南中文教学和传播约有十年的时间里处于低谷状态。从1991年起，随着两国关系走向正常化，越南的中文教学被重新重视起来。近年来，中越双方一直秉持“十六字”方针和“四好”精神，以建立全面战略合作伙伴关系为契机，构建具有战略意义的中越命运共同体。① 两国政府关系的良性发展为中文在越南的传播奠定了坚实的基础。

另外，“一带一路”倡议提出后，两国贸易额不断攀升、双方经济合作在广度和深度上不断拓展、一系列中方积极参与的基础设施建设项目以及中越金融合作进一步推进，给越南带来了经济、社会等各方面的巨大利益，也为越南中文传播带来良好的发展机遇。中文变得越来越“热”，如今已成为越南的第二大外语。越南国内中文学习人数不断增多，教学规模不断扩大，同时还有大量越南中文爱好者踊跃“北上”，直接到我国学习中文。中文对越南学生有着巨大的吸引力，学习中文专业已成为越南学生的热门选择，中文传播在越南已取得了一定的成果。但属于汉文化圈的越南中文传播在当前仍表现出诸多不足，仍需寻求提升传播效果的有效策略。

第一节　中文传播平台和媒介

一、传播平台

学校教育是越南目前范围最广、影响力最大的中文传播平台。目前，越

① 中华人民共和国和越南社会主义共和国关于进一步深化和提升全面战略合作伙伴关系、构建具有战略意义的中越命运共同体的联合声明［EB/OL］.［2023-12-13］. https://www.gov.cn/yaowen/liebiao/202312/content_6920159.htm.

南的幼儿园和小学开设中文教育的还很少，开设中文课程的初中和高中数量逐渐增加，高等学校是开展中文教育的主阵地。

（一）初中和高中

目前，越南开设中文课程的初高中学校数量还不多，大部分集中在靠近我国或与我国接壤的一些北部省份，包括河江、老街、广宁、海防、太原、和平以及河内和胡志明市两大城市，还有南部的芹苴省。

2018 年，在越南教育部“普通教育课程改革委员会”和“2020 国家外语计划”的指导下，越南专家小组成功制定了《普通教育课程中作为第二外语的中文科目教学框架》。这为越南普通中学开展中文作为第二外语教学提供了法理依据。

（二）高等学校

1. 中文本科专业

高等学校的中文教学近些年呈现较好的发展趋势。高校中文教学发展最快，规模最大，是中文在越南传播效果迅速发展的一面重要旗帜。当前，越南高校的中文教学分成专业性中文教学与非专业性中文（即第二外语或选修课）教学。其中，专业性中文教学呈现着平稳较快的发展势头，值得瞩目。越南全国有 30 所大学、13 所大专院校开设中文本科专业并进行招生[①]，招生名额最多的学校包括河内国家大学下属外国语大学、河内大学、胡志明市师范大学、胡志明市国家大学下属人文与社科大学等名校，一般招生名额为 150—200 名，全国本科中文专业招生人数约为 2300 名（胡得国英，2018）。全国不同省市不少未开设中文专业的高校，在仍将英语作为学生主要的必修外语的同时，还开设了中文选修课，如河内百科大学、法律大学、外贸大学等。由于中文选修课学分受到限制，一般每周 3—5 课时，教学内容较为简单，主要限于教授一些日常生活用语、浅层文化知识，以及常见的语法规则等初级水平的教学内容。

---

① 该数据来自胡得国英：《汉语在越南传播状况分析》，《国际传播》2018 年第 5 期，第 76—84 页。

2. 高层次中文专业

目前越南主要有河内国家大学下属外国语大学、河内大学、军事科学学院、胡志明市师范大学四所高校招收中文专业硕士研究生，而河内国家大学下属外国语大学还招收中文专业博士生，但总体来看，中文专业的研究生招生名额不多，每所高校每年一般在10名左右。研究生大部分都是半工半读，硕士研究生读研时间通常为2年，博士研究生3到4年，可以选择中文研究和中文教学法研究两个不同方向，被录取入学前都必须通过招生考试。近些年来，由于国内外专家学者的大力支持，加上越南国内中文教师水平的不断提升，越南本土中文专业研究生的培养质量在不断提高。

3. 在职教育

中文专业的在职教育也是越南高校中文教学发展中不可忽视的一部分。开展中文专业在职教育的学校不在少数，如河内国家大学下属外国语大学、河内大学、胡志明市国家大学下属师范大学等。中文专业在职教育的对象，大部分为政府人员、各省市国家单位公务员、大学教师、大学生等在内的成年人。接受中文专业在职教育的学习者，一般是在周末或非周末的晚上上课，学习年限一般长达三到四年半。

（三）补习中心

近些年，越南国内各类外语补习中心发展迅猛，数量剧增。这些补习中心有公办的，也有民办的。公办中心一般是地方教育管理单位（如省教育厅）或公办学校在校内校外开办的。不管是公办的还是民办的，都需要经过当地教育管理机构的批准才可以开班招生。有的中心只专门开设一门外语，有的甚至开设两三门外语。补习中心的中文学习者年龄结构较为复杂，身份职业比较多样，包括学生、职员、商人等。这些年许多中文补习中心开始按照学习者的要求开办不同性质的培训班，如HSK考前辅导班、中文口语班、中文商贸班等。学习时间为每周2—3次课，每次课约2个小时，每个班一般学习3到6个月，最长的也只有一年。有些公办补习中心，在学习者结束中文学习之前，会对学习者进行结业考试，考试通过者将获得由中心颁发并盖有地方教育管理机构红章的证书。此类证书对工作或晋升中需要外语证书的公务员大有裨益，结业成绩按照越南教育部规定的标准分为 A、B、C 三级，C 级为最高级。获 C 级证书者一般能够达到中文中级水平。

（四）孔子学院

1. 成立时间晚，数量少

2014 年 12 月越南首家孔子学院在河内大学揭牌。河内大学孔子学院也是迄今为止越南唯一一所孔子学院。和东盟其他国家相比，越南境内的孔子学院不仅数量稀少，而且建立时间也晚。

2. 教学对象单一，影响力不足

河内大学孔子学院成立十年来，累计学员总数超过 5000 人[①]。早期的工作侧重的是开展文化宣传活动，“教学活动和文化活动的比例为 1：11”，但“文化活动层次较低”“活动的多样性、交流性较少”（NGUYEN THANH SON 阮青山，2018），同时孔院举办的活动主要集中在河内地区，辐射范围和地区影响力较小。因此“历经六年并未发展成越南汉语教学的核心部分和主体”（谢春辉、罗军，2022）。虽然后来孔子学院开始举办 HSK 考试，但服务对象主要为 HSK 考生，服务对象较为单一。

3. 孔院开展“中文 +”等新业务

根据《孔子学院章程》，“孔子学院致力于适应世界各国（地区）人民对汉语学习的需要”。因此，伴随着中国与东盟的经济贸易往来，孔子学院在越南的工作内容不仅只是起到传播和展示中国文化的作用，也开始着力于为所在国培养专业技术型中文人才以及沿线国家语种的专业技术型人才。据谢春辉、罗军（2022）介绍，从 2020 年开始，越南河内大学孔子学院在“中文 +”方面走出了第一步，开设了首个“中文 + 农业”的职业教育班，为越南北宁省的中资畜牧医药方面的企业培养人才。2021 年 3 月 2 日，该孔子学院还成为越南唯一的国际中文教师资格证考试海外考点。

---

① 探访越南河内大学孔子学院|大国外交零时差［EB/OL］.［2023-12-13］. http://world.people.com.cn/n1/2023/1213/c1002-40138228.html.

二、传播媒介

（一）中文教材

1. 通用型的中文教材的来源

越南国内中文教学所使用的中文教材从来源上可以分为四种：一是引进中国编写的对外汉语教材版权；二是引进欧美地区中文教材的版权；三是采用中国编写的英语教材的中文部分；四是越南人自编的中文教材。

越南使用的中文教材存在一些不足：（1）版本较早，内容跟不上时代；（2）新出版的教材不多；（3）越南注重语言技能培养，按听、说、读、写、译课程教学，教材类别多样，但分布不均，其中口语教材最多；（4）越南高校大部分使用从中国引进版权加以改编的教材，本土“自编”教材不多。“由于越南政府严格控制教材、教辅等书籍，禁止学校擅自编写教材、辅导用书等，各个学校的中文教师只能自己编写教案作为内部材料使用”（曾小燕，2015）。而所谓“自编”是指教师从中国大陆、台湾和香港地区等中文教材中摘选、整理后再加上越南语注释（陈传俊，2015）。自编教材的使用率较低，仅有20%的教师选择使用本土教材（葛婧、黎氏秋庄，2020）。

2. 越南自编的通用型教材

越南教育与培训部针对中小学中文教学研发了一些中文教材，如小学教材《华语》（阮国超主编，越南教育出版社）10册，2000年第1次印刷；中学中文教材《中国语》7册，2006年第1次印刷，用于初一至高三7个年级。除了教育与培训部研发外，部分学校还使用其他教材，如2009年同奈出版社出版的《儿童中文》3册（马成才主编）、越南教育与培训部与云南大学出版社合作编写出版的《小学中文》8册和配套练习册等。

高校非语言技能课程所使用的教材大部分是由本校中文系的中文教师自编或合作编写和出版的。例如，越南国家大学下属外国语大学的古代中文课程使用的由本校教师范玉含博士主编的《古代中文》，供给学校内部使用，未经正式出版，课本为复印版。河内师范大学的教育科学课程的教材也是由本校中文系自编的教材，课本形式也是复印版。

3. “中文+”专业教材

中越两国在政治关系、经贸往来、教育互动以及文化交流等方面具有明显的优势。中国已经成为在越南投资规模较大的国家之一。复合型“中文+职业技能”人才的需求成为越南“中文+职业技能”教育的巨大推动力。但与越南国内对“中文+职业技能”需求不相称的是，相关的教材种类和数量显得相对不足，且多为自编教材，缺乏系统科学的设计。有学者认为，在教材建设方面，越南仍属于“待发展”国家。

（二）中文报刊

越南中文报纸、杂志数量不多。《西贡解放日报》为越南共产党胡志明市委的机关报，有越文版和中文版，主要报道政治、经济、外交、社会动向等方面的内容，发行量每日四万份，网络上已有电子版，是帮助越南华人融入越南社会、构建华人国家认同、维系族群意识、开展中文教育宣传、引导华人学习中文的重要工具。另外，还有《会讯》《越华文学艺术》《华语世界》等几份经济、文学类的报纸、杂志。但这些报纸、杂志主要服务于越南华人和华裔，因此多在华人密集的越南南部地区发行。

随着网络技术的发展，各类报纸、杂志的电子版已被越来越多人所熟悉。近些年来，越来越多的越南报纸开始增加中文电子版，做到了利用越南语、英语、中文、法语等多种语言同时发布新闻，如《越南共产党电子报》《民智报》《人民报》《人民公安报》《时代报》等。

（三）广播电视

越南目前没有专门使用中文的广播和电视频道，只有中央级的越南之声广播电台国际广播频率 VOV5 和胡志明市、平阳省、广宁省等少数地方广播电台每天定时播出中文新闻节目，胡志明市和其他华人华裔聚居数量较多的省份共有 20 多家电视台每晚都播放大约一个小时的中文晚间新闻（胡得国英，2018）。

（四）新时代的网络媒体

网络技术的发达与多媒体通信平台的应用，使得中文网络传播进入了快速发展阶段。以 Facebook 为代表的社交平台、网上论坛、视频分享网站以及中文教学网站等新时代的网络媒体成为中文网络传播的有效工具。

Facebook是目前在越南发展速度最快、影响力最大的社交平台。在Facebook里随便输入“中文”“学习中文”等关键词，可以找到上百个关于中文学习的主页，而许多主页由于内容丰富，图片生动，视频精彩，互动性强，关注用户达到上万人。

越南国内网上论坛活动非常活跃，较有名气的有dantiengtrung.com、tuhoctiengtrung.net、chinese.com.vn、diendantiengtrung.com等论坛，中文学习者在论坛里相互分享中文学习、到中国旅游的经验，中文学习材料和就业信息，介绍中华文化知识，讨论越南国内中文教学情况等，内容十分广泛。

在越南最受欢迎的视频分享网站为www.youtube.com。其视频库非常庞大，有关中文的视频非常多，涵盖配有中越文字幕的关于中文发音、商务中文、中文听力口语训练、中国文化、中国歌曲、中国成语故事、中国电影等多个方面。甚至还有一些运用中文系列教材开展教学的视频，中文学习者可以跟着视频从零起点一步一步学习，直至达到中文高级水平。这些视频的存在，在一定程度上满足了越南中文学习者的各种学习需求。

中文教学网站多由各个民办外语中心的教师或负责人开发，网站内容丰富，种类多样，包括许多学习材料和教学视频，主要介绍中华文化历史、中文知识，中文学习方法，以便引导中文爱好者更有效地学习中文，激发更多的学习者的中文学习兴趣。另外，还有些网站向学习者提供往年的越南高考中文试题或中文水平考试试题。

以上中文在越南的传播方式，可以归纳为人际传播、大众传播和组织传播三种主要类型。越南的汉语人际传播主要通过一对一、一对多的汉语教学课堂，或者是在越南的华侨家庭通过汉语使用习惯的保持和传承等方式进行。大众传播指特定的社会集团用报纸、杂志、广播、电视、网络等媒介进行中文传播。孔子学院总部推出的孔子学院和汉语教师志愿者项目，是当前汉语国际传播中典型的组织传播类型。（胡得国英，2018）人际传播是最普遍的传播方式，但由于越南高水平的中文教师资源较少，因此传播效果不明显。大众传播由于种种原因，缺乏互动性，没有得到充分利用。孔子学院作为典型的组织传播类型，影响力不够大。

第二节　中文师资和学习者

一、师资构成及培养

目前，在全球“中文热”的大背景下，专业中文教师的缺乏已日益成为国际中文教育界面临的新问题。越南是国际中文教学的一个较为重要的地区，中文教学质量不断提高，教学模式不断创新，规模不断扩大，中文教师缺口也随之扩大，越南开展中文教学的主要阵地是高校。越南高校本土中文教师多为越南主体民族京族人，而华文学校教师多为华族或华人。高校师资呈现量少质薄的状况。（曾小燕、阮德英，2023）

（一）师资构成

越南高校中文教师来源途径主要有四种：第一，毕业于中国大陆、台湾和香港等地高校的越南人；第二，毕业于越南本国高校的越南人；第三，由中国大陆、台湾地区派遣的中文教学志愿者；第四，跨国联合培养的中文高层次人才。越南高校中文教师中，本土教师占绝对多数。由于越南高校中设置的博士和硕士点很少，现有的师资学历水平仍然偏低，博士较少，硕士占主流。

越南拥有博士学历的中文教师主要集中于几所知名高校，如河内大学的博士教师比例达到63.6%，河内国家大学下属外国语大学的博士教师比例达到54.9%，河内外贸大学也达到了31.3%。师资实力的校际、区域不均衡现象明显。（葛婧、黎氏秋庄，2020）此外，高校中文教师职称偏低。据陈灵芝（2016）调查，越南高校中文师资队伍少见最高级别“教授”，副教授也仅有两位。

（二）师资培养

在越南，从事本科理论课教学的教师必须取得硕士以上学位。但越南尚缺少能够培养中文专业的硕士和博士研究生的院系。因此，想通过攻读硕士或博士学位进入高校从事中文教学的越南学生只能选择出国继续深造。（阮文清、曾小燕，2016）但出国名额有限，师资欠缺仍然是越南中文教学的瓶颈。（陈灵芝，2016）

目前，越南高校还拟采取与中国高校联合培养的方式进行师资建设。2024 年 10 月，越南雒鸿大学与江西财经大学开展了国际中文教育专业硕士联合培养项目推进会，双方拟以“3 + 2”“3 + 0.5”“0 + 4”等合作模式进行中文师资的联合培养①。

此外，近年来，中国教育部中外语言交流合作中心②（下称“语合中心”）为解决越南中文师资的培养问题，积极努力。语合中心联合国内大学主办了多个针对越南本土中文教师的来华研修项目，如由北京语言大学承办的越南中小学本土教师研修项目③、北京师范大学承办的研修项目④等。

二、学习者情况

（一）中小学生

越南政府在 21 世纪以来所执行的一系列教育政策对吸引越南学习者学习中文有着重要的支持和促进作用。据曾小燕、阮德英（2023）和胡得国英（2018）的介绍，2012 年，越南相关政府部门把中文列入越南小学和初中的自选课程中，每周有四节课学习中文。2016 年，越南教育与培训部积极出台政

---

① 人文学院与越南雒鸿大学国际处举行国际中文教育专业硕士联合培养项目推进会［EB/OL］.［2024–10–17］. https://rwxynew.jxufe.edu.cn/news-show-3431.html.

② 2020 年中外语言交流合作中心成立，语合中心隶属于中国教育部，其前身是原国家汉办。语合中心是发展国际中文教育事业的专业公益教育机构，致力于为世界各国民众学习中文、了解中国提供优质的服务。

③ 越南本土中文教师来华研修项目圆满结束［EB/OL］.［2024–01–05］. https://news.blcu.edu.cn/info/1022/26174.htm.

④ “赓续传统友谊，开创崭新征程”——2024 年北京师范大学“越南本土教师来华研修”项目举办［EB/OL］.［2024–08–29］. https://news.bnu.edu.cn/zx/zhxw/dbf0bcbf43284ef8b6fcd15ee25f3468.htm.

策，自2017年起，从小学一年级到高中三年级的学生可以选择中文或者俄语作为越南初级教育第一外语。2021年，越南教育与培训部发布了第19/2021/TT-BGDT号通知，其中颁布了俄语、日语、法语和中文的普通教育计划。中文与其他三种语言都被定为第一外语，且是必修课。这一系列政策的颁布对中文在越南的传播都是一个良好的机遇，中文不仅进入了越南的国民教育体系，而且还被定为必须选修学习的外语之一。因此，中文在越南有着大批的学习者。截至2023年底，越南9个地区的28所初中、18所高中，共约12000名学生选择中文作为第一外语学习。①

此外，“一带一路”建设的推进，使得中越双边贸易蓬勃发展，又有不少中国人到越南投资设厂，越南国内中文学习者迅猛增加，掀起了中文学习的热潮。据调查，目前越南多数省市都开展中文教学，尤以河内、海防、河江、广宁、和平、老街、谅山、太原、胡志明市、富寿等地区的中文教学规模较大。另外还有一些华裔青少年在补习中心和孔子学院学习中文。

（二）高等院校的学习者

开设中文专业的高等院校，修读中文专业的在校生多超过百人。为了提高中文教师队伍的教学能力素质和中文水平，每年全国高等院校都有许多中文教师申请中国政府奖学金，到我国各高等院校攻读硕士、博士学位或参加短期培训班进修或深造一个月至一年。据武清香（2019）的访谈与问卷调查结果，越南高校中文学习者主要为年轻女性。他们的中文水平大部分为零起点。在中文学习的初级阶段，有90%以上的越南高校中文学习者都认为写作是中文四项基本语言技能中最难掌握的，其次为听力、口语、阅读等技能。大多数越南高校中文学习者的学习目的及动机是因为对中文感兴趣、想了解中国语言与文化、为学习专业做语言准备或深造、为掌握语言交流工具或为工作，只有一部分是处于被动情况下（家长要求或学校外语选课要求）或不明确目的。

---

① Tiếng Nga，tiếng Trung đang được dạy ở Việt Nam như thế nào?（俄语与中文在越南的教学情况）[EB/OL].［2016-01-11］. https://vietnamnet.vn/tieng-nga-tieng-trung-dang-duoc-day-o-viet-nam-nhu-the-nao-337213.html.

（三）“中文+”的学习者

越南现在已经是中国在东盟的第一大贸易伙伴。中越经贸合作关系的不断深入，越南国内对熟练运用中越双语，同时兼具职业技能人才的需求也随之增加。河内大学孔子学院在2020年首次开设了“中文+农业”的培训，为当地企业培养“中文+职业技能”的复合型人才。“中文+职业技能”人才的培养成为中越教育合作领域的新趋势。

第三节　尚需解决的一些问题

一、中文传播区域不均衡

虽说目前中文传播在越南取得了一定的效果，但传播广度和深度在不同地区还存在差异，有些地区的效果不错，但有些地区的效果还有些不尽如人意。在越南，中文最受欢迎的是北部，特别是与我国接壤、双边民众有直接经济贸易来往的省份。这与近年来中越边境贸易的快速发展以及“一带一路”倡议提出后两国友好合作带来的利益有着直接的关系。如今的中文传播有赖于中越经济贸易的往来，经贸合作的快速增长将带动语言的发展，反过来，语言交流的畅通可以克服合作过程中的障碍，加深彼此的了解与信任。“一带一路”倡议实施以来，越南北部获益颇多。目前我国在越南的投资以及中方参与建设的最具有代表性的三个项目，即“三高两铁三桥”（中越合建的三条高速公路、两条铁路和三座桥梁）、河内吉灵—河东轻轨二号线与老街—河内—海防标准轨铁路项目，给谅山、北江、广宁、海防、河内、高平等北部省市提供了基础设施建设方面的帮助，也带来了经济更快发展的良机，使得这些北部省份的民众认识到了掌握中文的重要性。

二、学校中文教育需继续改进

学校中文教育是目前越南中文传播的主力。想要将中文传播得更好，搞好学校里的中文教育是至关重要的。越南各类学校的中文教育近年来取得了较多令人瞩目的成果，特别是体现在高校本科层次的中文教学方面。中文本科专业的规模从20世纪90年代后期开始不断扩大，这几年一直保持较平稳的状态。其他层次的中文教学也呈现出良好的发展趋势。但目前越南中文教学还存在一些需要改进的问题。

（一）学校中文教育结构失衡

本科教育蓬勃发展，基础教育和研究生教育两个层次仍比较薄弱，形成两端小中间大的结构。初高中中文教学发展较慢，规模不大，而且许多学校里中文只被设为选修课，没有取代英语第一外语的位置。有些省份初中与高中没有同步开展中文教学，或展开得不够全面，这导致许多学生中文学习中断的现象。如谅山省学生在其所在的初中学习四年中文之后，若能考上该省唯一的重点高中才可以继续学习中文，因为除重点高中以外，该省的普通高中并没有开设中文课程。

越南全国开设本科中文专业的高等院校有40多所，分布在北中南三个地区，每年招生名额较稳定，整体上看规模比较大。高等院校本科中文培训模式多样化，不仅能培养出具备中文各方面技能、掌握其他专业知识的双文凭毕业生，还能将中文专业细化到旅游、商务、外贸等不同方向；在专业内容上也在不断调整，课程设置从注重语言知识课程转变为以专业技能课程为主；教学形式上不再单一，课堂上的互动交流得到重视；教学质量大大改进；跟我国高校之间的培训合作日益频繁。越南多所高校中文专业的学生在历届“中文桥”比赛中都表现得十分出色，曾获得此比赛的多个荣誉奖项。

目前越南拥有中文硕士或博士学位授予权的四所高校每年进行一到两次招生考试，招生名额不多，每次录取的人数屈指可数。越南河内国家大学所属外国语大学是越南国内中文专业教学最权威的高校之一，但其2018年下半年中文专业研究生录取人数仅为4名，全部都攻读硕士研究生，其中1名攻读中文语言研究方向，3名攻读中文教学法研究方向。[①]2019年上半年该校硕

① Thông báo điểm trúng tuyển kỳ thi tuyển sinh sau đại học đợt 2 năm 2018（关于2018年第二次研究生招生考试结果的通知）[EB/OL]．[2018-10-16]．http：//ulis.vnu.edu.vn/thong-bao-diem-trung-tuyen-ky-thi-tuyen-sinh-sau-dai-hoc-dot-2-nam-2018/.

士研究生招生名额为 10 名，其中中文语言研究与中文教学法研究方向各招 5 名；博士研究生招生名额为 3 名，中文教学法研究和中文语言研究两个方向招生人数分别为 1 名和 2 名。[①] 河内大学 2018 年中文专业硕士研究生已录取人数也仅有 5 名。[②]

（二）师资队伍需继续加强建设

过去，越南高等院校中文师资队伍学历和职称都偏低，数量上的缺口也较大。2004 年以前，越南高校基本上没有高级职称的中文教师，最高学历也仅仅是硕士，且拥有硕士学位的中文教师在各所高校分布也不均匀，有些高校的中文教师都是本科学历（韦锦海，2004）。近些年，尽管这种情况已得到了明显改善，但仍然是值得重视的一个问题。阮文清、曾小燕（2016）通过调查指出，到 2015 年 8 月，越南全国 552 位中文教师中有学士学位的占 18.33%，获得硕士学位的占 58.70%，获得博士学位的占 22.96%，获得副教授职称的两名教师都在河内国家大学下属外国语大学。越南高校拥有硕士或博士学位的中文教师数量比过去明显增加了不少，硕士学位的中文教师在全国各高校的分布情况相对均衡，但博士学位的中文教师则主要集中在河内国家大学下属外国语大学、河内大学、胡志明市师范大学、胡志明国家大学下属人文与社会科学大学、河内外贸大学等越南一些高等名校，有四分之一的高校没有博士学位的中文教师。

与过去相比，越南的中文教师虽然在学位上实现了突破性提升，在数量上也有了明显的增加，但仍然无法满足高校中文教学发展的需求。直到 2018 年，越南教育与培训部每年颁布的有关高校师生比例的文件都保持统一不变的规定，明确人文社会科学类专业的师生比为 1 : 25。[③] 但由于师资队伍存在

---

① Thông báo tuyển sinh sau đại học năm 2019（2019 年研究生招生通知）[EB/OL]. [2019-03-18]. http：//ulis.vnu.edu.vn/thong-bao-tuyen-sinh-sau-dai-hoc-nam-2019/.

② KẾT QUẢ TUYỂN SINH CAO HỌC NĂM 2018（关于 2018 年研究生招生考试结果的通知）[EB/OL]. [2018-8-23]. http：//web.hanu.vn/sdh/mod/forum/discuss.php?d=896.

③ Thông tư 06/2018/TT-BGDĐT xác định chỉ tiêu tuyển sinh trình độ đại học，thạc sĩ，tiến sĩ [EB/OL]. [2018-06-20]. https：//luatvietnam.vn/giao-duc/thong-tu-06-2018-tt-bgddt-xac-dinh-chi-tieu-tuyen-sinh-trinh-do-dh-thac-si-tien-si-160603-d1.html.

缺口，大部分中文高校都无法遵守该规定，师生比一般都在 1 : 30 到 1 : 40 之间，有些高校超标还比较严重，如芽庄大学的比例为 1 : 67，河内第二师范大学为 1 : 60，东方大学为 1 : 52（阮文清、曾小燕，2016）。这在很大程度上影响到了教学质量。

另外，初高中和华校的教师数量也存在缺口。由于待遇不高，教育行业的吸引力不够强。虽然谅山省教育厅打算在更多的初高中开展中文教学，但由于教师招聘遇到困难，再加上有的初中中文教师在参加教学工作一两年之后改行当翻译，该省近几年开设中文课程的初高中学校一直没有大的增长。在胡志明市的华校中，一部分华文教师是年纪大、具有丰富教学经验但没有受过师范专业正规培训的华人，一部分是受过越南本科院校师范专业培训的年轻华人，也有一小部分是越南本土教师，师资队伍尽管已经有所改善，但仍然需要高质量、高学历的年轻中文教师。

（三）高质量本土教材缺乏

本土中文教材不足是目前越南中文教学亟须解决的一个问题。越南中小学和高校使用的中文教材五花八门，教育部也尚未颁布有关教材的统一规定。2015 年“越南中文教育培训机构教学现状与改进措施”研讨会中，有研究者提出，胡志明市许多小学华校的学生学习的是胡志明市教育与培训厅编写的小学中文教材，但到了初中，学校使用的却是越南教育与培训部编写出版的《中国语》系列教材的前 4 册，每学年一册（越南初中是 4 年制），两个阶段的教材在知识点和技能训练上没有很好地衔接。全国大部分开设中文课程的重点高中也使用《中国语》系列教材，但由于中文教学没有在初高中同步展开，并非所有省份的学生初中阶段都学过中文，许多重点高中要求学生在高中的三年内读完这套共 7 册原本需要 7 年中学才能读完的教材，难度实在有些大。[①] 大部分高等学校都使用我国名校出版的教程，最常见的有杨寄洲主编的《中文教程》系列教材及其技能训练配套教材、陈灼主编的《桥梁》、孙德

① Dạy và học tiếng Trung trong trường học - Thay đổi theo nhu cầu xã hội（中文在学校里的教学工作——根据社会需求而有所改变）[EB/OL].［2015-12-18］. https://giaoduc.edu.vn/day-va-hoc-tieng-trung-trong-truong-hoc-thay-doi-theo-nhu-cau-xa-hoi/.

金主编的《中文语法教程》等，而中越翻译、古代中文等一部分课程由任课教师自编教材。附属于中小学的华文中心多是采用中国大陆、台湾地区及新加坡等地编写的教材，有的教材还用繁体字。来自我国和越南周边国家的中文教材都缺少越南本土化的词汇，缺少贴近越南现实生活的题材，内容在一定程度上无法满足商贸、翻译、师范等专业的学习需求。越南自编的几套中小学教材尽管导入了一些越南本土化词汇和文化因素，但选用的词汇不够合理，未能很好地做到难度等级划分；课文内容和语料来源陈旧，缺乏趣味性和时代性；练习类型较为单调，练习量少。因此，编写本土化中文教材是越南中文教学一项迫在眉睫的工作。

三、培训中心的中文教学有待进一步提升质量

外语和中文培训中心的发展规模不可小觑。此类中文教学机构生源丰富，学习者年龄结构复杂，学员的中文需求也不尽相同。虽然近年来有些民办的中文培训中心已根据学员的需求开办口语、HSK 辅导等不同性质的课程班，也控制了班级人数以保证教学质量，但许多民办和公办中文培训中心都没有按照学习者年龄、需求和合理的师生比例分班，存在“一锅粥”的情况。不同的中文培训中心使用不同的中文教材，如《中文教程》（北京语言大学出版社）、《博雅中文》（北京大学出版社）、《发展中文》（北京语言大学出版社）等，有时候教师也根据学生需求上课前自己编写一些材料。有些民办中文培训中心还邀请非中文师范专业的中国人给学员上课。教育管理部门对这种教学机构目前还缺乏规范性管理，未对其提出关于授课教师、教学大纲、学员人数等方面的具体规定。

中文培训中心的一部分学员是已工作多年的成年人，他们中有的是需要外语培训文凭的公务员，有的是工作中需要使用中文的商人。关于中文培训中心在读学生数量，目前还没有权威的统计数据，但这一类学习者数量不在少数。各中文中心使用的主要是面向初高中学生的教材，许多内容不符合成年人心理特点，在一定程度上降低了成年学员的学习兴趣，班里学员较多，授课教师无法顾及所有学员的需求和接受能力。而且，目前也缺少对这部分

学习者的相关研究，教育部门也没有研发出针对性的教材。

四、传统媒体的中文传播效果较弱

传统媒体指的是报纸、杂志与电视广播。越南目前发行的中文报纸、杂志数量屈指可数，且主要面向越南华人华裔群体，其影响范围主要在越南南部各省市。中文电视广播节目与各类报纸的电子中文版的内容多为有关政治、经济、社会等方面的新闻，缺乏趣味性，关注者一般为华人或精通中文的越南中年人，未能吸引越南各类中文学习者当中的数量最多的年轻人。各类华文报纸也未能灵活结合新网络媒体进行中文传播，像《华语世界》这样的文学学习类中文杂志目前只有纸质版，没有 Facebook 主页或公众号。

五、孔子学院文化传播作用有限

作为越南目前唯一的一所孔子学院，河内大学孔子学院为中文和中华文化宣传做出了不少贡献。其活动较为丰富，但活动规模偏小，影响范围较有限，文化传播效果不太明显。除了“中文桥”比赛越南北部赛区预赛，其他诸如暑假中文学习班、中秋节文化交流会、迎新春联欢会等活动主要参与者都是河内大学和河内地区的学生，每项活动的参与人数平均仅限于几十人。阮青山（2018）认为：“文化相同，语言相近的现象使得孔子学院在举行活动时遇到一定的困难，同时因为活动的内容没有太大的吸引力和创造性，比较枯燥。”此外，孔子学院仅靠开展文化活动很难在越南形成有影响力的文化品牌，很难提高中文与其他外国语机构的竞争。

本讲回顾

越南与中国山水相邻，历史上也有较为紧密的联系。越南也是汉字文化圈的国家之一。越南中文传播的历史可以追溯到几个世纪前。汉语汉字最初在越南的传播既是出于统治和开发边境民族文化的需要，同时，也是因为汉语汉字所负载的汉文化的强大功能和价值，使得越南人对汉语汉字由被动接受到主动获取。

一方面，越南政府相关教育政策，将中文作为一门主要外语，使得中文在越南拥有了大批的学习者。另一方面，张治国、彭永超（2023）认为，中文在越老缅的传播还受到中文的经济价值的影响。当中文具有较高经济价值时，这些国家就在政策上鼓励，学习人数就增多。近年来，随着“一带一路”的快速发展，为越南中文传播带来良好的发展机遇。由于中文在越南的商业交流、旅游服务、文化交流等方面也得到了广泛应用，中文在越南的传播受到了越来越多的关注和重视。中文已经逐渐成为越南人学习外语的重要选择之一。

目前，越南不仅在高等教育中设立了中文系，也在初高中开设了中文作为外语的选修课程。中文教育机构、孔子学院也成为华裔青少年学习中文的重要场所。

越南中文传播的主要渠道包括：教育体系中的中文系、中文报纸、杂志、广播电视、互联网平台和孔院的文化交流活动等。其中，中文教育是中文传播的主要力量。越南的中文传播存在着比较明显的发展不平衡的现象，越南中文传播的道路任重而道远。

一是中文传播的地域不平衡。中文发展比较迅猛的地区主要集中在与中国毗邻，或与中国经济往来比较频繁的越南北部地域。中文传播的深度和广度都还有待发展。

二是各级各类中文教育发展不平衡。越南的中文教育优势主要集中和体现在高等教育的本科层次。中学基础教育阶段和研究生教育两个层次的中文教育还有待发展。课外教学机构的管理还需进一步规范。为了更好地服务所在国，配合越南积极发展本国职业教育的趋势，“中文 +”将会是越南中文传播中的一个途径和新亮点。

三是越南中文教学师资力量校际差异较大。除河内国家大学下属外国语大学外，大多数高校现有师资队伍还显薄弱，且师资中硕士为主流。高层次中文人才的培养和教育严重不足。同时，由于中文教师待遇不够有吸引力，初高中和华校教师的数量，甚至是高校中文教师的师资力量都有缺口，“量少”且“质薄”。

四是越南中文教材发展投入不足。目前流行的教材版本较陈旧，内容过时，新出版教材跟不上中文传播发展的步伐。缺乏“中文+”的教材，不利于复合型中文人才的培养。

五是虽然传统的中文媒体如报刊、电视等起到了中文传播和推广的一定作用，但与迅猛发展的互联网比起来，传统媒体能发挥的效果越来越有限。越南中文传播需要更好地利用互联网平台，吸引数量更多的年轻受众，从而为中文传播提供更加便捷和高效的渠道。

六是孔子学院作为组织传播的重要构成因素，其在越南中文传播中发挥的作用还有待进一步提高。

课后思考与讨论

1. 请结合中越两国的历史渊源，谈谈中文在越南传播的过程中有什么优势？目前存在什么挑战？

2. 目前越南的中文教材有哪些类型？存在什么不足？如何改善这种状况？

3. 与东盟其他国家相比，越南孔子学院的发展情况如何？你有什么建议？

4. “一带一路”背景下，越南中文传播的新亮点、新途径可以从哪些方面着手？

拓展阅读文献

[1] 陈灵芝，2016. 汉语国际传播视角下的越南高校汉语教学发展研究

[D]. 博士学位论文. 中央民族大学国际教育学院.

[2] 彭振声，2019. 越南华族学生的民族语言教育政策研究——以胡志明市华文教育为例 [J]. 东南亚纵横 (5).

[3] 邱月清，2019. 越南本土汉语教师培养现状 [J]. 汉语国际传播研究 (1).

第四讲　泰国中文传播概况

泰国长期与我国保持政治、经济、文化交流，是当今世界中文教学与传播的热点重点地区之一。中泰早在西汉时期就有接触，据《汉书·地理志》记载，有人通过海上航行到过泰国。有学者认为，西汉时期，泰国南部地区已成为中国通往东南亚、南亚的重要通道，存在中文随经贸往来在泰国境内传播的可能性。宋代，停驻泰国的中国人由商人、僧侣扩大到普通民众。（杨刚、朱珠，2020）而华人华侨移居泰国的历史应该是从12世纪初期开始。元朝时期，大量中国人大规模移民到周边国家，其中有一部分来到了泰国。泰国素可泰王朝时期（1238—1349），国王阿瑜陀耶很重视和中国的贸易往来，曾派使者到中国招募500名工匠。泰国的中文教育便始于素可泰时期，这时期的学校主要是"书斋"形式的（蔡昌卓，2015：207—215）。宋、元定居在泰国的华人，为早期的中文传播奠定了基础。明末清初，移居暹罗（今泰国）的中国人逐渐在今北大年、宋卡、暹罗首都大城等地形成固定居住区，泰国华人社会得以初步形成。（杨刚、朱珠，2020）

从纵向的历史层面来看，中文在泰国的传播过程颇为曲折。20世纪前，在泰华人多以"书斋""私塾"形式传承中文，1909年创办的华益学堂被认为是泰国近代意义上第一所华校。此后多所华校陆续成立，政府也并未出台相关管理政策。1919年出台的《民校条例》是对泰国中文教育产生影响的第一个法律政策（施坚雅，2010：236—237），直到1992年泰国政府通过有关放宽中文教育政策的提案后，中文教育自此才顺利发展壮大至今（刘振平，2017：199—201）。1992年提案通过之前，泰国中文教育仅靠华校来进行。而提案通过之后，幼儿园、中学甚至夜校、培训中心等各类教学机构应运而生，为中文传播提供了更多便捷、广阔的平台。在泰国，中文的迅速传播也是顺应当下时代发展的趋势。特别是“一带一路”倡议的提出，中文在国际交往和贸易往来中的重要性越来越明显地呈现出来，泰国人学习中文的积极性大大提高，中文成为泰国境内继英语之后教学规模第二大的外语。

从横向的现实层面来看，中文传播在泰国有相当完善的条件。一是泰国政府对中文的重视程度高。据孔子学院官网（https://www.ci.cn）提供的信息，泰国设立的孔子学院和孔子课堂数量居亚洲首位，孔子学院 17 所，孔子课堂 11 个。泰国政府对中文教育的支持力度大，政府制定了很多政策来规范中文教学。二是学习中文的人数越来越多。三是传播平台种类多样化。四是来自我国的大力支持。应泰国方面的要求，我国每年为泰国提供大批的中文教育志愿者、公派教师、国侨办外派教师等支援泰国中文教育，为泰国本土中文教师提供多种形式的培训，协助泰方专家编写符合泰国教育大纲的中文教材等。

从泰国现行的中文教育政策，我们不难看出，泰国政府目前已对中文教育持全面支持的态度。泰国中文教育政策的调整标志着泰国境内中文教育进入了一个全新发展时期，也标志着中文传播在泰国进入了一个崭新的迅速发展时期。

第一节　中文传播平台和媒介

泰国的中文传播平台和媒介多样，除大中小学、中文培训中心、商业职业学校、公立机构和商场、国际学校、孔子学院（课堂）等之外，还通过一些媒体平台进行中文传播，如媒体节目、中文报刊以及网络教学等。

一、传播平台

（一）中小学

泰国中小学有民办华校和政府公立学校两种。华校是由华侨社团和企业家创办，以小学居多，华校在课程设置、学校管理和教学资源上与泰国的公立学校基本相同，不仅接收华人也接收其他民族的学生入学。1909 年开办的华益学堂是现代华校建设的开端，此后一百多年里，泰国华校和中文教育的发展经历了一个曲折的过程。1998 年，泰国教育部将中文列入泰国高等院校入学考试外语选考科目，学生可以根据个人意愿选择中文作为高考外语科目。这一政策的实施促使华校以外的泰文学校纷纷开设中文课，以适应泰国高考新政策。

泰国当前有超过 2000 所大中小学校开设了中文课程，在校学习中文人数逾 100 万，占整个东南亚在校学习中文人数的 60%，居全球首位。

（二）高等学府

泰国设置中文专业的高校包括朱拉隆功大学、清迈皇家大学、曼谷大学、格乐大学、乌汶皇家大学、孔敬大学、乌隆他尼皇家大学等。

泰国高等学府开展中文教学主要有以下几种类型：

1. 早期开设中文专业的高等学府

1973 年，泰国著名学府朱拉隆功大学最早开设中文课程，此后许多高校也陆续设立中文辅修课程。1979 年宋卡王子大学最早设立中文系，之后越来越多的大学将中文升级为主修课程，报考人数也逐年增加。清迈皇家大学于 1994 年设立了中文系，是清迈地区最早开设中文专业本科课程的高校。

截至 2005 年，泰国高等学院中把中文作为第一外语、第二外语和专业选修课程的有 73 所。到 2008 年增加到了 79 所，占泰国高校数量的 49%（王晋军，2015：77—78）。中文课在有些大学里是必修课，而在有些大学里是选修课。

2. 面向东盟地区培养高层次中文专业人才的高校

近些年来，泰国高校开设中文专业的高学历教育发展迅速，如泰国华侨崇圣大学、格乐大学等都开设了中文教学专业的硕士、博士学位课程，不仅招收泰国本土学生，还面向东盟其他国家和中国招生。格乐大学不仅是授权的汉语水平考试（HSK）考点，还与中国的中文联盟平台合作开设了泰国首家网络中文课堂。

3. 与中国合作办学的高校

如清迈大学和乌汶皇家大学分别与中国的云南师范大学和昆明理工大学合作开展不同层次的中文教育。前者联合培养汉硕研究生，后者提供中文本科专业留学生培养。

4. 中国大学在泰国设立的分校

我国大学在泰国设立的分校也是中文在泰国传播的重要平台。2002 年北京语言大学和泰国易三仓商业学院在曼谷联合开办北京语言大学曼谷学院，这是我国大学最早与泰国合作开设的分校。2024 年北京语言大学曼谷学院的合作单位变更为泰国格乐大学。此外，还有泰中文化经济协会和北京师范大学合办的曼谷泰中语言文化学院、浙江大学在泰国的分校等。

（三）商业职业学校

泰国商业职业学校归属于职教委管理，其下属的职业学校教育分为学历教育和学位教育两种。泰国的商业职业学校都开设外语课，如常用的英语、日语、中文等。中文作为职业学校的必修课或选修课，学生也多为在校中学生，其学习目的主要是为了就业。曼谷京都商业学校、大城商专学院、清迈西北职业技术学校等都开设了中文课程（王晋军，2015：77—78）。国立母披匹莫技术职业商业学院的中文专业课程为主修课，国立曼谷商业学校规定全校学生必须学习中文，曼谷易三仓商业学院则专门设有中文系（蔡昌卓，2015：218）。

（四）国际学校

1957 年，泰国有了自己的第一所国际学校。国际学校的建立起初是为了方便外国来泰的商人的孩子接受教育。那些孩子不可能和泰国学生一样用泰文学习，所以只能建立全英文以及采用发达国家教学方式的国际学校。后来泰国人也渐渐地把自己的孩子送进了这些国际学校，普遍的理由就是可以掌握英语。再者，因为其教学方式完全从西方引进，教学过程与评价方式都与泰国本地学校截然不同，其课程设置也相应地有所区别。泰国的国际学校主要有两大类：美式学校和英式学校，即分别按照美国和英国的教育方式设置课程，并分别执行两国的教育评估标准。目前，泰国的国际学校大多设有中文选修课，具体课时由学校根据学生、师资和课程设置的基本情况而定（崔凯，2014）。

（五）语言培训中心

语言培训中心主要有两种类型：一种是大学开办的夜校、暑期班等；一种是专门开办培训班的学校。参加培训班学习的人非常多，比较大的语言培训中心如专门开办中文培训班的东方文化书院（School of Oriental Culture Academy），学员一年可多达2000多人，还可以根据学员需要开设专门的学习班。有些私立的语言培训中心规模较小，其教师也多为兼职性质的，学生多为社会人员，开设的课程主要是口语课、阅读课和HSK测试辅导等。据不完全统计，这类学校现在在曼谷有三四十所，全泰国有200多所。除了有些学校有单独的校址外，私立语言培训中心大部分设于大商场或购物中心内。最早建立的有东方文化书院、中华语文中心等。（蔡昌卓，2015：219）

（六）孔子学院和孔子课堂

泰国孔敬大学孔子学院是泰国境内最早成立的孔子学院，于2006年8月正式挂牌成立，同年还有另外8所孔子学院成立。目前泰国境内有17所孔子学院和11个孔子课堂，成为亚洲设立孔子学院和孔子课堂最多的国家。孔子学院和孔子课堂在泰国开展各类中文课程教学和中华文化活动，承接国际中文教育志愿者来泰开展中文教学，也为泰国培养本土中文教师，开展汉语水平考试（HSK）等。孔子学院和孔子课堂在泰国各地的建立，大力推动了中文在泰国的广泛传播。

在泰国已有12所孔子学院开展了“中文＋职业教育”项目，主要采用与政府协作化发展、与高校协同化发展和与企业合作化三种办学发展模式（许喻虹，2021），办学模式从基础中文教学发展到“中文＋技能”的多元化特色课程，为当地高铁、物流、旅游、电商等领域培养了大批复合型人才。

其中，泰国孔敬大学孔子学院2016年开始举办的“中泰高铁汉语培训班”项目，四届毕业生近200名。前三届100多名学生都已在中国完成铁路相关专业的学习，并成为泰国首批既精通中文又掌握铁路机械、铁路信号等先进技术的复合型人才。作为特色“中文＋”项目，“中泰高铁汉语培训班”也被视为“中文＋职业技能”人才培养模式的典范之一。相关专家表示，随着“泰国4.0”政策、东部经济走廊计划与“一带一路”倡议的深入对接，更多的泰国职业技术学院期待加强与中方的合作。①

第十三届孔子学院大会正式使用"汉语+"概念，鼓励各孔子学院开设特色中文课程，建立务实合作平台，对接"一带一路"建设需求。因此，将中文教学与职业技能培训相结合，积极开发"中文+"课程和项目。纷纷推进的"中文+"项目是泰国孔子学院适应新需求、促进其保持可持续发展的重要举措，值得东盟其他国家借鉴。

此外，2021 年 9 月，泰国孔子学院（课堂）发展联盟成立。该联盟是泰国 27 家孔子学院及独立孔子课堂自发组织成立的非官方合作组织，是泰国人民感知中国的重要平台，致力于促进泰国中文教学、中泰文化交流。②

（七）中泰合作共建的职业教育学院

国际化的职业教育是时代大趋势下培养新型复合人才的迫切需要。随着"一带一路"倡议的对接，沿线国家对"中文+职业技能"复合型人才的需求不断增加。2023 年 3 月，中国教育部中外语言交流合作中心与泰国教育部职业教育委员会共同建设的中泰语言与职业教育学院在曼谷揭牌。这是全球首家语言与职业教育学院。该学院的成立，被泰方赞誉为"为助力'一带一路'倡议与泰国 4.0 发展战略对接，创新实施'中文+职业技能'"的项目③。

（八）鲁班工坊④

鲁班工坊也是泰国一种重要的中文传播平台。工坊的任务是服务"一带

---

① 加深中外文化交流，助推职业技能发展，"中文+"模式助力国际中文教育多元发展［EB/OL］［2019-12-27］. http://www.ccis.sdu.edu.cn/info/1002/3654.htm.

② 泰国孔子学院（课堂）发展联盟成立［EB/OL］.［2021-09-28］. http://world.people.com.cn/n1/2021/0928/c1002-32239137.html.

③ 全球首家语言与职业教育学院在泰国揭牌［EB/OL］［2023-03-21］. http://www.chinese.cn/page/#/pcpage/article?id=1376.

④ "鲁班工坊"是天津市教委依据"国家现代职业教育创新改革示范区"建设协议，探索优质职业教育走出去，服务国家"一带一路"，配合国际产能合作，培养当地合作国家熟悉中国技术、了解中国工艺、认知中国产品的技术技能人才，是一种创新型职业教育国际化服务项目，是天津率先主导推动实施的职业教育国际知名品牌。以鲁班的"大国工匠"形象为依托，先后在泰国、印度、印度尼西亚等国家相继设立"鲁班工坊"。将天津作为国家现代职业教育改革创新示范区的优秀职业技术和职业文化，采用学历教育与职业培训的方式走出国门。

一路”建设，服务国际产能合作和中国企业走出去，培养高素质的国际化技术技能人才。

2016 年 3 月 8 日，天津渤海职业技术学院依托渤海化工集团，在泰国大成技术学院设立第一个“鲁班工坊”。该鲁班工坊得到泰国诗琳通公主以及当地政府官员的支持。渤海职业技术学院在天津为泰国院校培养了“机电一体化技术”专业骨干。在渤海学院成立了“中泰职业教育研究中心”，在泰国大成学院成立了“工程实践创新项目教学研究中心”，由天津和泰国的职教研究专家、教师共同组成团队，开展中泰职业教育领域的研究，开发中泰职业教育国际化专业标准。2017 年，泰国职业教育委员会（教育部）组织专家审评，渤海学院的“机电一体化专业”教学标准获得一致通过，成为泰国教育行政部门认可的学历教学标准。

2018 年，天津铁道职业技术学院在泰国大城技术学院建设的“鲁班工坊铁院中心”启运，首期建有动车组检修技术、铁道信号自动控制两个专业。到 2019 年，已经建成 6 个专业。

鲁班工坊项目对外分享了我国职业教育经验成果，为职业教育在泰国的发展做出了重要的贡献。

二、传播媒介

（一）中文教材

目前泰国使用中文教材的情况，有以下几个特点：

1. 官方制定的标准不足。泰国教育部和中文教育管理的相关部门并没有对中文教材做出统一的规定，泰国中文教育界还以使用中国大陆编写的教材为主。泰国使用的中文教材可谓种类繁多，按编写出版来源不同分为：中国大陆编写出版的教材、中国台湾编写出版的教材、泰国编写出版的教材、学校或教师自编教材（校本教材）以及中泰合编教材。例如，泰国编写出版的教材，主要有《基础汉语》（Srimuang 出版社）、《汉语启蒙》（Nipon Pissanukup Hinmanee）、《快乐学中文》（南美出版社）、《汉语应用》（MAC 出版社）、《儿童汉语》（OKLS 出版社）、《汉语入门》（S.Asia 出版社）、《初级汉语》（HN.GROUP.Company）等。中泰合编的教材，主要有《泰国人学汉语》，由中山大学与泰国华侨崇圣大学合作编写，2006年北京大学出版社出版发行，全书共4册，每册有平行的练习用书。教材专为大学生和成人编写；《体验汉语》，是在中国国家汉办和泰国教育部基础教育委员会的合作与帮助下，由“国际语言研究与发展中心”专门为泰国中小学编写的系列中文教材，2006年高等教育出版社出版发行，全套分小学、初中、高中三个系列，共18册，每个系列配有学生用书、教师用书和练习手册；《实用汉语教程》，该教材得到泰国卫星远程教育基金会、泰国中华总商会、中国教育部和驻泰王国大使馆的全力支持，2002年北京语言文化大学出版社出版发行，包括配套的《汉字练习本》和《教师手册》，共6册，供高中一年级至三年级学生使用，也可以作为一般社会人士通过泰国卫星远程教育电视台的转播来学习中文的教材；《创智汉语》是一部综合性中文教材，由云南师范大学和泰方教师共同编写，供泰国中学生使用，教材包括学生用书、教师用书和练习册，各分为12册；《中文》，由泰国圣卡比利安慈善基金会成立的“中国语言和文化中心”的专家和北京语言大学的李润新、程相文合作编写，这是一套12年制的系列教材。中国大陆编写出版的教材，主要有《汉语教程》（北京语言大学出版社）、《汉语乐园》（北京语言大学出版社）等。

2. 教材媒介语主要是英文和泰文。泰国通行的中文教材主要有全中文版、中泰文版、中英文版、中英泰文版。比较通行的是中英文双语教材，中泰双语教材位居第二。大学中文教材中中英双语教材一枝独秀，中小学中文教材则是中英双语教材和中泰双语教材并驾齐驱。

3. 教材汉字有“弃繁从简”的发展趋势。中文的繁简之争在泰国也存在。随着我国经济的发展以及我国对泰国中文教育的大力支持，使用简体字教学的学校越来越多，简体字教学成为泰国中文教育的主流。目前，泰国只有很少一部分学校采用繁体字教学，如侨德中学；也有部分学校坚持繁简都学，如爱博大学和农业大学甘烹盛校区（陈艳艺，2014）。

（二）中文报刊

泰国目前的中文报刊主要有《京华中原联合日报》《新中原报》《中华日报》《星暹日报》《工商日报》《世界日报》等，报刊多由企业支持，当下也顺应形势与微博、网站等平台上的消息实现同步更新，多报道与我国有关的时政新闻、经济要闻以及介绍中华文化等。中文期刊主要有《时代论坛》（双月刊）、《时代周刊》和《现代泰国导报》等，还有一些大学主办了学术期刊，例如格乐大学主办的《国际中文教学期刊》。

（三）电视台及中文节目

现在泰国的中文电视台有“泰国中文电视台”“泰国中央中文电视台”“泰国国际中文电视台”和“东盟卫视”。

泰国国际中文电视台即泰华卫视（TCITV），是一家使用中泰双语24小时不间断播出的卫星电视台。电视台以中华文化为核心、以泰国文化风情为特色、以海内外华人交流为依托、以华商贸易经济为主线，极力打造具有浓厚中泰文化特色的电视节目，为广大观众精心制作包括新闻资讯、泰中生活资讯、文化娱乐、旅游休闲等各类精彩纷呈的节目。电视台总部位于曼谷，目前已在泰国范围内设立多个联络处，未来还打算在其他国家和地区陆续建立记者站、联络处。2011年5月1日正式开播，目前用户数超过1000万。以“传播东方文明、展现东方智慧、弘扬泰中文化、促进泰中友好”为宗旨，力求在短期内建成深受泰中两国人民认可和喜爱的卫视。这种定位和策略不仅得到包括两国政府及私人团体的大力支持，也得到中国大陆以及台湾地区各大传媒机构的大力支持，如中国中央电视台（CCTV）、中国电影海外推广公司、亚洲旅游卫视、湖南电视台、广西电视台、云南电视台、重庆电视台、厦门电视台等知名传媒机构都与其建立了合作伙伴关系。

东盟卫视（MGTV），2012年初创立，以东盟及全球政经新闻、经贸合作、文化旅游等为主要节目内容，24小时播出。首播10小时，报道东盟十国、中国及世界的最新资讯，包括旅游服务信息和文化娱乐动态等。独立制作的节目有《东盟新闻报道》《东盟大讲堂》《畅游东盟》《名人访谈》《精彩星动向》和《食尚总动员》等，还有观众喜闻乐见的《电视剧场》《电影时刻》《音乐龙卷风》等，为东盟十国，乃至全球的广大观众提供丰富多彩、极具开放性和国际性的节目（百合，2014）。

（四）网络在线平台及软件

随着当代网络的迅猛发展，网络在线学习成为新型的学习方式，也受到越来越多人的追捧，因为网络学习不限地点、时间，为中文学习提供更方便快捷的平台。现在视频网站 Youtube 上有许多学习中文的视频，社交软件 Facebook 上也有许多中文学习的小组，用户可在小组内分享并下载学习资料，还可以在搜索引擎 Google 上下载中文资料等等。我国一些社会培训机构还开设了线上教学课程，一对一单独教学、小班授课或者采取录播教学的形式实现中文教学目的，这些线上课程也为泰国中文学习者学习中文带来了便利。如南北中文在线是上海中文培训学校和国际领先的在线学习技术伙伴合作开发的在线中文学院，为世界各地不能方便地找到优秀中文教师学习中文的学员提供通过网络平台随时随地学习中文的解决方案，中文学习者可以随时随地进行中文学习和练习，还能与线上中文教师进行互动。中昊慧通（北京）教育科技有限公司全力打造的中文一对一（Chinese 1 on 1）汉教平台，致力于为中文学习者提供专业的、定制的、互动的在线学习服务。除了这些在线资源外，还有一些为泰国人学中文而开发的手机应用程序（App），如大象汉泰词典 App 等。

第二节　中文师资和学习者

一、师资构成及培养

受历史、政治等因素的影响，泰国中文教师的构成和数量在不同时期有着较大的变动。20 世纪初中期，由于政治原因，中文教育一度在泰国受到打压，很多中文教师被驱逐出泰国国境，留下的大都是刚毕业的年轻教师。我国改革开放以来，随着经济的持续快速发展，泰中政治经贸交往的日益频繁，促进中文教学的发展被提升到了泰国提高国家竞争力的战略高度来认识，成为国家战略之一。提高中文教师素质，培养优秀本土化教师，也早已列入泰国教育部的重要日程。

1992 年外语学习自由化之后的最初几年，泰国中文教师人数很少。大部分教师为当地华校毕业的华裔教师，仅有小学中文水平的教师占据多数，教师普遍高龄化，教学方法单一，从总体发展情况上看，无论是教学规模还是教学质量都不容乐观。在全球中文日趋升温的环境下，中文学习成为一种新的潮流，泰国许多学校都需要增设中文课，开设中文课甚至成为有些学校展示本校实力的手段。中文教学的蓬勃发展，也带动了中文教师队伍的快速发展。泰国政府开始重视本土中文教师的培养，我国政府也采取了多种方式为泰国提供中文教师支援。因此，泰国的中文教师队伍迅速壮大。1992 年至今，无论从数量上、中文能力上、教学技能上以及综合素质上，泰国的中文教师队伍均较前期有了质的飞跃。

泰国目前的中文教师从性质上可以分为五类，分别为公务员教师、政府雇员教师、协议教师、在职教师和特聘教师。从来源上看，泰国中文教师主要由"本土教师"和"输入式教师"两大类构成。

泰国中文师资的发展过程，其实就是泰国中文师资本土化的过程。泰国中小学中文教师的发展方向已经明确，那就是师资的科学本土化之路。但师资本土化并不意味不再需要甚至拒绝输入式教师的帮助，泰国依然注重从国外引进中文老师，目的是要开创出适合泰国的一套本土中文师资队伍建设之路，与来自我国的中文教师携手合作、取长补短，共同推进泰国中文教学发展。在泰国任教的非本土中文教师有来自中国大陆、中国台湾、马来西亚、缅甸等地的外籍教师，其中，绝大多数教师都来自中国大陆。仅 2003 年到 2011 年的九年里我国被派往泰国的国际中文教育志愿者累计数量就多达 5685 名（冯忠芳，2011），而最近一些年派往泰国的志愿者平均每年在 1500 人左右。除了中文教师志愿者，泰国的输入式中文教师还有我国的国家公派教师，但数量不多，且大部分是在孔子学院或孔子课堂任教。除了直接选派师资予以支持，我国还专门增加了奖学金的名额，用于支持泰国教育部选派大学中文专业本科毕业生来我国学习中文教育课程。

近些年来，泰国的中文教师待遇大大提升，在各类学校中，教授中文的教师和教授英、法等外文的教师享有相同待遇，也放宽了对中文教师的资格限制，准许学校聘用具有学士学位但不懂泰文的外籍教师到泰国执教，每次可在泰国执教两年。

随着教育体制的完善，泰国政府关于教师标准方面的规定也日趋系统、严密。在泰国，如果要成为一名本土教师必须获得教师资格证书，且要符合泰国“教师委员会”年颁布的“教师职业和道德标准”里关于职业经验和知识标准的规定。获得教师资格证书的途径主要有两个：一个是修读大学里的中文教育专业，该专业自2004年开始从4年制教育改为5年制教育，毕业后可直接获得教师资格证书；一个是修读非教育系的中文专业（4年制），毕业后再参加为期一年的教师资格培训，通过考试后获得教师资格证书。

泰国政府对中文师资短缺、素质偏低的问题非常重视，因此在2005年颁布的《促进汉语教学，提高国家竞争力战略规划（2006—2010）》里提出了关于提高中文教师能力的战略性建议，具体内容如下：（1）制定中文教师标准，包括教师在中文资格证方面的标准以及建立每年举行一次的考核制度等。（2）培养中文教师，为新一代中文教师提供有吸引力的条件，包括鼓励大学开设中文本科专业、给优秀学生提供奖学金来我国学习中文，以及对从事中文教师工作一到两年后，经评审合格可为其提供奖学金继续攻读硕士和博士学位的条件等。（3）提高在职泰籍中文教师的教学能力，包括通过调查了解各学校每位中文教师的教学能力，并建立教师培训数据库，作为安排培训项目的依据。向诗琳通基金会申请资助，挑选优秀教师以“培训培训者”的形式来我国接受培训，接受过培训的教师可帮助其他教师提高业务水平。建立“朋友帮朋友”的机制，让能力强的教师和督学到各个学校巡视中文教师的教学情况，提出建议并提供帮助等。（4）促进教师队伍内部中文教学经验的交流。（吴应辉等，2009）

在泰国教育部的支持下，泰国各高校、各孔子学院和孔子课堂、各府或某个区域定期和不定期地举行本土中文教师培训。有了政府在政治上和经济上的支持，泰国本土中文教师队伍得以良性快速发展。

二、学习者情况

“一带一路”倡议的提出大大推动了我国和沿线国家的经贸合作。近些年来，我国游客到泰国旅游的人数逐年增长，中国人已成为到泰国旅游的主力军。中文在两国交流中的地位越来越重要，泰国对中文的学习需求相应增加，对精通中文的人才需求也随之增长，故而，泰国学习中文的人数越来越多。泰国上到皇室人员，下到普通民众，都对中文学习非常重视，中小学生、大学生、商人及其他社会人员都积极学习中文。

（一）中小学生及其学习态度

在中文未被纳入泰国国民教育体系前，泰国政府很长一段时间内只允许一至四年级学生学习中文，并限定每周的学习时间。直到 1998 年泰国将中文纳入高等院校入门考试语言后，中文才作为选修课纷纷进入华校之外的中小学。泰国中小学中文学习者是中文学习的最大群体。华校将中文作为教学语言，且每周都有固定的课时，具体的课时和课程设置由华校决定。而 2005 年颁布的《促进汉语教学，提高国家竞争力战略规划（2006—2010）》规定：（1）2006 学年之内，每个府至少要有 1 所基础教育学校在第四教育阶段（高中）开设中文课，同时，所有府级公立业余学校都要开设中文课；（2）2007 学年之内，各府的每个教育区至少要有 1 所基础教育学校在第四教育阶段（高中）开设中文课，同时，所有县级的公立业余学校都要开设中文课；（3）2010 学年之内，每所学生人数超过 500 人的基础教育学校，都要在第四教育阶段（高中）开设中文课，同时，各府至少要有 1 所学校在第三教育阶段（初中）开设中文课；（4）2012 学年之内，所有的基础教育学校都要在第三、四教育阶段（初中、高中）开设中文课（朱霄，2013）。

泰国对课程成绩的评定与我国不同，学生的学业成绩不会由最终的考试成绩所决定，而是由平时表现和考试成绩共同构成，平时成绩和考试成绩所占的比例由各学校具体规定。很多中小学将中文作为一门外语选修课，有些学校开设的外语选修课中甚至只有中文，一般情况下期中、期末无考核，成绩由老师根据平时表现和作业情况来评定。泰国人民大多信仰佛教，生活态度乐观轻松，且泰国就业压力不大，因此泰国学生开朗活泼，不喜竞争，对开展活动有极高的热情，喜欢轻松活跃的课堂。教师对学生的学习要求相对宽松，会更多地考虑学生的需要和兴趣，重视学生个性，重视学生的快乐和人格健全，强调学生的自然发展。教学活动中强调老师的引导作用，重视学生“学”的角色。教师注重引导学生思考问题，解决问题，而不是简单地接受知识。课堂教学呈现双向性，师生互动较多。他们不采用传统的中式教学，在课堂上形成了与我国中学生截然不同的精神面貌（李兰，2018）。

（二）大学生及其学习态度

大学里学习中文的人群从专业背景上大致可以分为三类。第一类是中文专业的学生。这类学生主要是学习中文和中华文化知识，培养自身中文听说读写能力，为自己将来从事中文方面的工作打下良好基础。林芳萍（2011）的问卷调查结果显示：泰国大学生选中文作为专业的原因大多是为了提高自己的中文水平，觉得未来可能有机会到中国留学或旅游。其中，为了提高自己的中文水平而学习中文的学生，都已经在小学、中学或者培训班接触过中文。不过，我们无法判定在中小学阶段学习中文的原因是自己主动学习还是应学校或者父母的要求，但多数大学生并不想舍弃中文，还想继续学习。他们因为在初中或高中曾经学过中文，所以在高考中选择了参加中文考试，进入中文专业。这类学生总体上学习中文的态度都比较积极。

第二类是非中文专业的学生。非中文专业的学生把中文当作选修课程来学习，他们之所以选择中文作为选修课，多是出于兴趣，或者是喜欢中国文化，或者是为了了解中国文化，或者是为了看中国电视剧、电影、小说等，还有一些是觉得自己对中文课程，如中文商务等感兴趣，因而在刚开始学习中文时热情较高。高燕（2018）的问卷调查结果显示：兴趣、个人因素、社会因素、工作需要、课堂教学因素（教师因素、教材因素、教学方法和教学设备）都对非中文专业的学生学习中文的动机有着重要的影响。他们不喜欢学习比较难的内容，不喜欢压力太大，学生都喜欢轻松的课堂气氛。针对学生的这些特点，教师在课堂教学时可以采取更为活跃的授课方式，也可以使用游戏教学法，使更多的学生参与到教学活动中去，以最大限度地保持学生学习中文的积极性。

当然，也有一部分学生因在学习过程中感到困难而慢慢丧失学习兴趣。林芳萍（2011）的问卷调查分析结果显示：日语与韩语专业的学生内部动机使他们喜欢而且学习日语和韩语。与之相反，中文、德语和法语专业的学生多是因为外部动机而学习语言，因此，他们在遇到困难时常会产生放弃语言学习的想法，这也减弱了他们学习语言的兴趣。

第三类是中文教育专业的学生。由于"中文热"在泰国的发展，学习中文的人数越来越多，泰国高校开始着手建设中文教育专业。2004 年有 4 所大学率先设立这个专业，分别是东方大学、清迈皇家大学、蓝甘亨大学和孔敬大学。泰国政府为了培养高质量的本土教师，于2010年制定了《本科汉语教学专业（5年制）大纲》。中文教育专业以培养泰国中小学中文教师为目标，该专业学生与中文专业学生有所不同，不仅要充分掌握中文基础知识，还要具备教育学知识。专业学习对学生有一定的挑战，有些学生随着学习难度的加深而丧失学习兴趣，半途而废，但多数学生感受到了中文学习的乐趣，努力成为一名合格的中文教师充实泰国的本土教师队伍。

（三）商人及其他社会人员学习态度

由于中泰两国的贸易往来及旅游业的迅速发展，中文成为泰国人经商以及工作的重要工具之一。很多不同行业的人都认识到了中文学习的重要性，这其中以商人和服务业从业人员为典型代表。他们大多到社会上的中文培训机构里，或者聘请私人中文教师，或者通过网络学习中文课程。这些人员学习中文的方式比较多样，学习需求也多种多样，如：从事经贸工作的人学习有关商业贸易的交际用语，导游学习旅游方面的专业中文名词，酒店接待员学习中文基本接待用语，等等。这类中文学习者有着明确的学习目标，学习中文的积极性一般都比较高。

第三节　尚需解决的一些问题

如今，学习中文的泰国人越来越多，泰国政府出台了一系列支持中文教育的政策，使得泰国的中文教育得到了空前的发展。虽然中文学习者的人数与日俱增，但是学习者的水平参差不齐。中泰两国都为中文教育投入了大量的资源，但泰国中文传播依然存在着许多问题，这些问题制约着泰国中文教育事业的发展。

一、师资问题不容乐观

无论过去还是现在，师资问题都是教学里的关键问题，尤其是在海外中文教育中，不论是教师数量还是质量都还存在着一些问题。泰国中文教育的发展速度很快，中文师资的数量和质量都无法满足现实的需求。

（一）人员成分复杂

泰国的中文师资队伍的构成复杂，师资队伍里有老一代华人华侨、新一代本土中文教师、移居或暂居泰国的华人华侨（主要做兼职教师）、我国派出的中文教师志愿者及公派教师、我国一些高校派遣的国际中文教育专业实习生，以及一些中介机构派出的中文教师、中国大陆和台湾地区较高学历的专业中文教师。大的学校可能同时拥有以上几种类型的教师，而小的学校或者只开设选修课的学校则可能只有国际中文教育志愿者。

（二）教师数量不足

泰国中文学习人数迅猛增加，越来越多的学校设立中文课程，甚至社会上也出现了许多中文培训中心，对中文教师的需求量不断上升，泰国中文师资不足的问题日渐凸显，尤其是优秀的中文教师严重不足。为解决燃眉之急，泰国首先大量接收我国的国际中文教育志愿者、国家公派教师和侨办外派教师，并通过中介招募国外中文教师等。虽然通过从国外大量引进中文师资，一定程度上解决了国内中文教师极度短缺的问题，但这些国外教师往往在泰国工作几年就要回国，因此只能解决泰国中文师资短缺的燃眉之急，并不是长久之计。师资短缺还有一个重要原因，即中文教师资格审批程序烦琐，要经过严格的审查和考试才能获得。泰国政府虽然取消了中文教师泰文程度通融考试法令，但是对华校的教师人数依旧有严格的控制（蔡昌卓，2015：220）。另外，华校里老一代的本土中文教师教学任务繁重，而待遇一般，新一代本土教师拿到教师资格证的往往选择考到待遇更好的公立学校任职，或者从事其他行业，不愿到普通中小学担任中文教师。

泰国中文师资不足的另外一个表现则是分布不均。泰国首都曼谷相对大部分外府而言工作机会多，待遇普遍较高，所以很多中文教师更希望能在曼谷工作，因而造成了中文教师在地区分布上的不均衡。曼谷或者是其他经济较好的城市（地区）中文教师资源相对较充足，师资不足的问题不太明显。而经济欠发达地区，尤其是偏远地区，很多学校聘请不到中文教师，师资严重不足。

（三）教师专业素质不高、水平参差不齐

师资队伍组成成分复杂，因此教师的教学水平有很大差异。老一代的华人华侨有语言优势——会泰语也会中文，在长期的教学中摸索出了一套比较适合泰国学生的教学方法，但其中文教学专业知识大多不够扎实，且语音方面受方言的影响比较严重，中文发音不够标准；新一代泰国本土中文教师以及兼职教师也存在中文专业知识不够，教学和管理经验相对缺乏的问题；我国派出的志愿者及公派教师和高校派遣的实习生大多为语言专业或相关文科专业，经过系统专业知识的学习和中文教学技能的训练，但受语言障碍以及对泰国环境不适应等因素的影响，在教学初期教学效果往往不够好。另外，国际中文教育志愿者多数在国内没有实际教学经验，在课堂管理方面经验不足，特别是对泰国一些活泼好动、纪律散漫的学生，他们往往没有太多的办法让学生踏踏实实地学习，往往是刚刚适应教学环境，任期也要结束了（志愿者每年一个任期，一般情况下，同一国家任职不得超过 3 年）。泰国中文教师流动性大，老教师不断流失，泰国需要持续培养新教师（陈艳艺，2013）。

（四）教师缺少培训机会、同行交流少

很多中文教师的教学方法单一、教学形式枯燥，他们在教学中也深感力不从心，但苦于没有机会进一步学习或与其他老师交流，如参加有关教学的前沿学术会议、专题讲座或培训课程等，难以找到解决问题的良方。我国派出的国际中文教育志愿者会定期接受岗中培训，有讨论解决教学中出现的问题的机会，能够不断更新课堂管理知识和中文教学技巧，但总体上来看，与本土中文教师的交流机会还不是很多。泰国中文教师之间交流经验的机会不多，泰国现今的本土教师数量增加，但不是所有的本土教师都有到我国继续学习或参加在职培训的机会。

二、学习者有畏难情绪

泰国实行 12 年义务教育，包括从幼儿园到高中，升学压力较小。自

1999年起，泰国实行新的高考制度，将分数标准改成90%高考成绩+10%高中学习成绩，且将“一考制”改成“双考制”。2006年起，还开始多元化的招生录取制度，学生选择高校的自主权进一步加大，同时显示出了泰国高考制度“以考生为本”的理念（黄玛丽，2015）。与我国学生相比，泰国学生由于升学压力小，生活态度乐观轻松，加上泰国人口少，就业压力不大，所以在课堂上自律性普遍不够强，他们较喜欢轻松活跃的课堂，不喜欢纯知识讲解的课堂。如果中文课堂的知识容量较大、教学形式单一，泰国学生容易疲劳而不认真学习。如果老师没有及时发现他们在学习中的问题，并帮助他们解决，他们就会出现畏难情绪。

三、教材种类庞杂但质量不高

中文教材是中文学习者接触中文的第一扇大门，目前泰国的中文教材存在诸多问题制约着中文教育的发展。

（一）种类复杂、缺少统一性

泰国不同学校所使用的中文教材不同，市面上可供选择的中文教材各种各样，如泰国出版的教材：MAC出版社的《汉语启蒙》、南美出版社的《快乐学汉语》、泰京公司的《初级汉语》《汉语入门》等；中泰合编的教材：高等教育出版社的《体验汉语》、北京语言大学出版社的《实用汉语教程》、泰国贸易组织出版社的《创智汉语》等；我国编写的教材：北京语言大学出版社的《汉语教程》和《汉语乐园》。因泰国教育部门没有对教材进行统一规定，除HSK考试外，泰国也无其他标准的全国性中文水平测试，教师需从这些种类复杂的教材中自主选择教材，一旦教师对五花八门的教材没有完全了解，容易出现所选教材不适用的现象。

（二）内容陈旧、质量参差不齐

泰国的中文教材还是以从我国引进的中文教材为主，一些教材内容现在来看已经比较陈旧，词汇更迭替换不及时，还不能完全切合泰国中文教学环境、教学对象的特点和需求。比如一些中小学采用《泰国人学汉语》这本教材，但它是参照《高等学校外国留学生汉语言专业教学大纲》编写的，更适用于大学生。虽然近年来泰国教育局推荐中小学使用中泰合编的泰语版《体验汉语》，此教材适应泰国中小学的教育体系，并且贴近泰国学生生活及思维习惯，但使用该教材的学校比例还不高，主要是由于教育部推行力度不够大，各学校的课时、课程安排都有所不同等导致的。针对教材不能引起学生学习兴趣的问题，部分学校教师会自己编写教材，但由于有些教师的水平有限，所编教材的质量良莠不齐。

（三）中文教材存在的其他问题

中文教材是泰国中文教学的薄弱环节，泰国境内中文教学使用的教材还存在以下问题：一是教材的断层现象呈现出“亚平衡”状态，缺乏统一规划和系统性：初级基础中文教材较多，中高级中文教材较少，部分中文教材只有单一的难度等级，缺少水平等级相互衔接的系列教材，不能满足系统学习的需要；二是现有教材的更新和编写速度与学习者数量的增长及学习者类型的变化不成正比，教材质量参差不齐、教材种类不够齐备，难以满足学习者多元化的学习需求；三是中文教材标准的缺失导致现在泰国的中文教材发展缓慢，不具规模，难成系统；四是输入性中文教材在质量和数量上超过本土编写的中文教材，针对泰国本土化中文教材编写的相关理论研究还十分薄弱，专业的本土化中文教材编写团队尚未形成，与教材配套的师资和教学法也未完全到位，这些因素都严重影响着中文教材从宏观规划到微观设计的整体突破（吴峰，2012；李乐，2014）。

四、课程不连贯、大纲不统一

（一）课程设置单一、不连贯

泰国中小学中文课程的设置，包括课程学时、课程内容等，都是由各府学校各自安排。多数学校都是只设置综合课，听、说、读、写技能的训练都在一个课堂上完成，单独设立听力课、口语课或读写课进行分技能训练的学校很少。泰国的中华文化体验课更多是以课外活动的形式进行的，这主要是由各学校开设中文选修课的课时量以及师资情况所决定的。由于课时不多，所以难以开展专项课程学习，有些课时较多的课程又受到师资和教材的限制。学校单一的课程设置加上教材选用的不同，易对学生升学和转学后的中文学习造成影响。

（二）教学大纲不统一

虽然泰国政府已经在全国中小学开展中文教学，但没有制定一套权威、规范的教学大纲，缺乏完善的中文教育规划，各阶段教学质量评估无确定指标可依据，甚至出现小学中学学习内容一样的情况。不同学校各自为政，中文开设情况各不相同，随意性较强，导致泰国中文教学无序、学生中文水平不高。据陈美宣（2011）对泰国公立、私立学校的调查结果，各校开设中文课的课时情况比较复杂，特别在中学阶段，中文课时安排存在较大差异。在初中阶段，88% 的学校每周安排 1–2 课时的中文课程，10% 的学校安排 3–4 课时，仅有 2% 的学校安排 5–6 课时。在高中阶段，中文课程的学时安排从每周 1–2 节到每周 7–8 节的情况都有。其中，40.4% 的学校每周安排 1–2 课时，14.5% 的学校安排 3–4 课时，37.1% 的学校安排 5–6 课时，另有 8.1% 的学校每周安排 7–8 课时。学生随着他们升学或转学，新就读学校开设的中文课很可能与原学校大相径庭，这种情况就会造成学生学习的内容比较混乱甚至会中断，以致一些学生已经升到大学学习中文专业了，还是初级中文水平。也正是这个原因，泰国各种培训机构初级班最为火爆，能够上中级班的学生寥寥无几，高级班的人数就更少了。这种“一年又一年，年年在初级”的怪现象，已经严重影响了中文教学的成效，阻碍了泰国中文教学工作的发展（郑通涛等，2014b）。

本讲回顾

泰国是东盟地区中文传播的热点地区。目前有 2000 多所中小学校开设中文课程，在校学习中文的人数超过 100 万，居全球首位[①]。泰国已成为全球孔子学院最密集、中文教学发展最迅速的国家之一。近些年来，无论是泰国政府还是民间都已经非常清晰地认识到了中文的经济价值及其发展潜力，形成了政府支持中文教学发展和民间积极学习中文的良好局面。

泰国中文传播平台较为多样和发达，覆盖了从中小学到大学、培训中心、商业职业学校、国际学校、孔子学院等。学习者的数量也在东盟地区遥遥领先。

中文报刊、在线教学平台数量较多，有多个广播电视台播放中文节目，开展中文教学的民间私立教学机构众多，这些也都为中文的进一步传播奠定了扎实的基础。

泰国的中文教学曾一度中断，华人的中文传承也出现了断层，华校消失多年、公办学校里也一直没有开展中文教学，国内的中文人才储备明显不足。面对国内中文学习需求的猛增，明显地出现了中文师资不足的问题，师资不足自然也就难以在短期内依靠本土教师编写出适合本国中文学习者的本土教材。同时，中文教学发展迅速，教学法的研究没有完全跟得上。因此出现了面向中文作为第二语言教学的教师、教材和教学法难以满足当地学习者需求的问题。

“中文＋职业教育”蕴含着丰富的经济价值，中国和东盟各国在加强职业技术教育与培训领域合作的愿望非常强烈，这一点在泰国的中文教学中已经取得了十分亮眼的成绩。目前，泰国多所孔子学院开设了涉及高铁、经贸、旅游、法律、海关、航空等数十个领域的“中文＋”课程。经过几年的发展，“中文＋”项目在泰国取得了显著成效。一方面，这些课程培养了一批具有实用技能的“中文＋”专业人才，为中泰两国在经贸、文化、教育等领域的合作提供了有力的人才支撑；另一方面，项目的成功实施还带动了泰国中文教育市场的繁荣。

泰国孔子学院积极开展的一系列服务于所在国的“中文＋”项目，为东盟其他国家孔子学院探索出了一条孔子学院可持续发展的路径，做出了一

① 泰国成立孔子学院（课堂）发展联盟［EB/OL］.［2021-10-09］. http://yn.people.com.cn/n2/2021/1009/c372459-34947481.html.

定的表率作用。展望未来，“中文+”项目在泰国仍有广阔的发展空间。“中文+”教育既已开拓出了国际中文教育的新格局，也必将在东盟其他国家赢得更大的发展空间。

泰国的中文传播取得了令世人瞩目的成绩。吴应辉等（2012）明确指出：“泰国汉语传播创造了汉语国际传播的一个奇迹，泰国汉语教学是世界汉语教学的一面旗帜。”

课后思考与讨论

1. 请谈谈中泰文化的共通之处及对中文传播的影响。

2. 为什么有学者认为“泰国汉语传播创造了汉语国际传播的一个奇迹，泰国汉语教学是世界汉语教学的一面旗帜”？请说说泰国中文传播中取得了哪些方面的成就？还有哪些方面的不足？

3. 请思考在泰国多元外语教育条件下，中文传播面临的机遇与挑战。

4. 请具体论述在泰国进行中文教育时，我国应如何利用区域优势。

5. “中文+”对中文传播有什么促进作用？泰国“中文+”项目得以开展，是什么原因？取得了什么成就？对东盟其他国家有何借鉴意义？

6. 泰国与越南在历史上都与中国有着比较深厚的渊源，但是现在中文在两个国家传播的情况却有较大的差异。请谈谈你对形成差异的原因的看法，并说说这对中文在东盟地区的传播有什么启示？

拓展阅读文献

［1］施坚雅，2010. 泰国华人社会：历史的分析［M］. 许华等，译. 厦门：厦门大学出版社.

［2］谭晓健，2015. 泰国多元化外语教育的演变、特征及其走向［J］. 东南亚纵横（2）.

［3］田艳，2012. 泰国汉语教学调研报告［J］. 汉语国际传播研究（1）.

第五讲　柬埔寨中文传播概况

柬埔寨的中文教育历史较长，在清朝和民国时期就开设了潮语私塾和国语学校，现拥有东南亚最大规模的华校——端华学校（野泽知弘，2012）。柬埔寨的中文教育发展的历程可以用“马鞍形”变化来概括，经历了由平缓起步到繁荣转而衰落再到复兴的过程（白昱，2008）。从1907年柬埔寨第一所华校建立到20世纪50年代初，这是柬埔寨中文教育发展历程中的准备阶段，这一阶段的中文教育平稳发展。20世纪50、60年代，中文教育进入“黄金阶段”，当时柬埔寨的华校已经发展至200多所，中小学学生有5万多人，其中金边华校约有50所（杨豪，1999：1）。20世纪60年代末至80年代末，由于周边国际局势和柬埔寨国内政局的急剧变化，柬埔寨华人华侨受到了两次巨大打击，中文教育也遭受灭顶之灾，走上了一条十分艰难曲折的道路。1970—1974年期间，只有柬东北、柬西南的中文教育未受到大的影响，在一些边远地区建立了华校。但1974年以后的近20年的时间里，这些地方的中文教育发展也变得举步维艰。20世纪90年代初，柬埔寨结束战争，柬埔寨政府放宽了对中文教育的限制。1990年12月26日，在当时的柬埔寨民族统一阵线主席谢辛的积极推动下，“柬华理事总会”在金边成立并开始恢复中文教育（余建忠，2014：260）。1991年磅湛省棉木县的启华学校首先复课，标志着柬埔寨中文教育开始复苏。从此，柬埔寨的中文教育进入了一个迅速恢复和发展的阶段。

随着习近平主席“一带一路”倡议的提出，柬埔寨作为21世纪海上丝绸之路沿线国家之一，与我国在经济、旅游、基础设施建设等领域的合作不断增强，中文在柬埔寨社会中的经济价值得到了凸显，柬埔寨国内掀起了“中文热”，中文教育获得更快的发展。洪森首相曾表示：“华文是世界通用文，华文的发展有利于我们柬埔寨的经济开放，它将作为引来外资的桥梁和纽带”，“王国政府不会执行歧视华人的政策”（余建忠，2014：260）。目前，柬埔寨的中文教育主要集中在华校，另外还有3所孔子学院、部分佛堂或私营的中文培训机构等也从事中文教育和传播事业。除了中文教育，中文传媒也一定程度推动着中文的传播，柬埔寨华人创办的中文报刊和创作的中文文学作品是中文传播的重要媒介。但限于各方面的因素，中文在柬埔寨的传播还存在一些问题。

第一节　中文传播平台和媒介

柬埔寨中文教育近二十年虽获得了蓬勃发展，但在2022年11月9日前，中文并没有被纳入国民教育体系，华校学历依然得不到所在国认可，这很大程度上制约了柬埔寨中文教育的长足发展。目前，柬埔寨开展中文教学的机构主要是华校、孔子学院以及社会上大大小小的语言培训机构。

一、传播平台

（一）国立中学

根据语合中心的消息，2022年11月9日，中柬两国政府在柬埔寨总理府签署了《关于合作开展柬埔寨中学中文教育合作项目的谅解备忘录》。根据谅解备忘录，柬埔寨政府允许在国立中学7到12年级增设中文科目作为外语科目。在试行阶段，柬埔寨将在两三个省份，20所中学开展中文课程。至此，中文教育开始正式纳入柬埔寨国民教育体系。

中方指定语合中心落实本备忘录。语合中心将根据柬方需要，选派中文顾问与柬方联合研制柬中学中文课程、教学大纲、考试大纲等，协助培训本土中文教师，研发中文教材，共同开展中学中文项目教学质量的评估与监测，共同举办学术研讨活动等。

中文正式纳入柬埔寨国民教育体系是一个具有里程碑意义的事件，它标志着中柬两国在教育领域的合作迈出了重要的一步。这一举措不仅有助于增进柬埔寨学生对中国文化的了解和认同，也为他们提供了更多的学习和发展机会。

（二）华校

时至今日，柬埔寨华校数量再次达到200多所，学生人数达到5万余人（王芳芳，2019）。其中一些规模较大的华校，如金边端华中学等，学生规模已逾万人，成为目前我国境外最大的华校。柬华理事总会自成立以来一直重视恢复和发展柬埔寨华文教育，目前柬埔寨华文教学已经形成了儿童教育、小学教育、初中教育、专修教育等较为完整的华文教学体系。柬华理事总会对各华校享有最高领导权，在宏观上对各华校的发展进行管理，但是华校的直接领导人是各会馆或地方理事会成员。各会馆、地方理事会成立文教处，对华校的学制、教材、师资等进行直接管理。

柬埔寨绝大部分华校实行半日制教学，分上午班和下午班上课，学生每天只上半天课（彭运锋，2008），另外半天到柬文或英文学校上课，一个教室往往是上午一个班，下午另一个班，满一个月后上下午班交换上课，上午班换到下午班上课，下午班换到上午班上课，如此循环反复。但是也有极少数是全日制教学的，如贡布省禄山市华侨学校、贡布甘再树英学校、贡布省逢咋叻市觉群学校和特本克蒙省三州府市新民学校。

也有个别学校有夜校，但夜校学生一般是社会学生，他们与白天学生不同，他们是受“中文热”的影响，为就业而来接受中文培训的，如端华正校、分校，乌朗山公立启华学校，暹粒省中山中学等都有夜校。而特本克蒙省翁湖公立民众学校是一所仅在晚上开课的夜校。金边民生中学是唯一一所半工半读的学校，该校共有17位学生半天在本校的幼儿班教学，半天则在初中部读中文班，晚上住在学校，这在柬埔寨华校中是很少见的。

各华校上下午各安排四节课，大多数学校都是每节课40分钟，每周休息一天；但金边广肇学校每节课是50分钟，每周休息一天半。

至于行政简历，即校历，柬华理事总会在学期初会发出一个指导性文件，但各学校不会完全遵照执行，而是根据各自的实际情况略有增减。一般来说，各省市的华校会参照金边各大华校的时间来确定。柬埔寨华校的校历安排的上课时间，通常会比我国大部分学校的上课周数略多。

（三）高等学府

柬埔寨的大学里，棉芷大学和亚欧大学中文系，开展中文专业学历教育。金边高棉大学中文系、金边国际大学中文中心、特蒙克本韩桑林大学中文中心等只开设了中文班或者中文选修课。这些大学主要是与柬埔寨皇家科学院孔子学院联合在孔子学院的支持和帮助下开展中文教学。

根据中国教育新闻网①和人民网－人民日报海外版②报道，中国的职业教育在柬埔寨迈出了重要的一步。南京工业职业技术大学与柬埔寨柬华理事会合作，在柬埔寨首都金边设立了中国第一所海外应用技术大学——柬华应用科技大学。学校采用“4 + 0”“2 + 2”“3 + 1”等模式，在柬埔寨开展职业本科学历教育。首届招收新能源发电工程技术、汽车服务工程技术等六个专业共 160 名本科生，六个专业全部采用中文教学。从人才培养方案到课程设置全部以中国相关专业标准为基础设计。从此中文职业教育正式进入柬埔寨国民教育体系，成为促进中柬两国国际产能合作，扩大中文教育国际影响，服务国家外交大局的战略资源。

（四）孔子学院

从孔子学院总部网站（https：//www.ci.cn/）的信息来看，目前，柬埔寨共有 4 所孔子学院。

1. 柬埔寨皇家科学院孔子学院（或柬埔寨王家研究院孔子学院）

柬埔寨皇家科学院孔子学院，成立于 2009 年，中方合作院校为九江学院。该孔院是柬埔寨开设的第一所孔子学院，也是柬埔寨首个汉语水平考试

---

① 欧媚．中国职业教育扬帆出海闯世界［EB/OL］．［2024-03-23］．http：//www.jyb.cn/rmtzgjyb/202403/t20240323_2111171366.html．

② 中国职业教育助力柬埔寨人才培养［EB/OL］．［2024-03-21］．http：//edu.people.com.cn/BIG5/n1/2024/0321/c1006-40200164.html．

（HSK）考点。孔子学院的教学点覆盖柬埔寨 12 个省市，学员广泛覆盖柬埔寨社会各阶层、各领域。主要的教学对象有官员班、官兵班、大学中文系、高中、企业和机构以及社会人员。孔院应柬埔寨政府的要求为政府部门如总理府、参议院、文化艺术部、暹粒省政府、国防部、监察部、司法部、警察总署、外交部等开设中文教学中心；军队系统教学点包括国防部、王家军陆军学院、金边警备旅、伞兵部队和警察总署等。

此外，柬埔寨皇家科学院孔子学院还在柬埔寨亚欧大学和棉芷大学设立中文系培养高端中文人才，目前，亚欧大学中文系已经成为柬埔寨最好的中文系。经过近十多年的发展，柬埔寨皇家科学院孔子学院已成为柬埔寨的中文教学中心、本土中文师资培训中心及教学研究中心，是柬埔寨中文教育知名品牌（黄书，2019）。

2. 柬埔寨国立马德望大学孔子学院

柬埔寨国立马德望大学孔子学院，中方合作院校为桂林电子科技大学。该孔院于 2019 年 12 月正式揭牌运营，是柬埔寨西北地区唯一一家孔子学院。孔子学院积极与各个行业合作办学，现已在中资企业、柬埔寨中小学、马德望当地部队开设中文教学点，并在国立马德望大学、国立棉芷大学、马德望理工学院开设中文专业及公共选修课。截至目前，国立马德望大学孔子学院服务面已覆盖柬埔寨西北三省和首都地区，共开设国际中文教育教学点 16 个，其中纳入柬埔寨国民教育的全日制教学点 12 个，在册中文学生人数达 3000 余名。成立以来，孔子学院已为在柬中资企业及柬埔寨各类单位输送了百余名优秀中文人才。

3. 柬华理工大学孔子学院

柬华理工大学孔子学院由柬华理事总会、柬华理工大学与南京工业职业技术大学共建，于 2021 年成立，这是全球第一所实施“中文＋职业教育”的特色孔子学院[①]。该孔院致力于培养“中文＋专业技能”且拥有中柬两国认可的学历学位专业本科证书的本土人才，目前开设了如计算机网络、物流管理、旅游管理、跨境电子商务、新能源发电等柬埔寨产业经济发展急需人才。中

① 柬埔寨柬华理工大学孔子学院揭牌［EB/OL］.［2022-11-21］. https://www.yidaiyilu.gov.cn/p/291780.html.

文＋职业的课程设置，让国外学生了解中国传统语言文化的同时，也能帮助学习者解决就业问题和职业发展问题。

此外，柬华理工大学孔子学院还为当地中小学及各类中文学校的中文教师提供培训、咨询和支持；为当地的中文教师和学生提供中文教材；为柬华理工大学开发非学分制中国语言文化课程；组织并举办国际、国内及区域性学术会议；举办汉语水平考试（HSK）、中小学生汉语水平考试（YCT）以及商务汉语考试（BCT）并提供相关培训服务；配合柬华理工大学共同开展本地学生赴中国留学相关项目。

4. 柬埔寨王家农业大学孔子学院

2024 年 6 月，该孔子学院在柬埔寨首都金边举行揭牌仪式。合作方是海南大学。该孔子学院将突出“中文＋热带农业”特色，促进中柬双方在热带高效农业方面的教育交流与合作。

“一带一路”倡议的推进和中柬两国经贸、文化交流的日益密切，中文在柬埔寨的重要性日益凸显。柬埔寨政府在孔子学院积极推动“中文＋技能”项目的发展，既满足当地对中文人才的需求，同时提升劳动力的职业技能水平。“中文＋”在东盟地区对中文传播产生了极大的推动作用。

二、传播媒介

（一）中文教材

柬埔寨小学教材采用的是中国海外交流协会文教部和柬华理事会合作编写的《华文》教材。1994 年 12 月 6 日，中国海外交流协会文教部与柬华理事会签署了关于合作编写柬华小学语文教材及师资培训的协议。其主要内容是：双方合作编写柬华小学 1～6 年级中文、算术教材，以及与之相配套的学生练习手册和教师手册；教材内容要与教学对象的实际相符合，适应柬华少年儿童的身心特点，反映柬华社会生活的实际，以语言教学为主，同时把反映中华历史文化、柬埔寨历史文化以及其他世界历史文化的内容有机结合起来，取其精华，做到兼容并蓄（江河，1996）。2006 年，暨南大学华文学院、华文教育研究所在原教材的基础上进行了适当的修订，现在使用的是 2012 年修订后出版发行的教材。

中学使用的中文教材是柬华理事总会文教师资基金处，以我国 2003 年出版的《九年义务教育课程标准实验教科书》为蓝本，编成的《柬埔寨华文教育初中华文实验教科书》，这套教材在 2010 年又做了一些修订再版，一直沿用至今。这套教材基本照搬了《九年义务教育课程标准实验教科书》的内容，课文基本未变，只是在每个单元后适当增加了一些有关柬埔寨的风土人情的常识。

相较于华校，孔子学院使用的教材比较丰富。调查显示，大部分教学点都在使用人民教育出版社出版的《快乐汉语（柬埔寨语版）》、华语教学出版社出版的《当代中文（柬埔寨语版）》、北京语言大学出版社出版的《新实用汉语课本》《跟我学汉语（柬埔寨语版）》和《成功之路》等。有 53% 的教师认为这些教材与所在学校学制的适合度为“一般”，有 37.5% 的教师认为“很适合”（何其颖，2016）。

（二）中文报纸

柬埔寨的中文报纸是 1993 年后开始创立，复办以来一直秉持着弘扬中华传统文化、促进民族融合、推动柬中友好、营造社会正气等宗旨。目前影响较大的中文报纸有《华商日报》《柬华日报》《星洲日报》《大众日报》《新时代日报》等。

第二节　中文师资和学习者

一、师资构成及培养

目前，柬埔寨境内的中文教学主要依靠我国派遣的国际中文教育志愿者、侨办外派的援柬教师和一些本土教师。高素质的师资短缺也是华校发展面临的难题。

柬埔寨的本土中文教师中华人最多，中文水平参差不齐。（宋凌菲，

2023）这类教师又分为老华人教师和年轻华人教师。主要采用“填鸭式”的教学方法。年轻的华人教师大部分是在校成绩较好的学生，毕业之后留在本校任教，这类教师有刻苦钻研的创新精神，但教学经验不足，在教学方法上往往接受老教师的指导，因袭老教师的“填鸭式”的教学方法。（刘振平、贺丽君，2019）

近些年来，来自我国的志愿者和援柬教师大都是汉语国际教育或师范类专业毕业生，其次则是英语类相关专业的毕业生，中文教师正逐步趋向专业化。但由于选派到柬埔寨任教的教师一般只任教一至二年，刚熟悉情况就回国了，教师流动性很大。（唐宇敏，2018）

国际中文教育志愿者多是高校汉语国际教育专业毕业生或者在读研究生，其中，本科生是教师队伍中的主力军。高校的中文教学内容专业性要高于其他教学点，所以高校中具有研究生学历的中文教师占比相对较高。（宋凌菲，2023）他们都具备系统的专业知识，在赴任前接受了正规的培训，虽然经验不足，但是对外国学生的中文教学基本可以做到因材施教。且志愿者多是 90 后的年轻人，他们活泼有亲和力，容易与学生打成一片，他们一腔热情，对海外中文教育充满了责任感和使命感，是中文国际传播的中坚力量。

国务院侨办对援柬教师的普通话没有特别要求，有些教师带有方言口音和方言语法，影响了学生中文的规范化，且侨办外派的援柬教师在赴任前大多没接受过中文作为第二语言教学的系统培训，不了解中文为第二语言学习者与国内中小学生的不同，往往采用与国内语文教学大致相同的教学方法，将适用于国内学生的教学方法和管理模式套到柬埔寨华校学生的身上，需要经过一段时间的摸索才能达到一定的教学效果。

此外，教师队伍中还有小部分是从我国去的新移民，这部分人大都是中青年，学历较高，但教学经验不足，也不懂柬埔寨语，教学效果有待提升。

与柬埔寨中文学习者数量的上升速度相比，教师队伍的扩大速度相对缓慢。学习者学习中文的需求由于教师数量少而无法满足，导致很多想要入学的学生需要排队报名，延迟到下一学期来学习中文。

为了助力柬埔寨中文师资建设，近年来，我国语合中心一直在开展相关工作。根据语合中心新闻，截至 2022 年 6 月，语合中心已经为柬埔寨累计培训本土教师近 2000 人次。2020 年和 2021 年还分别设立了柬埔寨首个本土汉语师范硕士专业和本科专业，进一步扩大了培养规模，丰富了师资培养层次[①]。

二、学习者情况

在“一带一路”的倡议下，由于中国经济辐射作用，柬埔寨的中文学习者与日俱增，中文教育不仅仅局限在华裔后代方面，教学对象也扩展到了柬埔寨母语学生，中文教育教学面貌呈现出蒸蒸日上的景象。

目前，柬埔寨的中文教育主要集中在高等院校和华文学校。（宋凌菲，2023）华文教学的推广占据柬埔寨的中文推广的主要形式，华文学校数量达到 200 多所，学生人数达到 5 万余人。（刘晗、吴坚，2020）首都金边的华校最多，端华学校规模最大。华校学生大部分是华裔，还有小部分柬埔寨人子女。（李思慧，2023）

大多学校都只开设小学阶段的班级，零基础班、初级班人数占比极大，有大量零基础的低龄学生群体前来学习，而中高级班人数非常少，有的教学点甚至没有高级班。（唐宇敏，2018）端华学校开设了相当于高中阶段的专修班级，主要是半日制中文教学为主。

柬埔寨华人众多，学习中文无疑是华裔学生群体的选择，而受家庭语言环境影响，华裔学生的中文水平普遍比非华裔的学生水平要高。但随着中文课程难度的增加，学习者人数会随着行课的时间推移而减少，其中非华裔学生占比居高。（宋凌菲，2023）

经济是影响学生学习华文的重要因素，学习中文成为非华裔学生们提高社会竞争力的一大途径。但也因为经济原因，特别是疫情的暴发，大部分学校面临着学生流失和断层的重要问题。（高焱，2021）

除此之外，学生性别比例失衡，女多男少。学生年龄多元化，年龄差异较大。例如，柬埔寨孔子学院的本部教学点均是面向社会招生，学员年龄跨度极大，下至 8 岁，上至 80 岁的学员均有。但高校的学生基本都是 18 到 28 岁的年轻人，30 岁以上的学生只占极少部分。（宋凌菲，2023）

---

① 2022 年柬埔寨本土中文师资线上研修项目开班［EB/OL］.［2022-07-21］. http://www.chinese.cn/page/#/pcpage/article?id=1166.

此外，学生群体复杂化、不均衡；学生学习动机多元化，工具性动机大于融入性动机，经济成为影响该地区学生学习华文的重要因素；生源维稳难度大、不持续，新进生源低龄化，小学部生源留级、转学、异地升学、辍学的现象极其普遍，华校中学升学率和毕业率最低；学习者分布的地域差距较大，金边地区学习者人数众多，而相对偏远省份的中文学习者人数并不多。（高焱，2021）

第三节 尚需解决的一些问题

一、缺乏高质量的专业教师

目前柬埔寨的中文教师主要由两个部分组成，即本土华人、由我国国务院侨务办公室和教育部中外语言交流合作中心提供的志愿者教师。我国提供的中文师资是柬埔寨华校的中坚力量，在教学上肩负重担。据柬埔寨志愿者管理教师来永梅介绍，截至 2018 年，柬埔寨中文教师志愿者项目已进行了 8 年，累计向柬派遣中文教师志愿者 1200 余人次，累计教授学生 10 余万人。2018 年总部向柬埔寨派遣了 238 名志愿者，任教于柬华理事总会下属 29 所华校、皇家科学院孔子学院所属 13 个教学点、DHY 汉语中心所属 2 个教学点，分布在柬 12 个省份的 46 个教学点。[①]

柬埔寨的中文教师中本地土生华人最多，这类教师又分为老华人教师和年轻华人教师。老华人教师是二战之后存活下来的，年龄较大，这类教师没有接受过专业知识的培训，主要采用“填鸭式”的教学方法。年轻的华人教师大部分是在校中文成绩较好的学生，毕业之后留在本校任教，这类教师有刻苦钻研的创新精神，但教学经验不足，在教学方法上往往接受老教师的指导，因袭老教师的“填鸭式”教学方法。

① 金边举行年度在柬汉语教师志愿者岗中培训［EB/OL］.［2021-01-15］. https://www.chinanews.com/hr/2018/11-22/8683532.shtml.

二、缺乏适应性的教材

尽管1995年柬华理事总会和中国海外交流协会文教部联合编写了用于小学阶段的《华文》等教材，并在2006年和2012年根据教材使用的情况，结合柬埔寨的实际需要和特点进行了修改，但仍存在一些问题，且教材的辅助材料也比较缺乏。在柬埔寨中文是作为第二语言来教授的，所以对课本的要求与我国的语文教学不一样。《华文》等教材在词汇、课文和文化上都存在着“水土不服”的问题。在词汇上，词汇难度偏大，生词分布不合理，如在第一课就出现了“粼”这个字，但在第十二课才将“粼”作为生词，这是不合理的。在课文上，有关中国元素的内容过多，对于柬埔寨的小学生来说，更熟悉的是柬埔寨本地，对课文的理解有难度。在文化上，介绍中国文化与柬埔寨文化的课文比例失调。如在《华文》第九册的教材中，介绍中国文化与介绍柬埔寨文化的比例为3∶1。文化教学应该是双向的，中文教育里的文化教学可以稍稍偏重中国文化，但不能忽视学习者的本土文化，利用柬埔寨文化来引导学生发现中柬文化的不同更容易吸引学生的注意力。

金边学校初中学生使用的《柬埔寨华文教育初中华文实验教科书》，由于内容主要来自我国2003年出版的《九年义务教育课程标准实验教科书》，学生普遍感觉内容过难。柬埔寨学生的中文基础明显比我国学生差，要他们学习跟我国学生差不多的教材，确实有些强人所难。比如，该教材的初中二年级上学期下半段共学6篇课文，其中有5篇是文言文，这对现代汉语的理解和运用能力还尚且不健全的柬埔寨当地学生来说，显然有些过难。

此外，华校中介绍中华文明的文化读本比较缺乏。近年来，国家汉办（现教育部中外语言交流合作中心）向柬埔寨各华校捐助了一批教材和文化读物，在一定程度上缓解了教材缺乏的问题，但对于彻底解决柬埔寨华校教材短缺问题来说，仍是“杯水车薪”。

三、课程设置不够合理、教学方法陈旧

目前柬埔寨的华校所设置的课程还没有一个统一的标准，就是同一学科，授课的内容也不相同。华校的某些课程与柬文学校的课程相同，学生在柬校

学完后，在华校还得重新学习一遍，这无形中造成了资源浪费。因为柬埔寨是半日制教学，教学时间本身就有限，如果不做好与柬文学校的课程对接，导致重复教学，其他课程的教学时间就会受到影响，整体教学质量也会受到影响。

柬埔寨大部分华校采用的仍是我国二十世纪六七十年代“填鸭式”的教学方法，非常机械。比如语文课的教学，老师往往只讲几节课，然后让学生抄笔记，笔记的内容格式也是固定的，学生也没什么作业，即使有也是非常简单的，不需要学生进行思考，往往是照抄教学内容。因此，学生养成了死记硬背、不爱思考的坏习惯。

四、未能做到依据学生水平合理分班

柬埔寨学校对入读中文课程的资格和基础没有太多的要求，学生只要缴纳学费，无论中文是什么水平都可以进入华校读书，而学生具体分在哪个层次的班级里，往往是依据学生的意愿，并没进行严格的分班测试，所以就出现了在一个班上学生的年龄相差甚远、学生的中文水平有很大差距的现象。学生的中文水平参差不齐，教师只能根据大部分学生的水平进行教学，中文水平较高的同学会觉得太简单而不认真学，中文水平较低的同学会觉得太难而不愿意学。

五、考核模式不够科学

为了应付考试，华校教师在上课时会让学生抄写笔记，笔记是老师整理好的，学生只要照抄就好了，考试的内容都是从笔记里面抽的，绝对不会超出笔记内容。而且，考前教师会告知学生题型并划考试的重点。学生只要认真复习笔记本上的内容，依据教师划定的范围重点突击，基本上都能通过考试。这造成许多学生逐渐疏于平时的学习，只想着靠考前临时突击死记硬背来应付考试。这样的考核很难检验出学生真实的语言水平。

本讲回顾

柬埔寨政府对中文教育的重视程度大大加强。柬埔寨政府关注中文经济价值的提升，为积极融入“一带一路”建设中而鼓励或者默认本国中文教学的发展和复兴。因此，柬埔寨国家的中文传播在新时代得到了快速发展的机会。

目前，柬埔寨已经将中文纳入国民教育体系。根据2022年中柬两国签署的《关于合作开展柬埔寨中学中文教育合作项目的谅解备忘录》，中文教育已经在20所柬埔寨国立中学被设置为除英语、法语之外的第三门可供选择的外语。此外，2024年柬华应用技术学院的设立再次成功地将中文职业教育融进了柬埔寨国民教育体系中。中文教育在柬埔寨的传播打破了中文教学长期由民间华校和培训机构承担的困境，成功进入到国民教育体系中。中文纳入柬埔寨国民教育体系有助于加强中柬两国在教育、文化、经济等领域的交流与合作。这无疑为中文在柬埔寨的传播打下更加坚实的基础。

近些年来，柬埔寨大量的华校复办并得到了进一步发展，民间中文培训机构大量增加，学习中文的人数越来越多。具体表现为：（1）华校数量多，且有统一的组织领导和支持，在教材开发、师资引进和培养上都做了大量的工作；（2）高等学府的中文教学发展迅速，有越来越多的高等学府积极与当地孔子学院和我国高校合作开设中文专业和中文课程，招生规模逐渐增大；（3）孔子学院深度参与当地的中文传播，教学点遍地开花，生源多元，涉及各个年龄段和各行各业；（4）有多种中文报刊，表明柬埔寨国内使用中文书面语的队伍相对较大。

各个教学机构中非华裔中文学习者不断增加。非华裔则更多的是看到了中文经济价值的不断提升而积极参加中文的学习，无论是在华校，还是在高等学府、孔子学院、国际学校和民间语言补习中心等机构，都能看到大量的非华裔中文学习者，甚至在有些机构中学习中文的非华裔人数比华裔还要多。

柬埔寨中文传播面临的问题：（1）人才培养不足。由于柬埔寨中文传播还主要是依托华文（补习）学校这一平台，因而发展还很受限，中文人才的培养还有较大的发展空间。（2）“三教”（教师、教材和教法）问题突出。华校主要靠华人或华人社团的力量来发展，得不到政府的实质支持，因而在教学软硬件方面都相对比较落后，“三教”问题比较突出。

对柬埔寨中文传播未来发展的展望：一是推动政府支持力度。推动柬埔寨政府加大对中文教育的支持力度，进而有针对性地开展相关工作，减少中文学习者的阻力，增强他们学习中文的愿望，是推动中文传播在柬埔寨进一步发展首先要考虑的宏观问题。二是加强中柬多方面合作。具体要解决当前该国中文教学发展中的“三教”问题，我们则需要进一步与柬埔寨政府、中文教学单位等加强合作，按照壮大各国中文传播本土力量的思路，在该国政策允许、各教学单位欢迎的前提下给予必要的支持和帮助。

课后思考与讨论

1. 简述柬埔寨中文传播现状。
2. 请对在柬埔寨从事中文教学的志愿者提供一些建议。
3. 请论述编写柬埔寨本土化教材需遵循的一些原则。
4. 请从中柬交流史的角度分析柬埔寨中文传播的优势与挑战。
5. 请论述“一带一路”背景下柬埔寨中文传播的机遇与挑战。

拓展阅读文献

[1] 刘晗、吴坚，2020. 从无到有：柬埔寨华文高等教育发展新动向［J］. 世界教育信息（10）.

[2] 刘振平、贺丽君，2019. 柬埔寨华校华文教育发展的问题及对策［J］. 北部湾大学学报（8）.

[3] 张旋、肖莉，2018. 柬埔寨汉语教师志愿者的跨文化适应研究［C］. // 第十三届国际汉语教学研讨会论文选. 北京：商务印书馆.

第六讲　缅甸中文传播概况

中缅山水相连，中国人移居缅甸的历史较长。秦汉时期的“蜀身毒道”经由四川、云南一带出发，经过当时聚居在川、滇境内的少数民族，即“西南夷”地带，进入今天的缅甸境内，再向西抵达印度国土。这条古老的国际通道，被张骞称之为中国通向西域大夏等地的“宜径”，一直为民间使用，是中国人进入缅甸的重要通道（陈茜，1981；刘爱兰，1986）。随着华人的迁入，中文也就进入了缅甸。但由于史料的缺失，我们只能对19世纪末以来缅甸国内的中文传播情况有一定程度的了解。1872年，仰光的广东观音庙就已有华人开办私塾教授中文，1904年华人在仰光创办了第一所正规学校“中华义学”（范宏伟，2006）。之后，缅甸中文教育快速发展。到1962年，缅甸已有259所华校，学生39000名（Douglas P. Murray，1964）。然而，1963年缅甸中文教育进入了艰难时期。直至20世纪70年代末80年代初，一些华人华侨在讲授佛经的名义下，率先办起了一些中文补习班，缅甸的中文传播才又开始逐渐升温。

随着我国经济实力的飞速增长，尤其是“一带一路”倡议的提出，中文在缅甸的发展呈现出新的态势，一部分在缅非华人为了顺应时代发展的潮流，顺利开展中缅经贸合作，也加入到中文学习者的队伍中来。2018年12月，缅甸响应“一带一路”的倡议，成立了“一带一路实施委员会”，由昂山素季亲任主席，贯彻落实了建设“中缅经济走廊”的共识。随着中缅经济合作的深化，中文传播将面临新的机遇和挑战。

整体来看，“一带一路”倡议影响了中文在缅甸的传播趋势，中文的地位虽然未得到官方认可，但其对缅甸经济发展的价值越来越受到缅甸政府的关注。从当前缅甸中文传播体系来看，中文教育是在缅甸政府的默许状态下进行的，中文传播拥有良好的社会文化条件和多元化的传播平台，缅甸中文传播基本上顺应了中文走向国际的大趋势，而且有着广大的华人团体做支撑，但是传播效果仍不理想。

第一节 中文传播平台和媒介

一、传播平台

缅甸进行中文传播的学校分为民办华文（补习）学校与公立高等院校。当前中文并未被缅甸纳入国民教育体系，民办华文（补习）学校是缅甸最主要的中文传播平台。三所公立大学的中文系为缅甸培养了大量的高层次中文人才。缅甸尚未建立孔子学院，而仅有的 3 个孔子课堂也是由私立教学机构与我国的大学合作建立的。

（一）学校教育

1. 华文（补习）学校

自 1965 年缅甸政府施行《私有学校国有化条例》起，直到 2011 年缅甸政府才允许开办私立学校，其间中文教学只能在民间私下进行。现在缅甸的华文（补习）学校已涵盖从小学到高中各个阶段，分布在曼德勒、大奇力、东枝、腊戌、八莫、密支那、昌华、蒙育瓦、实皆、南坎、木姐、京东、敏健等 20 多个地区，比较有名的规模较大的学校有永盛水华宫补校、校九文台补校、甘白补校、南奥加拉巴补校、九龙堂补校（庆福宫）、观音亭补校（庆福宫）、龙山堂补校（海滨街）、建德分社补校、广东会馆补校、普江公会补校（篷枝街）、水定会馆补校（南勃陀街）、建德淡文补校（甘马育镇区）、妇协幼儿园舜帝庙补校、福庆佛教学校、曼德勒明德学校、缅甸东枝花文佛教学校、缅甸东枝兴华中学。

2．高等学府

缅甸进行中文教学的高等院校，目前只有 3 所，分别是仰光外国语大学、曼德勒外国语大学和国防（军事）大学，它们都是公立院校。仰光外国语大学成立于 1964 年，并于 1965 年设立了中文系，从 1965 年至 2001 年招收和培养专科生，2001 年开始招收 3 年制本科生（熊琦、张小克，2006）。同年，仰光外国语大学还设立了 HSK 考点。曼德勒外国语大学成立于 1997 年，同年设立中文系开始招生，课程设置和选用教材基本与仰光外国语大学相同。国防（军事）大学 2015 年 4 月建立了语言系，从事中文、英语、俄语和日语的教学，目前只开设了中文专科班，课程设置、所用教材都采用曼德勒外国语大学中文系的（苏文，2019）。

（二）私立补习班

由于缅甸公立院校的中文教学力量相对薄弱，民办华校的办学力量也有限，难以满足缅甸日益增长的中文学习者的需要，所以，社会上就出现了大量的私立补习班为那些无法进入学校的学习者提供补习，以培养学习者基础的中文交际能力为目的。其中有以个人名义开办的补习班，大多都在教师的家中进行授课；还有一部分是家庭教学，主要是提供上门中文教学服务。

（三）孔子课堂

缅甸目前有 3 个孔子课堂，分别是 2008 年 5 月云南大学与曼德勒福庆语言电脑学校共同主办揭牌的“曼德勒福庆学校孔子课堂”①,2009 年 12 月华侨大学与缅甸福星语言与电脑学苑联合创建并揭牌的“缅甸福星语言与电脑学苑孔子课堂”②,2013 年 12 月云南师范大学与缅甸东方语言与商业中心联合签署并创建的“东方语言与商业中心孔子课堂”③。

---

① 缅甸有一所曼德勒福庆学校孔子课堂［EB/OL］［2011-01-30］. https：//epaper.gmw.cn/gmrb/html/2011-01/30/nw.D110000gmrb_20110130_13-08.htm.

② 缅甸仰光首家孔子课堂揭牌，汉语教学进入新阶段［EB/OL］［2009-12-21］. https：//www.gqb.gov.cn/news/2009/1221/17716.shtml.

③ 缅甸东方语言与商业中心庆祝孔子课堂成立［EB/OL］［2011-01-30］. http：//news.enorth.com.cn/system/2013/12/14/011533025.shtml.

（四）校企合作的中文 + 培训

随着中缅两国经贸合作的不断加深，缅甸当地对既懂中文又具备专业技能的人才需求日益增加。“中文 + 技能”项目也在缅甸积极开展起来。但与东盟其他国家主要将“中文 +”项目放在孔子学院开展不同。缅甸“中文 + 技能”项目主要由中国的高等职业院校、职业教育培训机构与缅甸本地的企业合作。中文 + 项目，通过提供中文语言学习和职业技能培训，帮助缅甸本地员工提升综合素质，更好地适应市场需求，促进中缅两国之间的经济文化交流与合作。

如，威海职业学院与迪尚集团合作“中文 + 服饰设计与制作”项目①。该项目在迪尚集团缅甸工业园举行线上开班典礼，通过“汉语桥”项目为缅甸本地员工提供专业技能培训。培训内容包括汉服中文词汇、汉服制版技艺等，展示了中国职业教育的风采，也为威海“走出去”企业培养本土化技术技能人才。

还有，重庆城市管理职业学院缅甸“中文 + 电子商务”技术技能人才培训项目②，该项目以线上授课形式，面向缅甸电子商务技术技能人才进行，培训内容由中文、中国文化、国际商务谈判概述等模块组成。

二、传播媒介

（一）中文教材

无论民间华校还是公立院校，所选用的中文教材都以中国大陆版和中国台湾地区版两种为主，缅北地区大部分华校采用的都是中国台湾地区出版的教材，缅甸中部和南部则使用中国大陆版教材居多，目前尚无本土中文教材。

① “中文 + 职业技能”！威职携手迪尚共育海外高技术人才［EB/OL］［2022-12-12］. https：//mp.weixin.qq.com/s?__biz=MzI3MzQ2ODA5OA==&mid=2247684411&idx=1&sn=728aa3e2a55997eea672969e03221d6e&chksm=eb2e8e96dc5907806013061bd3f20eca747a9f3c3510e8ff0e14096ac06203aa0ec5a23f8d17&scene=27.

② 我校举行缅甸“中文 + 电子商务”技术技能人才培训项目线上开班仪式［EB/OL］［2023-12-03］. https：//www.cswu.cn/2023/1206/c3709a74847/page.htm.

中国台湾地区出版的中文教材，采用繁体中文，有的用汉语拼音注音，有的还用反切法注音。中国大陆版中文教材采用简体中文，用汉语拼音进行注音（吴应辉、杨叶华，2008）。对于中文教学来说，中国大陆版的中文教材更符合中文学习者的需求，也更具优势。

大学里使用的教材主要是北京语言大学出版的，如《速成汉语初级教程》（郭志良主编，1996）、《初级汉语课本》（鲁健骥编，2003）、《新实用汉语课本》（刘珣主编，2002）、《中级汉语听和说》（白雪林等编，2006）、《速成汉语》（何慕编，2004）、《新世纪汉语学习指导》（董玉国编，2001）、《汉语写作教程》（邹昭华编，2003）、《桥梁：实用汉语中级教程》（陈灼主编，2000）、《对外汉语教学实用语法》（卢福波，2011）等；也有一些北京大学出版社出版的教材，如《汉语初级教程》（邓懿主编，1993）、《汉语中级教程》（杜荣主编，2004）等。

有些华文（补习）学校主要使用中国台湾编译馆出版的繁体版中文教材，也有些学校主要使用暨南大学出版社出版的《汉语》系列教材。《汉语》系列教材共 50 册，其中《汉语》课本 12 册，《汉语》练习册 12 册，《汉语》教师手册 12 册，《说话》12 册，《汉语拼音》1 册，《汉语拼音》练习册 1 册。该系列教材是北京华文学院在中国海外交流协会的委托下，针对海外的华侨华裔学生学习中文而编写的，提供给海外全日制华校小学一年级至六年级使用，其他学制的学校也可以选用该教材。另外还会使用《每日汉语》（中国国际广播出版社）、《长城汉语》（北京语言大学电子音像出版社）、《商务汉语》（华语教学出版社）、《当代中文》（北京大学出版社）、《天天汉语》（上海交通大学出版社）、《体验汉语》（高等教育出版社）、《快乐汉语》（人民教育出版社）、《阶梯汉语》（华语教学出版社）、《互动汉语》（华语教学出版社）、《新实用汉语课本》（北京语言大学出版社）等。有些初高中还会使用北京语言大学出版社的《桥梁》系列教材、《汉语口语习惯用语教程》、《中国文化常识》，以及人民教育出版社的《语文》等。

（二）中文报刊

缅甸历史上曾出现多份中文报纸，中文报纸在发展过程中饱经磨难。首先《时代报》在 20 世纪 60 年代初期因经营不善自行停刊，1965 年《自由日报》《中国论坛报》《人民报》《中华商报》《中国日报》《新仰光报》等被勒令停刊。随后二十来年，缅甸国内基本上没有了公开发行的中文报刊。直到1998年《缅甸华报》创刊，然而由于各种原因，2004年停刊。

目前，缅甸境内公开发行的中文报刊只有2007年由缅甸仰光传媒集团创办的《金凤凰报》。《金凤凰报》在坚持立足国内办刊的同时，还积极寻求与我国出版界的合作和支持，2013年10月《金凤凰报》与云南日报报业合作，推出《金凤凰·美丽云南》专刊，在缅甸全境发行。2015年2月缅甸新闻网络有限公司与云南日报报业签署合作协议，共建缅云印刷有限公司，提高缅甸新闻出版印刷水平。

第二节　中文传播力量和学习者

一、华人华侨社团是缅甸中文传播的中坚力量

无论是过去，还是现在，缅甸政府对本国的中文传播都没有给予过太多的支持，在二十世纪六七十年代还比较严格地限制过中文教育的发展。缅甸的中文传播，长期以来都依赖于华人华侨社团的力量，而缅甸华人华侨社团的形成，有很长的社会历史。早在西汉时期，中缅两国就开始了交往。近代以来，移入缅甸的中国人逐渐增多，缅甸南部的华人华侨大多来自我国的福建、广东，主要从事商业贸易活动。曼德勒以北地区的华侨主要来自我国云南，除了从事商业，还从事宝石矿、银矿的开采工作（夏玉清，2018）。缅南地区的华人华侨社团，由于地理位置与全国政治经济中心较近，因此与当地环境融合程度较高，华人华侨后裔大多将中文作为第二语言来学习。缅北地区由于地处偏僻，距缅甸政治经济中心较远，大部分滇籍华人华侨依然把中文作为母语进行教学（吴应辉、杨叶华，2008）。

缅甸华人社团为了传播中文，付出颇多，19世纪末就出资兴办私塾教育，20世纪初又开始兴办新式华校。1948年，仰光还成立了协调、支持全缅中文教育的民间组织——缅华教师联合会。即便是在中文教育没有良好的发展环

境下，缅甸华人也没有完全放弃中文的传播，或开办中文补习班，或以学习民族语言文化为由，或以宣传佛教精神为名，努力求得中文教学的发展。

1988年，缅甸新政府推行与我国睦邻友好的外交政策，中缅关系逐渐升温，政府虽没有取消限制中文教育的相关政策，但对中文教育的发展已转持默许的态度。在这种情况下，缅甸的中文教育又得以迅速发展。而推动中文教育快速发展的主要力量依然来自华人社会，目前缅甸各地区都有华人开办的中文学校、补习班，与我国合作开办孔子课堂的也都是华人出资兴办的私立教学机构。当然，缅甸政府兴办的大学也是中文传播的一支重要力量，仰光外国语大学和曼德勒外国语大学里都设有中文系，开展中文的学历教育和短期培训。

随着“一带一路”倡议的实施与推进，缅甸国内的中文传播力量也在悄然发生着变化，这种变化可以说是政府的“无意识”行为造成的。这种政府的“无意识”行为，是指官方并未出台明确的支持中文传播的政策，只是为了发展经济而附带催生了中文学习的需求，以往是主要依靠在缅华人华侨的民间力量推动，而当前社会各界也都开始支持中文教育的发展。

缅甸中文教师的来源比较复杂，有华人，也有缅甸其他民族的人。华人教师，基本上是在缅甸长期生存下来的、在当地接受中文教育的华人。很多青年华人初中、高中毕业后就当了中文教师，华人教师中很少有人读缅甸当地政府的高中，接受本科、硕士或者博士学历高等教育的人更少，多半是兼职教师。他们一直偏读中文，对现代教育技术不甚了解，也较少接受教师培训等继续教育。有些华人教师的中文虽然流利，但是教学理论素养较低、缺少教学理念，课堂上用的都是传统教学法。

1965年仰光语言研究所（1972年更名为仰光外国语学院，1996年升格为仰光外国语大学）开始设立中文系，之后曼德勒外国语大学也于1997年成立，教授包括中文在内的很多语言。这两个学校培养了很多中文人才，有些人毕业后从事了中文教学。另外，一些华校毕业生毕业后也从事了中文教学。缅甸的大学中文教师多有中国教育或培训背景。总的来看，缅甸目前的中文教师多是在缅甸出生的华人或者缅甸本土教师，其中以中文为第一语言进行学习并长期从事中文教学的华人中文水平和教学水平较高，大多数中文教师接受中文教学方面的培训不足。

二、缅甸的中文学习者

由于缅甸华校没有合法的地位，所以多以补习班的形式存在，因此学习中文的时间就得不到保证，多是在政府学校授课时间之外来学习，有时因政府学校调课、加课等因素，也会造成与预定学习中文的时间相冲突，不得不停止中文授课。正因如此，中文生源流失严重。更何况很多高中华裔要准备高考，所以高级中文补习班的生源会更少。再则，学习中文在缅甸的出路也不广阔，其地位远远赶不上英文。对于一些华人华侨子弟而言，在长期的语言环境和社会环境中已经非常清楚了这样一个事实，即学好英文可以有更多出国的机会，而且留在他国就业的概率也大一些。

缅甸的大学里学生修读中文专业或中文选修课的积极性比较高，据苏文（2019）调查，2018 年仰光外国语大学中文系在校本科生 4 个年级共 390 人左右，大专班 4 个年级共 300 人左右，业余班 3 个年级共 450 人左右。曼德勒外国语大学的中文本科班 4 个年级共有学生 250 人，大专班（早班）4 个年级共 175 人，业余班（晚班）3 个年级共 325 人。国防（军事）大学中文系的专科班每批招收几十人。曼德勒福庆学校孔子课堂在缅北五个省两个邦开设 56 个中文教学点，面向社会招生，在读学生人数达 5000 余名。仰光福星学苑孔子课堂，2017 年总部平均每月注册学员 700 余人，各分课堂注册学员月均 1600 余人。东方语言与商业中心孔子课堂，自 2015 年 6 月在仰光大学开设中文班以来，三年内为 190 余名师生提供了长期中文培训，培训对象主要是缅语系的师生，2018 年度招收的 160 余名学员中，更多的是来自社会科学、人文历史等其他院系的学生。

第三节　尚需解决的一些问题

缅甸从地理位置上大致可分为缅南和缅北两部分，缅北地区主要是由民办华文（补习）学校进行的中文作为母语的教学，缅南地区主要进行的是中文作为第二语言教学。从整体上来看，缅北地区的中文教学发展水平远远高于缅南地区，华裔与非华裔的中文学习者学习动机也存在很大差异。近年来，中文教学虽然在缅甸政府的默认下获得一定的发展，但公立高等院校只有仰光外国语大学、曼德勒外国语大学、国防（军事）大学开设中文课程。缅甸的中文传播还存在一系列的问题，主要体现在以下几个方面。

一、缅甸政府未出台支持中文传播的相关政策

缅甸语言政策的变革大致经历了殖民统治前、殖民地时期、吴努政府时期、奈温政府时期和现政府时期五个阶段。在殖民统治前的封建王朝时期，缅甸形成了多民族、多语言的基本国情（李佳，2009）。英属殖民地时期，英语的语言地位逐渐超过缅语，但统治者并未对其他民族的语言做过多的限制。吴努政府时期，缅甸取得独立，用宪法确定了缅语的官方地位。在这三个历史时期，中文虽未得到政府的支持，但发展的环境相对自由。奈温政府统治时期，缅甸政府实行国家主义政策，华人华侨创办的民间华校被收归国有，缅甸的中文传播事业进入低谷。直到现政府执政以后，与我国双边关系逐渐密切，缅甸政府才对中文传播采取默许的态度。但目前缅甸政府尚未出台相关政策支持中文传播。

二、缅北和缅南的中文发展水平差异较大

缅北地区与我国云南地区接壤，云南籍侨民较多，并受中缅边境贸易发展的推动，中文在缅北地区的地位较高，多数家庭一直传承着中文。该地区的华校大多进行的是以中文作为母语的教学，华裔学习者学习动机比较强，甚至非华人社团也将中文作为社会公共语言。缅南地区华人社团成分比较复杂，受当地社会文化环境的影响较大，大部分华裔中文学习者基本上把中文作为第二语言进行学习。缅甸华文（补习）学校在缅北和缅南的分布上，也呈现出较大的差异性。缅北地区的华文（补习）学校较多，约占全缅华文（补习）学校的94.3%；缅南地区的华文（补习）学校相对较少，约占全缅华文（补习）学校的5.7%（黄金英，2011）。此外，长期以来缅北地区的中文教学多使用中国台湾地区编写的中文教材，学生毕业后可到中国台湾进行深造

或就业，因此缅北地区的中文传播事业一直有中国台湾地区方面的支持，发展比较快。基于上述原因，缅南和缅北的中文发展水平呈现出较大的差异。

三、高等学校与中小学中文教学发展不平衡

缅甸的中文教学主要依靠民间华人华侨所办华校，华校的办学层次普遍不高，主要是中小学教育，因此缅甸的中文教学主要集中在中小学。缅甸开展中文教学的高等院校只有仰光外国语大学、曼德勒外国语大学和国防（军事）大学，高校的中文教学主要分为“学习班”和“本科班”，学习班又分“业余班”和“专修班（专科班）”两种类型，业余班毕业授予的是结业证，专修班毕业授予的是大学文凭。2000 年本科班开始招生，学制为 3 年全日制，2012 年改为 4 年制。目前，仅在缅甸北部地区，民间华校已有 218 所，办学已经涵盖从幼儿园到高中各层次（夏玉清，2018）。其数量和在校生人数远远超过公立高等院校，可见民间力量与政府力量呈现出不平衡发展态势。这种状况与缅甸政府对中文发展所采取的态度有关，仅是任由中文在民间华人华侨力量的推动下自由发展，并未推动政府的公立院校大力发展中文教育。长远看来，这种不平衡的发展模式，不利于新时期中文在缅甸的传播。

四、我国在中文师资和教材方面对缅甸支持不足

缅甸中文教师数量虽然呈现出增长的趋势，但由于开设中文的班级逐渐增多，无论中小学华校还是高等院校，中文师资依然比较缺乏。齐春红（2015）对缅甸腊戌地区参加《国际华文教师证书》培训的 99 名中文教师的学历进行调查显示：74 位小学中文教师中有 16 名是初中毕业；大一、大二、高一、高三学生各 1 名，高二学生 2 名；高中毕业生 52 人。23 位初中中文教师中有 5 名是初中学历，14 名高中毕业生，2 名高三学生，1 名本科毕业生，1 名师范生。2 位高中教师都是大专毕业。由此可见，缅甸中小学中文教师的学历层次普遍偏低，只有极个别来我国接受过高层次的中文专业教育，这样的师资水平很难培养出高水平的中文人才。国家汉办（现中外语言交流合作中心）虽然也通过选拔国际中文教育志愿者的方式向缅甸的华校输送了一些

中文师资，可是对于整个缅甸中文传播事业的发展来说，仍然是杯水车薪。我国在缅甸中文师资培训方面，给予支持的力度还是不够，除增加派出国际中文教育志愿者外，还可加大本土教师的培训规模和力度。

长期以来，我国的台湾地区对缅甸中小学中文教育的影响比较大，一方面他们以尊儒、敬佛的名义在缅办学，取得了良好的效果；另一方面每年提供 20 万美元教育赞助费，再加上“海外学生报送计划”，逐渐形成“台湾热”式中文教育（李春风、莫海文，2016）。因此，缅甸的中文教学多采用的是中国台湾地区出版的繁体字教材。随着中国大陆经济的发展，中文在海外的影响力也逐渐扩大，缅甸的中文教学正在从“华人学中文”向“人人学中文”转变，以母语教学为主的华校开始采用中国大陆出版的简体字教材。但这些外界提供的中文教材难以满足缅甸国内不同水平的中文教学，缺乏多元化的本土中文教材成为制约缅甸中文发展的重要因素。缅甸的中文教材需要来自我国学术力量的支持，就目前情况来看，我国在缅甸本土化中文教材编写方面给予的支持还很不足，我们既没有为缅甸中文学习者编写国别化教材，也没有为缅甸一线教师编写中文教材提供学术支持，即便是在缅甸中文教材编写方面的研究也屈指可数。

本讲回顾

缅甸自 20 世纪 60 年代以来，很长一段时间内是不允许民间办私立学校的，因而华校长期都以“非法”的身份存在，发展长期受制。近些年来，缅甸政府在与我国日益紧密的经济合作中需要大量的中文人才，因而一定程度上促进了中文教学在缅甸国内的发展。目前缅甸的中文教学还主要是在民间华校和培训机构里进行。华校虽还只是补习学校的身份，但获得了较大的发展空间，发展迅速。为应对国内猛增的大量中文学习的需求，规模较大的华校还积极与我国高校合作开办孔子课堂。

此外，在一带一路经济发展对中文人才需求的推动下，缅甸与中国高校合作，在线上开展“中文 +”的教学，线下教学则通过实地授课和实训等方式进行。借力中国的支持来加大“中文+技能”型复合人才的培养。

缅甸中文传播发展存在的主要问题：中文人才培养欠缺。由于缅甸中文传播只能主要依托华文（补习）学校这一平台，因此发展还很受限，中文人才的培养还有较大的发展空间。“三教”问题突出。华校主要靠华人或华人社团的力量来发展，政府的支持还比较有限，因而在教学软硬件方面都相对比较落后，“三教”问题比较突出。

课后思考与讨论

1. 简述缅甸中文传播现状。

2. 请分析中文未列入缅甸国民教育体系的原因，并对在该地区从事中文教学的志愿者提供一些建议。

3. 请比较缅甸与柬埔寨中文传播现状的异同，分析其中的启示。

4. 请思考并分析缅甸华裔与非华裔中文学习者的特点，并提供针对性的教学建议。

5. 请简述新时期缅甸中文传播的机遇与挑战。

拓展阅读文献

[1] 黄金英，2011. 缅甸汉语教学情况调查及汉语教材本土化思考 [J]. 汉语国际传播研究（1）.

[2] 龙威，2011. 缅甸汉语传播对非华裔缅甸人中国形象认知影响研究 [D]. 博士学位论文. 中央民族大学国际教育学院.

[3] 张栋、刘振平，2019. “一带一路”背景下缅甸汉语传播现状及策略 [J]. 海外华文教育（3）.

第七讲　文莱中文传播概况

文莱是东南亚人口最少的国家，截至2016年，文莱总人口42.26万，其中，马来人口占65.7%，华人占10.3%。马来语为国语，英语为通用语言，中文使用范围较广泛。伊斯兰教为国教。马来族是其主体民族，华族是第二大民族，但华人人数相对于其他东南亚国家是属于较少的。华人移民文莱的历史，可追溯到明朝时期。早期文莱的中文教育主要以私塾、书院为主，直到1918年才建立了第一所华校——育才学校，1922年改名为文莱中华中学，该校也是文莱现今最大的华校。育才学校的建立是文莱近代中文教育的开端。文莱华校的规模虽不算大，但发展较平稳，主要集中在八所华校中。20世纪60年代，政府不再给华校提供补贴后，华校数量有所减少。20世纪80年代，政府提出“双语政策”规定小学必须将马来语和英语作为必修课，中文可作为教学语言，中学大部分课程必须以英语作为教学语言。文莱的华校仍然坚持继续开展中文课，但中文教育不得不从主要学科语言转变成一门附加课程。闵申（2022）指出“文莱政府重视英语和马来语教育，文莱学生须多语兼顾，语言学习负担较重。此外，中文考试成绩并不能有效作用于升学和国家奖学金申请。权衡之下，学生不得不缩减投入中文学习的精力和时间，且学习意愿不强”，“一些使用民族语言的人，正在完全放弃他们的语言，且没有迹象表明这种语言流失的情况会出现好转，这其中也包括了中文。新生代华人，特别是接受过高等教育的华人，开始放弃使用母语中文，取而代之的是使用英语”。近些年来，随着我国经济的发展，尤其是“一带一路”倡议提出后，文莱与我国各方面的合作增多，中文学习者的人数也随之有所增加。但中文并未纳入文莱国民教育体系，华校颁发的学历证明也未被政府所承认。文莱也是东盟十国中唯一没有开设孔子学院和孔子课堂的国家。

第一节　中文传播平台和媒介

文莱并未把中文纳入国民教育体系，至今也未成立孔子学院和孔子课堂。但近些年来，文莱与我国的交往日益频繁，文莱政府开始重视中文教学，出台了在国民中学开设中文选修课的政策，并已着手组织教师编写中文选修课的教学大纲。目前文莱的中文传播平台和传播媒介主要有以下几种。

一、传播平台

（一）华校

在现代中文教育施行之前，文莱甚至整个东南亚的华人教育模式都是以私塾和义学为主。这一时期的中文教育虽然只处于萌芽状态，但同样担当了传承中华文化的使命，也为日后文莱中文教育事业的发展奠定了基础。二战后，由于文莱的石油和天然气产业迅速发展，华人华侨的数量也迅速增长，这也是文莱华校快速发展的时期。

文莱华人办学历史较早，但截至目前仅有 8 所华校，且都是中学或小学层次的私立学校（马艳，2015：229—232）。8 所华校分别是：文莱中华中学（也称为婆罗乃中华中学，位于斯里巴加湾市），马来奕中华中学，诗里亚中正学校等三所中学，提供幼儿园到中学五年级的中文课程；都东中华学校、九莱的华汀中华学校、那威中华学校、淡武廊培育小学、双溪岭中岭小学等五所小学。华校的课程设置、教学语言、教师聘请、学费的收取额度等都受到文莱教育部的管辖，但是其学校经费却是完全自主的。各阶段的毕业考试和政府办的国民学校一样，学生们都必须参加教育部门统一组织的会考，小学毕业班参加 P.C.E 小学会考，中学生则参加 B.J.C.E 初级中学会考或 G.C.E 中学会考。华校学生参加这些会考，都有不俗的表现，较之其他源流的学校，毫不逊色。在学制方面，早期华校为两学期制，每星期上六天课。现在分三个学期上课，而且除周日外，星期五为方便信奉伊斯兰教的师生朝拜也不上课，实际上是每周上五天课。在管理上，一些华校还有政府委派的校长，帮助董事会进行业务和行政管理（郑通涛等，2014b）。

文莱中华中学是建校最早、规模最大的非营利性私立华校，最开始只有几十人，现有在校生3000余人，教职工240余人。学校设有幼儿园、小学部和中学部，不仅接收华裔学生，也接收非华裔学生（杨绪明、宁家静，2019）。中华学校虽未得到政府的拨款，但得到了社会各界的肯定与支持，苏丹还亲自主持了学校的80周年和90周年的校庆。2010年，学校将汉语水平考试（HSK）作为小、初、高毕业班的必考科目。2012年文莱中华小学，与我国燕京文化专科学校缔结为姐妹学校（马艳，2015：231）。马来奕中华中学是文莱第二大华校，从1931年创校之初的40余人到现在近一千人，是一所拥有幼儿班、小学、初中的中小学校，2013年与南京师范大学附属中学缔结为姐妹学校。

私立华校教育具有以下办学特点：（1）三语并重方针。华校在教育上实行中文、马来语和英语等三语并重，德育、智育、体育、美育、劳育等五育并修的方针政策。早期华校采用的课本多为上海书局、商务印书馆、集成出版社以及我国台湾地区出版社出版的，初高中教师多聘自马来西亚、中国香港和中国台湾等地，以中文为主要教学媒介语。文莱独立后颁布新的教育政策，文莱中文教育的使命不只是传承中华文化，也开始关注学生毕业后的出路问题（王琳，2016：112—115）。由于文莱在正式场合都使用马来语或者英语，华校结合国家教育政策，对自身的教育方针进行调整，增加了马来语和英语在课程中的比重。（2）宗教色彩浓厚。大多数文莱人包括王室成员都信奉伊斯兰教，文莱政府也支持和维护伊斯兰教的统治地位。1984年颁布的新政策规定，所有学校都必须加强伊斯兰教的教育课程。文莱每年都举办不同年龄层次、男女分开的古兰经朗读比赛。自1974年起，文莱教育部就规定每周周五不上课，以便信奉伊斯兰教的师生参加朝拜。（3）越来越多的非华裔子弟进入华校学习。现在已有越来越多的非华裔子弟进入华校就读，且大多数从幼儿园开始接受中文教育。这些非华裔子弟之所以会选择到华校来学习，其中一个相当重要的原因就是华校教学质量过硬，赢得了文莱非华人族群的信赖（郑通涛等，2014b）。同时，家长们也越来越认识到，学习中文对孩子将来的发展有益。

（二）高等学校

文莱的高校教育起步较晚，但发展较快，第一所大学——文莱达鲁萨兰大学建于 1985 年。文莱达鲁萨兰大学也是文莱最大的综合性大学，2001 年成立了语言中心，主要是教英语，也开设其他语言选修课。从学校网页提供的消息来看，该语言中心也开展中文培训，但我们并没有找到该校开设过中文课程的相关消息。文莱的另外 3 所高校（文莱理工大学、拉希达护理学院、文莱古兰经学院）都没有开设中文课程的相关消息。

（三）职业教育平台

文莱的高等教育一直重视应用型技能人才的培养（刘进、陈成，2019）。2018 年，文莱参加了在中国广西桂林召开的“2018 年中国—东盟职业教育与教师发展学术论坛”。2021 年 4 月，桂林旅游学院—文莱汉语旅游人才培训中心在中国桂林和文莱斯里巴加湾同时举行揭牌仪式，广西与文莱开始合作培养文莱的中文旅游人才。①

二、传播媒介

（一）中文教材

早期文莱华校多使用我国台湾地区和马来西亚的中文教材，从 20 世纪 80 年代以后逐渐采用新加坡的简体字版本的教材，20 世纪 90 年代后随着我国与文莱两国关系的不断改善，文莱华校逐渐认同我国大使馆所提供的有关教育文化方面的支持，在中文教材上也开始使用中国大陆的简体版中文教材，但整体上依然主要使用新加坡教育部编写的中文教材，以便于学生参加新加

① 广西与文莱深化教育交流 合作培养汉语旅游人才［OB/LB］.［2021-04-23］. http://wsb.gxzf.gov.cn/xwyw_48149/dfws_48154/t8640356.shtml.

坡的"'O' level 考试"。

随着我国与文莱之间交流合作的增多，我国社会各界对文莱中文教育方面的认识也逐渐加深，为了解决文莱中文教学存在的诸多问题，我国驻文莱大使馆做出了多方面的努力，不仅向文莱的华校免费赠送中文教材，还多次举办中文学习和文化活动，国家汉办（现教育部中外语言交流合作中心）以及一些地方性学校也逐渐与文莱的华校建立姊妹学校，共同推进中文教育的发展。

近些年来，文莱华校不断开展课程和课程改革，启用我国出版的教材。目前文莱华校使用的教材主要是以下三套：一是由暨南大学华文学院组织编写的《中文》，二是由新加坡教育部编写的《华文》系列教材，三是由我国人民教育出版社和新加坡教育部合编的《学华文 step by step》系列教材（莫西宁,2020）。2011 年文莱中华中学联合苏州市实验小学编写了《图式五步识字》教材，在本校使用（许月兰，2014）。

（二）中文报刊和文学作品

文莱的华人数量较少，并没有独立创办中文报刊。中文报纸由国外进口，目前有三家马来西亚中文日报《联合日报》《诗华日报》和《星洲日报》设有文莱新闻版。《联合日报》是 2004 年《美里日报》与《中华日报》合并的产物，每日发行量逾 4 万份，现为文莱境内销量最大的中文报。《星洲日报》创刊于 1929 年，一直为马来的华人社会服务，现在也在文莱发行。这些中文报刊的发行，既给华人华侨提供各种信息服务，也是华人互相联系的纽带。

"文莱留台同学会写作组"是文莱最大的文学社团，集聚了一批文莱本土作家，文莱的中文文学作品多出自这个社团的作家。近年来有一些青年写作人脱颖而出，如语桥（魏巧玉）、一粟、一凡、林岸松、傅文成等都创作了大量的文学作品。就体裁而言，散文、诗歌、短篇小说比较发达，数量最为丰富，尤以散文和短篇小说的成就为高。长篇小说仍未出现，戏剧十分稀少、罕见。诗与散文相对于其他体裁而言数量更多，散文成就较明显（王丹红，2010）。文莱中文文学的发展不仅使得中文得到了深层次的使用，也进一步拓展了中文在文莱的传播范围。

（三）广播电台

文莱广播电台创建于 1957 年，拥有两个广播网，一个是用马来语和当地方言进行广播，另一个是用英语和中文进行广播，其中英语和中文的广播时间分别为 7 小时和 5.5 小时。自 2001 年起，广播电台还推出了网上广播。目前，文莱的广播电台以 5 个频段向国内外播出，其中广播二套为精选频道，采用英语和中文等语种，以休闲娱乐节目为主。

第二节　中文师资和学习者

近年来，文莱中文传播的发展，要归功于“一带一路”倡议的提出与推进。随着我国与文莱交往的日益频繁，文莱政府开始重视中文教学。据闵申（2022）介绍，虽然 2009 年文莱开始实施《二十一世纪国家教育体系》（The national educational system for the 21st Century），“汉语普通话（Mandarin）被明确规定为可选修课程”，但“政府教育政策关注的是面向全体文莱学生的非母语中文教育，而并非针对华裔族群的母语教育。母语中文仍然处于一个独立于国家教育大纲之外发展的状态。学生可以从中学开始接触包括中文在内的备选科目。据不完全统计，截至 2022 年，文莱只有部分政府学校，自中学阶段开设中文课程”。

一、师资构成及培养

文莱华校华文教师的情况代表了整个文莱华文教育的师资情况。文莱华校的中文老师不仅要承担本校的华文教学，还负责华文报刊编辑及各种文件的华文翻译工作。

（一）教师的来源及专业背景情况

根据陈硕（2013）、文安东（2015）的调查，文莱华校本土教师缺乏，基本是通过外聘其他国家教师作为华文教学教师。

文安东（2015）通过调查，华文教师人数最多的是马来西亚华人。2014年文莱 8 所华文学校共有中文老师 38 人，有 25 人都是马来西亚籍，占华文教师人数的 65.8%。其他老师分别来自中国大陆或者中国台湾地区。来自中国大陆的老师多为通过中国国家汉办 / 孔子学院总部派遣的赴文莱的中文教育志愿者。

文安东（2015）还以第二大华校马来奕中华中学为例，对中文教师的学术背景进行了调查，发现这些教师的专业背景较为复杂，大部分教师的专业与华文以及教育专业关系不大。

（二）华文教师培养面临的主要问题

华文教师是整个华文教学的组织和实施者，教师的教学模式和教学观念直接关系到学习者的学习效果。曹儒、汤汪洋（2023）以文莱中华中学为例对文莱华文教育情况进行了论述。他们的研究表明文莱的华文教学在师资队伍建设上存在性别失衡、后备力量不足、教师教学技能亟待提高、教师工作量大等问题。据文安东（2015）的调查研究表明，文莱华文教育的师资问题主要表现为五个方面：华文教师总量少，缺乏本职专业教师；教师队伍老龄化严重，教师课程压力大；教师教学方法落后；缺乏必要的奖励及福利保障；华人教师缺乏对中国的了解，文化认同感薄弱。

在文莱，华文教育面临着师资严重短缺、人员老化、教师教学水平亟待提高等问题。为了帮助文莱中文教学的发展，我国近些年多次派遣具备中文教学资格的教师或志愿者到当地进行中文教学。不过本土教师在语言沟通和思维模式方面更适合本国学生。2008 年，国务院侨办从国内 21 所学校选派了相关教师赴文莱，对当地的华文教师进行了培训，切实提高海外华文教师的中文基础知识水平。（汤翠英、王匡廷，2009）

虽然近年来，中国汉办和侨办陆续外派优秀的志愿教师赴文莱进行中文教学工作，有力地支援了当地华校的华文教育工作，也为文莱华文课堂教学提供了全新的教学模式，很大程度上缓解了华文教师不足的现状。但缺少本地稳定的华文教师队伍，仅靠来源复杂、学术背景复杂的外籍华文教师队伍，显然不能有力促进文莱的华文教学发展。

二、学习者情况

（一）学习者数量

有关文莱各华校的师生数量统计数据较少。文安东（2015）统计了文莱8所华校2014年时中文教师和学生人数。据他统计，2014年，8所华校在校生共有4985名。

据文莱国会议员、中华中学董事长王长荷介绍，2018年，文莱8所华校，学生总共5000人左右，其中中华中学就有2300人。①

近些年来，随着我国综合国力的大大增强，我国的国际影响和中文的经济价值稳步提升，文莱华人的中文学习热情又开始增加，文莱华校里华裔和非华裔的中文学习者人数都开始回升。

文莱国内诸多设置中文教育的私立学校，包括华校教会学校和国际学校等。在满足《二十一世纪国家教育体系》的前提下，根据市场需求自主开设各个阶段的中文课程，允许学生自愿参与。文莱人口构成具有多元性，8所华校均面向不同种族广泛招生，华裔和非华裔学生共同学习华文是当地华文教育的一大特色。

（二）学生来源

文莱华校的学生主要由移居文莱的华人华侨及土生华人、马来人、印度人、菲律宾人以及小部分欧美学生组成，所有的华校学生均要接受华文教育。但文莱华校存在严重的生源流失现象。华校收费高，教学质量不够理想，非华裔家长工作变动等均是造成学生小学毕业之后离开华校的原因。

8所华校均面向不同种族广泛招生，华裔和非华裔学生共同在校学习是文莱华校一大特色。学生主要可分为以下几种：

1. 有中文语言环境，具备一定的中文底子，中文为其母语，日常交流以中文为主的华裔学生。他们对中文知识的学习和理解较其他同学快，且学习积极。

---

① 薪火相传 花开海外——记文莱华校坚持华文教育［EB/OL］.［2018-11-16］. https://www.gov.cn/xinwen/2018-11/16/content_5341106.htm.

2．无中文语言环境，英语为其第一语言，日常交流以英语为主的华裔学生。这部分学生对中文发音的方式方法掌握较快，但汉字书写能力很差。

3．无语言环境、无中文基础，以马来语或英语为第一语言。进入华校后从零起点开始的非华裔学生。这部分学生中文学习能力很弱，进步迟缓，通常只能掌握一些简单的、用于应试的句子和词组。

4．华裔与马来裔混血儿。这类学生在日常生活中就使用中、马二语进行交流，所以对中文的学习，学习速度较快。

经过将近百年的传承与发展，如今的文莱华校面貌有了极大改观。华校已经成为众多华裔子女和非华裔学子学习华文的首选，而且华校都分别面向不同种族扩招。在这样的背景之下，华裔和非华裔学生在同一所校园内学习华文成了华校的显著特色。但同时华校课堂上学生的中文基础分化比较严重，这在一定程度上对华文教师的课堂教学能力提出了更高的要求。

（三）学习动机

由于多年推行英语和马来语的“双语”政策，文莱人的英文水平较高。受过良好教育的文莱人已经改用英语。新生代华人开始用英语取代了母语中文。

据唐伟萌（2018）对马来奕中华中学的学生调查，只有 23% 的学生在学校里用中文作为主要交际语言，高达 74% 的学生则是使用英语作为主要的交流语言。由于华人家庭里的老人往往是以中文作为交际用语，所以有 78% 的学生在家里跟祖辈交流时用中文；由于父辈英语较好一些，所以大部分学生跟父辈交流时用英语，只有 41% 的学生会用中文与父辈交流。

对于文莱新生一代的华人学生而言，中文学习本身已成为一种与非华裔学生类似的任务课程。文莱华人学生对于华文的重视程度很大程度上取决于其家长对于华文以及中华文化的重视度。文莱华校学生处在东南亚汉字文化圈的大背景下，华文学习相对容易，学生体会到的文化差异也比较小，但对于文莱非华裔的学生而言，华文课程仍是其最头疼的科目。根据文安东（2015）的调查，文莱华校学生对华文学习的态度并不积极。近乎四成的学生迫于学校和父母的要求才学习华文，还有约四分之一的学生表示其学习华文的最终目的是日后去中国旅游。出于对华文兴趣的学习或者日后有从事华文相关工作的学生不到三成。

第三节 尚需解决的一些问题

“一带一路”倡议的实施为我国和沿线国家，以及沿线国家之间的合作创造了大量机会。“一带一路”建设离不开语言铺路搭桥，中文传播在“语言铺路”中正在发挥越来越不可替代的作用，这给中文的境外传播带来了新的机遇。近年来，我国和文莱在经济贸易、教育、文化等方面的合作逐渐增多，中文在文莱的传播也同样面临着新的机遇。一是我国与文莱的经济合作扩大了文莱对中文人才的需求数量；二是我国与文莱开展的教育培训合作促动了文莱本土中文人才培养质量的提升；三是政府间合作拓展了中文人才就业渠道，给精通中文的人才提供更多的工作机会和更高的工作待遇，还提升了中文在文莱的社会价值和经济价值，促使文莱政府出台更多政策以提高中文的传播速度和质量。“一带一路”建设在给文莱的中文传播带来机遇的同时，也带来了挑战。这种挑战更加凸显了中文传播在文莱发展亟待解决的一些问题。

一、开设中文课程的学校少

中文仍未纳入文莱国民教育体系，华校数量较少，政府学校大多没有开设中文选修课，大多数学生没有在学校里接受中文教育的机会。东盟的大多数国家都已开设了孔子学院和孔子课堂，但文莱至今没有开设。面对“一带一路”框架内中、文双方广泛合作带来的对中文人才旺盛的需求，文莱的中文教育任重而道远。

二、中文复合型人才数量不足

中、文双边合作开展的基础建设工程数量较大，难度颇高。要顺利完成这些合作项目，需要投入大量的人力、物力和财力。人力上，不仅需要文莱有精通中文的人才，还需要我国有精通马来语的人才。随着中、文合作项目的推进和增加，中文复合型人才数量将不能满足实际发展的需求。

三、华校办学经费不足

文莱的教育经费一直占政府年度财政预算的 10% 以上，官办学校的一切费用均由政府拨款，自 1969 年政府停止对华校提供津贴补助之后，华校的办学经费完全依靠自己解决。华校的经费来源除了依靠学生学费之外，其他部分是油田公司、社会团体及慈善人士尤其是华人华侨的热心捐助。文莱中华中学的校舍是社会人士捐建的。马来奕中华中学还曾通过酌减教师薪金等办法来应对津贴不足的困境。由于社会各界捐助的资金来源不够稳定，导致各个华校在修建新校舍、更新教学设备设施、提高教师待遇、开展多种教学活动方面常常陷于无计可施的困境。

四、缺乏本土化教材

目前文莱华校主要使用的三套中文教材《中文》《华文》《学华文 step by step》系列教材，虽然分别针对了华裔和非华裔学生，但是这些教材和文莱中文教学情况无法紧密切合（文安东，2015）。《华文》系列教材是根据 2002 年新加坡教育部颁发的《小学华文课程标准》和《中学华文课程标准》而编写出版的，使用对象主要是华裔学生以及部分中文水平较高的非华裔学生。教材内容主要是中华传统文化，但这套系列教材词汇量大、课文长，不符合目前文莱华裔学生水平较新加坡华裔学生水平普遍偏低的现实；《中文》系列教材主要是为西方文化背景的学生编写的，供非华裔学生使用的，而文莱学生为东方文化背景，对书中的文化知识内容难以产生共鸣；《学华文 step by step》系列教材目标人群是中文水平较差的高中华裔学生，对于文莱中学的初中学生来说还是相对难了一些。另外，2011 年文莱中华中学联合苏州市实验小学编写了《图式五步识字》教材，但仅在本校的部分班级使用。可见，文莱目前急需一套适应自身情况的本土中文教材，本土中文教材的缺乏已明显影响着中文传播在文莱的发展。

五、师资水平参差不齐

文莱华校的师资一般来自马来西亚和我国南部的移民，其中马来西亚教师占大多数（蔡昌卓，2015：21—22）。据国际中文教育志愿者文安东（2015）的调查显示：文莱中文教师总量较少，本土专业教师匮乏，有许多非中文相关专业出身，华校教师整体学历偏低，且老龄化严重；没有来自政府的拨款资助，华校教师薪金待遇提升困难，年轻中文教师流动性较大；还有一些年长教师仍在用繁体字教学，导致一些学生对简体字、繁体字产生混淆。有些学历高的教师又缺乏中文教学的专业训练与教学实践。

六、中文教学仍需受到进一步的重视

在当今的东南亚社会，英语依然是最受重视的外语，中文的地位仍处在不断上升期（文安东，2015）。文莱中华中学和马来奕中华中学是文莱最大的两所华校，学生人数较多，但其他华校，尤其是乡村华校，人数日愈减少。一是由于年轻一代华人倾向于向城市发展，二是年轻一代华人出于政治、经济、就业等利益因素考虑，不再让子女上华校，而是让子女到英校或者政府学校就读。2010 年文莱开设了汉语水平考试（HSK）考点，除文莱中华学校将其设置为毕业班必考科目外，其他华校报考人数很少。如第二大华校马来奕中华中学总共 1000 多名学生，2014 年却仅有 14 名学生报考 HSK（王建勤，2016）。学生对 HSK 的重视程度不够，一方面反映了华校对 HSK 的宣传力度不到位，一方面也体现出文莱社会对中文的重视度不够。

本讲回顾

文莱是东盟国家中人口较少，但经济条件比较好的国家。文莱中文传播也有百年历史。20 世纪 20 年代，文莱国内开始建立华人学校。50 年代，文莱开始强化马来语教育。80 年代为了国家的团结，开始实行的英语和标准马来语“双语”教育政策，使得中文转变成了附加课程。

随着中国—东盟外交关系融洽、经贸往来和文化交流频繁，中文价值的不断增长，文莱华人一方面看到母语国的国际地位提升，对自己的华人身份深感荣耀，出于身份认同的需要更加积极地学习中文；另一方面看到中文经济价值的增长，出于自己事业发展的考虑也产生了中文学习的新动机。非华裔则更多的是看到了中文经济价值的不断提升而积极参加中文的学习，已有越来越多的非华裔开始学习中文。

文莱的中文教育一直没有断层，华校一直得以存在，但政府通过推行学校必须保障马来语、英语教育的政策，使得华校也不得不重视马来语和英语教育，中文的地位有所下降。新生代的文莱华人也以英语代替了母语中文。中文在文莱的使用环境并不理想。近些年来，文莱国内的中文学习需求增加，华校得到了进一步发展。但文莱政府对中文教学的发展还顾虑重重，表现在：建立孔子学院和孔子课堂的态度不够积极，使得文莱成为东盟十国中唯一一个既没有孔子学院又没有孔子课堂的国家；政府学校（包括中小学和高校）中开设中文课程的积极性不高，虽态度上表明要开设中文课程，但一直没有付诸实施。

课后思考与讨论

1. 中文在文莱的传播媒介有哪些？
2. 简述我国与文莱的人文交流有哪些路径？
3. 谈谈文莱中文教学的现状。
4. 中文在文莱传播还需解决哪些问题？
5. 中文在文莱传播有哪些特点？

拓展阅读文献

［1］刘振平等，2019.“一带一路”背景下东盟汉语传播研究［M］. 延

吉：延边大学出版社.

[2] 莫西宁，2020. 文莱文化政策对在文汉语教学影响的研究 [D]. 博士学位论文. 广西大学.

[3] 陈硕，2013. 文莱小学低年级华文教学策略调查研究——以文莱中华中学三年级华文教学为例 [D]. 硕士学位论文. 东北师范大学.

第八讲　马来西亚中文传播概况

1920年以前，中文在马来西亚的传播完全由华人自主负责，办学校、办报纸等都基本上没有受到政府的干涉。1920年10月，当时的英殖民政府颁布实施了“学校注册法令”，开始逐步限制马来西亚华人办华校。殖民政府不仅要求华校及其教师、董事必须向政府注册，还审查所用的课本和所教授课程的内容，不允许涉及有违殖民统治者利益的政治色彩，并且要求华校必须将英文列为必修课之一（郑良树，1986：114）。日本侵占时期，马来西亚中文教育受到了全面禁止。二战后，接踵而来的是英殖民政府和马来西亚独立后政府对中文教育的限制。面对高压，华人并不畏惧，而是奋起抗争。虽最终无法再恢复到1920年之前完全自由传承、传播中文的状态，但至少使得中文在马来西亚的传播得以继续而未中断。20世纪90年代以来，随着我国经济的迅速发展，我国与世界各国的各种交流日益频繁，中文的经济价值日益凸显。马来西亚对中文教育的态度也由排挤、打压转变为较为温和的有限干预。因此，中文在马来西亚的传播又得以迅速发展。

第一节　中文传播平台和媒介

目前，马来西亚各类中小学（包括华小、国民小学、国民中学、国民型中学、独立中学、私立中学和国际学校）是中文传播的主要平台，一些幼儿园里也会教授中文。另有华人创办的高等学府和政府创办的马来亚大学中文系等从事着中文的高学历教育。此外，在马来西亚还有形形色色的各种语言中心、培训机构、孔子学院等也是中文传播的重要平台，以及各种中文报刊、广播电视及网站等媒体对中文传播起到了积极的推动作用。

一、传播平台

（一）幼儿园

目前，马来西亚的幼儿园主要分为四类：私人幼儿园、小学附属幼儿园、社会发展局幼儿园、国民团结及融合局幼儿园。马来西亚《2013—2015 年教育发展蓝图》规定所有幼儿园或学前教育中心都必须采用由教育部所制定的《马来西亚学前教育课程标准》，各类幼儿园可以同时采用三语教学，但由于教育部并没有严厉管制私立幼儿园的教学，很多幼儿园并没有完全遵照有关课纲。不过，大部分幼儿园都会使用中文交流和开设中文课，佘信谦（2019）随机抽查了 47 所幼儿园，其中 44 所都开设有中文课。这些幼儿园里，幼儿的中文听说能力主要靠教师与学生的日常交流来培养，教师在上中文课的时段主要是带领孩子们阅读中文读物和写一些简单的汉字。

（二）华文小学

华文小学是马来西亚华人社团出资兴办的，是在马来西亚政府 1961 年颁布教育法令要求改制为国民小学后，华人社团顶住压力坚决没有改制而留存下来的一些传统华校。这些学校，虽按照政府的要求，必须开设马来语课程，但仍以中文作为主要的教学媒介语。多数华文小学的学制为 6 年，只有小部分是 5 年（罗一然，2013）。据余可华、徐丽丽（2017）搜集到的数据，2016 年马来西亚的华文小学有 1296 所，在读学生 561,003 人，其中非华裔人数在 7 万名左右。

（三）国民小学

国民小学是马来西亚政府兴办的，以马来语为教学语言的学校。从 1957 年马来西亚独立到 1995 年，国民小学的中文课程向来是仅供华裔学生选修的母语课，不论中文是他们的第一语言还是第二语言，都采用第一语言的教学方法。1996 年，国小中文华语课开始对各族学生开放，各族学生均可选修。我们通过访谈调查了解到，近些年来国民小学的中文学习需求不断增加，目前开设中文班的国民小学数量以及选读人数更多。

（四）独立中学

独立中学，也是拒不接受改制的传统华校，办学经费主要由华人社团筹措。独立中学学制六年，分初中、高中两个阶段，各三年。独立中学抵住改制压力以后，相当长的时期内数量一直为 60 所，2000 年柔佛州的宽柔中学古来分校获准独立为第 61 所独立中学，2012 年，马来西亚批准了关丹中华独立中学的申办资格，成为马来西亚第 62 所独立中学（钱伟，2017a）。这些学校以中文作为主要教学媒介语，课程由董教总华文独立中学工委会负责编制、实施和管理。但应政府的要求以及为方便学生考入大学，遵照政府颁布的课程纲要、政府公共考试及独中统一考试的规定，实施中文、马来语、英语三语教育。独立中学的毕业统考成绩不被马来西亚政府和国立大学承认，但因为独立中学办学质量有目共睹，其毕业统考成绩被包括我国在内的多个国家承认，独立中学毕业生可凭借毕业统考成绩申请入读多个国家的大学（叶俊杰，2012）。

（五）国民型中学和国民中学

国民型中学的前身是传统华校，1961 年政府颁布教育法令后，这些学校因自身办学经费不足等原因未顶住政府的压力而被迫改制，因此，又俗称改制中学。这些学校改制后，能够得到政府教育经费的支持，缓解了办学压力，但从此就不得以中文作为主要教学媒介语，中文只能作为一门课程。国民型中学 90% 以上的学生为华裔生，大多数国民型中学将中文设定为必修课或必考科目。

国民中学跟国民小学一样，都是政府出资兴办的学校，中文在这类学校里只是选修课。国民中学的中文课时要比国民型中学里少，但两者使用相同的课程大纲和教材。目前国民型中学和国民中学的中文学习人数超过 35 万人（余可华、徐丽丽，2017）。

（六）私立中学和国际学校

据马来西亚教育部官方网站显示，目前马来西亚共有 68 所私立中学。当中有的学校同属一校名，却分属国际学校和私立中学，即一校两制，分为两个部分，一部分属于国际学校性质，一部分是私立学校性质，开设初中至高中阶段的课程。如位于吉隆坡的 Sri KDU 中学、柔佛州的 Seri Omega 中学等。截至 2017 年，马来西亚共有 176 家以英语为教学媒介语的国际学校。由于家长重视到了中文的经济价值，希望私立中学和国际学校也开设中文课程，因此越来越多的私立中学和国际学校也开设了中文课程，有些学校如吉隆坡的 Sri KDU 中学还将中文列为校内必修课，要求初中生必读（伍燕翎，2019）。

（七）高等学府

马来西亚华人社团举办的南方大学学院、新纪元大学学院、韩江传媒大学学院都设有中文系，且要求其他系的同学也必修中文课程，这三所学校为解决独立中学毕业生的升学问题做出了重大的贡献。还有一所华人政党所办的拉曼大学也有中文系，中文系规模是马来西亚高校中最大的，但该校对其他系的学生没有必修中文课的要求（钱伟，2017b）。另外，政府兴办的大学里，马来亚大学也有中文系，有超过 20 所的公立大学都开设了中文选修课。如马来西亚农业大学开设有中文班，玛拉工艺大学开设有中文选修课，等等。

另外，我国的厦门大学 2016 年 2 月 22 日在马来西亚正式开办了分校，设文、商、医、理、工学科领域的 22 个本科专业，6 个硕士点，3 个博士点，1 个硕博连读课程，中文和中医专业用中文作为教学媒介语。厦门大学马来西亚分校的设立将大大推动马来西亚中文高层次人才培养的发展。

（八）私立补习中心

马来西亚还有分布于各个地区的语言中心、培训机构，它们承担着不分族群的中文教育培训。目前，这一类培训机构的数量还在不断增加（吴建平、蒋有经，2012）。规模较大的私立中文培训机构有中文之路、卓越汉语课室、丝绸之路等（余可华、徐丽丽，2017）。

（九）孔子学院和孔子课堂

马来西亚是东盟国家中与中国友好交往的典范。近年来，两国全面战略伙伴关系不断深化，加强语言文化交流成为两国人民的共同愿望。在这样的背景下，孔子学院在马来西亚得到了积极发展。

目前，马来西亚有 7 所孔子学院和 1 个孔子课堂。分别为：（1）马来亚大学孔子学院，中方合作院校是北京外国语大学，这是马来西亚建立的第一所孔子学院；（2）世纪大学孔子学院，中方合作院校为海南师范大学；（3）彭亨大学孔子学院，中方合作院校为河北大学；（4）沙巴大学孔子学院，是马来西亚第四所孔子学院，也是东马来西亚第一所孔子学院①，而且这是全球第一所工程技术类孔子学院，中方合作院校为长沙理工大学；（5）砂拉越科技大学孔子学院，中方合作院校是华北水利水电大学，是马来西亚的第五所孔子学院、东马的第二所孔子学院；（6）拉曼大学孔子学院，中方合作院校是德州学院；（7）深斋孔子学院，由马来西亚深斋教育集团与中国国际中文教育基金会、中国西安电子科技大学合作共建，位于马来西亚霹雳州首府怡保市，是马来西亚北部地区第一所孔子学院；（8）马六甲培风中学孔子课堂，中方合作院校为华东师范大学。

随着中马两国交流的加深，马来西亚中文教学需求在不断扩大。顺应时代发展的需要，不仅孔子学院的数量和教学规模发生了变化，当地孔院教学内容也在发生着变化，积极开展丰富多样的“中文+”项目，为所在国的发展服务，拓展中文传播的新赛道。

如，马来西亚东海岸的彭亨大学孔子学院，该孔院与马来西亚关丹产业园联合钢铁（大马）集团公司、东海岸铁路部门合作开展了“中文＋钢铁”和“中文＋铁路”两个“中文+”项目。这两个项目整体开展得比较好，但仍然在教材体系建设、复合型师资、相关评估标准等一系列问题方面存在不足。

砂拉越科技大学孔院与华北水利水电大学、砂拉越科技大学、中外大型水电企业等多方合作，充分发挥两所高校学科优势，以及中国水电企业的资

---

① 东马来西亚第一所孔子学院揭牌［EB/OL］.［2019-12-13］. http://www.qb.gd.gov.cn/whjy/content/post_227783.html.

源优势，在常规的中文课程外，开设了水利水电中文班、商务中文班、政府职员班等特色课程。

孔子学院和孔子课堂为马来西亚的中文教学和中文传播提供了重要平台。

二、传播媒介

（一）中文教材

1. 幼儿中文教材概况

据佘信谦（2019）的调查，马来西亚开设中文课的幼儿园，采用自编教材进行中文教学的占56.82%，其余的是采购马来西亚本地出版社出版的教材，如《乐乐语文列车》系列、《Hi！幼幼班华文》和《小钻石幼儿系列华文》等。采用自编教材的好处是可以同时兼顾到华裔和非华裔儿童的语言水平和学习需求，但受幼儿园师资水平的影响，自编教材的质量水平参差不齐。而马来西亚本地出版社出版的幼儿中文教材多是面向中文为母语的华裔儿童的教材，也就是说，教材编写者是以使用对象有一定的中文听说能力的儿童而编写的，这对于那些没有中文基础的非华裔儿童来说会有一定的不适用性。

张江元（2014）对马来西亚彩虹出版公司出版的一套幼儿中文教材《乐乐语文列车》做了一定程度的分析，基本能够反映马来西亚本地出版的幼儿中文教材的基本情况。

《乐乐语文列车》共有《华文课本》1—4册和《华文作业》1—4册，供4—6岁儿童使用。教材的内页每册固定为32页，采用大多数幼儿中文教材的方式编排，即以主题方式分单元呈现教学内容。每册有4—6个主题单元，每个单元搭配与主题相关的标题。涉及最基础知识的单元（第1册较集中），每单元有6—7篇课文；随着学习内容难度加大，每个单元只安排4—5篇课文（均不包含复习课）。这样设计有助于减轻学生学习压力，有利于保障学习的有效性。教材以重视复习的方式来巩固以往的知识和技能。同一单元中有多少不同种类的知识内容就有几次复习，比如“动作、表情”单元有两次复习紧随相应内容之后。教材的复习设计灵活，不仅针对全册、每个单元，也针对不同的学习内容。

在字词认读方面，不仅有拼音和笔画要求，还要引导学生认识图片、象形文字、简体汉字三者之间的关系。此外，围绕重点字词或句子，课文选编一些儿歌、儿童诗、谜语、歌曲（提供歌词，后面提示适用的曲调名称），设计了综合性较强的活动如“看图说话”“看一看、做一做”等，有的诗歌还配有一些生动有趣的形体动作（手势），引导学生在读一读、唱一唱、猜一猜、做一做等丰富多彩的活动中学习，既能让学习者感受到趣味、好玩儿，又训练其思维能力，增强理解记忆。同时也有助于教师课堂教学环节的设计，以及教学中师生的互动合作。从整体上看，这套教材突出“幼儿化”特征，内容设计具有“生活化”取向并注重“文化特色”。

2. 中小学中文教材概况

为了把控内容，华文小学、国民小学、国民型中学、国民中学的中文教材都由马来西亚教育部统一编写，并免费提供给全国各中小学学生使用。只有独立中学除外。独中的中文教材由董教总全国华文独中工委会学务处课程局（简称董总课程局）编写并统一发放于全国独中使用，但教材同样会受到教育部的审查。

华文小学和国民小学使用的中文课本是依据不同的课程大纲和标准而编制的，因此无论内容的学习量和难度等都是不一样的。国民中学和国民型中学虽然中文课时不同，但是按照政府的要求使用同样的课本。华文独中的中文教材以董总课程局编制的《初中华文课程纲要》和《高中华文课程纲要》中“教学内容——课文”为依据来设计内容。

3. 国立大学中文教材概况

国立大学使用的教材来源多样，有的使用中国出版的国际中文教材，有的使用本土专家编写、本地出版的中文教材，有的使用在中国国际中文教材和本地中文教材基础上改编的教材，有的则完全由本校教师自编教材。

使用我国出版教材的主要是一些较早开设中文课程的大学。教学重点随着我国教材内容的转变，从早期比较注重口语的操练，慢慢地转向注重语法点的教学。如马来亚大学使用的教材有《快乐汉语》（人民教育出版社）、《体验汉语》（高等教育出版社）和《汉语教程》（北京语言大学出版社）等，马来西亚理科大学使用了《汉语教程》和《新实用汉语课本》（北京语言大学出版社）等，马来西亚博特拉大学使用了《汉语教程》，苏丹再纳阿比丁大学使用了《长城汉语》(北京语言大学出版社)，国防大学使用了《汉语会话 301 句》(北京语言大学出版社)，沙巴大学使用了《问和答：速成汉语口语》(北京大学出版社)和《快乐汉语》，马来西亚工艺大学吉隆坡分院使用了《汉语快车》(北京语言大学出版社)。

玛拉工艺大学教师编写了中文教材，由马来西亚本地出版社出版。这些教材除了在玛拉工艺大学使用，还被其他大学所采用，如马来西亚北方大学使用了《基础汉语》(联营出版社)，吉兰丹大学和登嘉楼大学使用了《华语》(学而出版社)。这些大学之所以会使用玛拉工艺大学编写的教材，要么是因为他们聘请了玛拉工艺大学的中文老师兼职教学，要么他们申办课程时邀请了玛拉工艺大学老师来帮忙设计（何富腾，2014）。

砂拉越大学、苏丹依德利斯师范大学、敦胡先翁大学、马六甲技术大学、玻璃市大学、回教理科大学和马来西亚国际伊斯兰教大学等，中文课程多是使用在参考我国国际中文教材和本地中文教材基础上改编的教材。

玛拉工艺大学、马来西亚国立大学、马来西亚理科大学华语副修班、彭亨大学、玻璃市大学、回教理科大学和工艺大学柔佛总院等都是使用自编的教材。虽说自编，私底下必有所据，不可能是凭空想象而来。总体来看，马来西亚的国立大学有 36.8% 的中文课程（即 38 个中的 14 个中文课程）教学使用我国编写的课本，而 63.2% 的中文课程教学使用的是具有本地色彩的国别化中文教材，并向教材本土化方向发展（何富腾，2014）。

（二）中文报刊

巫连心（2010）指出，海外中文报刊是海外华人各种文化事业中历史最悠久、影响也最大的一种，与华人华侨社团、华校并称为海外华人社区的“三宝”，是华人华侨文化事业的有机组成部分，也是中华文明的存续与延伸。海外中文报刊的发行，无疑能够推动中文的传播和实践，是中文在海外传播的重要媒介。

据齐连声（1995）的统计结果，马来西亚有近 30 家中文报刊，其中《南洋商报》《星洲日报》《光华日报》三大报业集团所发行的报刊不仅在马来西亚拥有很多的订户，而且在东盟其他国家及中国港澳台地区、美洲、欧洲、澳洲也有少数订户。张艳萍（2020）的统计结果是：“马来西亚共有 14 家中文报纸，以及一家专门运营中文报业的上市公司——世界华文媒体集团。”并指出：“据世界华文媒体集团的内部统计发现，大约有八成的读者订阅了《星洲日报》《光明日报》《南洋商报》和《中国报》中的一种，其中《星洲日报》订阅量最高。”

面对新媒体的冲击，马来西亚中文报业开始转型发展，大力发展电子报。借势社交媒体，如脸书（Facebook）、推特（Twitter）、微信等，吸引年轻受众。与其他地区的报业合作，并跨界融合，打造多媒体多渠道整合融通的格局，打造融媒体平台（张艳萍，2020）。

（三）广播电台、电视台

1. 官方的广播电台

官方的马来西亚广播电台设有国家广播网、蓝色广播网、红色广播网、绿色广播网、调频立体声广播、首都广播网、中部广播网和色迈来语对西马来西亚的原住民的广播。广播语言分别使用马来西亚语、泰米尔语、英语和中文（普通话节目、客家话节目、广州话节目和厦门话节目）。

外广播电台“马来西亚之声”，宗旨是向外国人介绍马来西亚，也为了使在国外的马来西亚人及时地了解本国的情况。该电台使用马来西亚语、英语、印度尼西亚语、阿拉伯语、中文（普通话）、缅甸语、泰语和他加禄语等 8 种语言制作广播节目。

2. 私营的有线广播电台

丽的呼声电台，该电台在首都吉隆坡、怡保和槟城等地营业。电台用马来西亚语、英语、中文（普通话、广州话）等播报。广播范围涵盖整个马来西亚半岛。

3. 中文电视媒体

马来西亚的中文电视媒体（含多语言播出的频道）可以划分为三类：一是国营马来西亚国家广播电视台（Radio Televisyen Malaysia）旗下的 TV2，二是私营免费的首要媒体（Media Prima）旗下的八度空间和 NTV7，三是私营收费卫星电视 Astro 旗下的各个中文频道。2018 年以后，八度空间成为马来西亚本土最重要的全中文电视频道（彭雨晴，2021）。

（四）中文影视作品

早在 1927 年，马来西亚就诞生了第一部由华人摄制的无声电影。当前，受到共建“一带一路”实惠的马来西亚，深刻认识到了学习中文和发展中文电影产业的重要性。马来西亚华裔电影人以中文电影为媒介传承着中文和中华文化，并借助我国庞大的电影市场平台，加强“民心相通”建设的同时推动本国中文电影事业的发展（曾一洲，2020）。

（五）马华文学

“马华文学”发轫于 1919 年，是中国文学在马来西亚传播和本土化发展的产物。华人移民不仅将自己的语言带到了马来西亚，也将这种语言承载的文学艺术带到了那里，并使其落地生根。而中文又借助生动有趣的文学艺术，得到更为广泛和深层的传播。马来西亚华文作家成立了自己的群团组织——大马华文作家协会，有些州也成立作协，如砂拉越华文作家协会，还创办了一些文学刊物，如驰名海内外华文文坛的《蕉风》。作家们不仅在各大报刊上发表作品，而且还出版了大量的文学作品集，如《九十年代马华文学丛书》（大马华文作协出版）、《犀鸟文学丛书》（砂拉越华文作协出版）等。另外，马来西亚福建会馆联合会也资助出版了大量的马华文学著作。岳玉杰（1995）在谈及当时马华文学的现状时认为，20 世纪 80 年代马华文学潜伏着“走下坡路”的危机，华人社会将马华文学的发展同华文教育的振兴紧密地结合在一起，“文学是经国的大业……文学的力量足见左右教育的现状，这样，通过马华文学来提高华人对教育的重视，从而发展华文教育自是正确的途径”，“马华文学与华文教育息息相关，运用马华文学助长华文教育的发展是对症下药”。

第二节　中文师资和学习者

一、师资构成及培养

1．中文师资以本土教师为主

目前，马来西亚的中文教学主要靠本土中文教师，外籍中文教师的数量非常有限。主要是一些中小学和孔子学院里会招募少量的国际中文教育志愿者。马来西亚高校的本土中文教师很多都有中国教育的背景，如新纪元大学学院中文系网页的教师名录中12位教师，其中8位都有中国教育背景，7位是毕业于中国大学的博士。

2. 中文师资采取“中文专业＋教育文凭课程”的培养模式

马来西亚培养本土中文教师，除了开设一些类似于我国的中文师范专业外，还采取“中文专业＋教育文凭课程”的模式，即非师范专业的中文及相关专业毕业生（也有少部分中文水平较高的非中文专业毕业生）再修读教育文凭课程，即可取得中文教师资格。

另外，还有一些机构会开设一些用于培训在职教师的课程，以提升其教育教学能力。如2009年南方大学与华东师范大学合作开设“马来西亚华文独中教育专业证书课程”。

新纪元大学学院则继承了南洋大学的办学理念，将为华文独中培养师资作为其责无旁贷的使命，在2010年开办的“汉语作为第二语言教学专业”文凭课程（2015年更名为“应用华语教学专业”）的基础上，开设了学士学位课程。另外，在社会研究系为独中师资开设教育专业课程，由校外进修部负责，主要为已具有学士学位或同等资格的在职但未曾修习教育专业课程的教师修读（钱伟，2017b）。

二、学习者情况

1. 学习者数量持续增加

当前，马来西亚中文学习者除了华裔外，非华裔学习中文的人数迅猛增加。

马来西亚独立后，非华裔在幼儿园和中小学阶段学中文的人非常少，在大学里有一些马来裔学生为了与本地华裔同胞交流或为了经商方便而学习中文。20世纪90年代，随着我国综合实力的提升，中文的经济价值大大凸显，马来西亚非华裔学习中文的热情大大增加，越来越多的非华裔投入到中文的学习中。据统计，华文小学2016年在读学生56万余人，其中非华裔在7万左右（余可华、徐丽丽，2017）。到2020年，华文小学里有接近20%的非华裔学生（莫泰熙，2020）。马来西亚董总首席执行长孔婉莹表示，2016 年马来西亚华文独中学生人数是 1973 年华文独中复兴运动以来最高的一年，且从 2003 年连续 14 年保持增长，增长幅度达 60.08%。[①] 在马来西亚，95% 以上的华人都会选择把自己的小孩送到华文小学读书。

2．中文课程纳入国民教育体系后，有了更多的学习者

马来西亚是多民族、多元文化共存的国家，华人人口占总人口比例较高。马来西亚是除中国外唯一构建完成了完备的华文教育体系的国家。这一体系包括从初等教育、中等教育直到高等教育的所有阶段，且中文也成为大学入学考试、毕业会考的考试科目。2011 年中文被"完全纳入"马来西亚的国民教育体系，成为国民教育体系中的"重要语言"。国民教育系统内中文学习者人数也在逐年攀升。

3．高校和孔院的学习者

近年来，马来西亚学习中文的人数持续增加。特别是在高校和职场中，中文已经成为一种重要的语言技能。经过几十年的发展，截至 2020 年，在马来西亚国民教育体系中，20 所公立大学全部开设了中文课程，建立了完整的中文专业"本—硕—博"人才培养层次及中文选修课程。还有许多私立大专院校也开办了中文班（何富腾，2014）。仅玛拉工艺大学，差不多每个学期都有八千多非华裔学生选修中文课（王睿欣，2017）。

此外，随着中马两国经贸、文化等领域合作的不断加深，对中文人才的需求也在不断增加。孔子学院以及孔院开展的"中文 +"项目，也吸引了越来越多的当地学习者。

4．华裔学生的学习动机发生变化

马来西亚学习者学习中文的动机有以下几个特点：（1）从兴趣到实用。早期，许多马来西亚中文学习者出于对中华文化的兴趣以及对华人身份认同需要而学习中文。然而，随着中马两国经济、贸易、文化等领域合作的加深，越来越多的学习者开始将中文视为提升职业竞争力和实现个人发展的实用工具。（2）从单一到多元。除了文化兴趣和身份认同外，近年来学习者学习中文的动机还包含留学、就业、旅游等多种需求。（3）从被动到主动。中

① 董总官员：《未来独中生或减少》，《海外华文教育动态》2016 年第 11 期。

马两国经济合作的加强使得掌握中文成为提升职业竞争力的重要因素。许多学习者希望通过学习中文获得更多的就业机会和职业发展空间。越来越多的学习者开始主动寻求学习中文的机会和资源，以更好地适应社会发展的需求。

第三节 尚需解决的一些问题

一、马来西亚对中文教学的政策支持非常有限

吴应辉（2016）指出，虽然马来西亚是世界上除我国之外中文教育保存和发展最完整的国家，但是马来西亚“一个国家、一个源流、一种语言”的古典民族主义政策，对中文教育的发展一直产生着不利的影响，使其在举步维艰中前行。王瑞萍、郭怡（2020）的调查也表明马来西亚中文教育的阻力和障碍主要来自政治和文化方面。

早在1961年马来西亚政府颁布的教育法令，不仅严格审查华校的办学资格、师资、教材（教学内容）等，还规定必须要进行马来语的教学，最为根本的是希望所有华校转制以马来语作为教学媒介语，中文退出学校或者仅仅开展课时量有限的选修课，得益于华人的努力抗争，最终政府的目的没有完全达到。虽然马来西亚各类学校必须教学马来语已成为既定事实，也理所当然，毕竟马来语是马来西亚的国语。但是，最后还保留下来了独立中学这样大部分课程用中文作为教学媒介语的华校，进而还兴办了以中文作为多数课程和行政语言的、为独立中学毕业生提升升学出路的高等学府。

近些年来，随着我国综合国力的提升和“一带一路”建设的推进，中文在国际上的影响力大大增加，实用价值也日益凸显，马来西亚政府出于加强与我国贸易往来的目的，有限度地放松了中文在马来西亚传播的限制，如将中文纳入了国民教育体系，积极与我国签订《高等教育学位学历互认协议》推动了更多的马来西亚学生来我国留学，积极开展马来西亚中文师资来我国培训的合作项目，允准更多的学校接受我国的国际中文教育志愿者等。但强

制性推动马来语一体化的单边主义政策仍然是主流，马来语至上的国语传播地位依然是影响中文传播的主要因素。再加上英语在殖民时代根植于马来西亚教育体制的影响及其巨大的国际市场价值，使得英语在马来西亚仍然居于官方语言地位，在某些社会场域甚至超越了马来语的地位。因此，虽然中文在马来西亚将获得更大的传播空间，但是短时间内不可能改变语言格局而成为与马来语、英语并驾齐驱的语言（王睿欣，2019）。

目前，马来西亚政府既希望国民学习中文，但又不希望中文学习危及马来语的学习，更担心因此而改变了国民的政治认同。所以，对于不愿意改制的华校依然“戒备森严”，对中文教育的发展依然顾虑重重。从目前的导向来看，马来西亚政府希望将中文学习仅作为中小学校选修课的初衷依然非常坚定。对华文小学、独立中学以及高等学府的经费支持非常有限，且各方面的控制依然比较严格。而马来西亚教育部一直都想在华校里推行“英语教数理”的政策，虽然华人一直都在抵抗，但不免担忧最终无法顶住压力。而且，政府近期宣布的两项决定，也令华人担心华校的生存空间会被进一步压缩。一是政府宣布要恢复“宏愿学校”（即要求不同源流的学校同处一个校园，受统一的行政领导），令华教界非常担心华小将被迫走向变质；二是教育部宣布要在华小实施复班制度，即将人数少的班级“二合为一”，这无疑将使在旧教育法令限制下的华小有可能进一步萎缩，难以扩大规模，难以继续增建，将导致华小数量大幅度减少。另外，对于华社向政府征询的“能否承认华文独中统考文凭”的问题，政府一拖再拖迟迟不给予明确答复（王瑞萍、郭怡，2020）。

二、“三教”问题依然突出

马来西亚的中文教学，虽在20世纪受到了当地政府不同程度的限制，但基本上没有中断（除了受日本侵占的三年多），华人依然一直有机会赓续自己的母语和母族文化。因此，在“教师、教材和教法”方面有着良好的基础，但面对当前马来西亚中文学习需求的迅猛增加，教师、教材和教法等方面还是不同程度地呈现出了捉襟见肘的状况。

教师方面，一是数量不足，教师的工作量比较大。我们调研的一些华文小学和独立中学中教师的课时量普遍较多，每位中文教师基本上每周都在 20 节以上，国民中小学和国民型中学中也因教师数量不足，而不能满足所有想报读中文选修课程的学生的需求。二是中文教师的专业素质还有待进一步提高，中文基础知识还不够扎实，教学方法和教学技巧还不够灵活。尤其是年龄大的教师教学创新很不足，多是沿用几十年来华校教学经验。而年轻教师除了近些年来从我国毕业的一些汉语国际教育专业的毕业生和一些接受过我国培训或中马合作培训的教师在教学创新上的积极性较高，但也存在需要逐步适应本土中文学习者特点的问题。尤其是面对目前越来越多的非华裔学习中文，这些非华裔的中文学习属于中文作为第二语言学习，由长期从事中文教育的教师或由这些教师培养出来的新教师来教学以中文作为第二语言的非华裔学习者，难免会出现一些教学方法针对性不足的问题。当前，马来西亚中文师资本土培养存在以下问题：（1）"培养路径狭窄"，政府提供的师范课程和专业文凭课程还比较少，培养规模还比较小；（2）"培养目标单一"，主要是让教师掌握中文母语教学的专业知识与技能，中文作为二语教学的知识与技能鲜有涉及；（3）"培养缺乏专业建设"，无论是政府提供的师范课程，还是民间教育机构提供的在职培训课程，都没有将中文教学作为一个专业来进行规划、设置与建设（王睿欣，2020）。

教材方面：一是中小学教材都是教育部或董总指定的教材，教师无法根据自己的教学对象灵活选用教材，教材的研究或多元开放明显不足，教材的更新换代也跟不上；二是中小学里的华裔、非华裔使用同一种教材，针对性不足；三是选用我国出版的教材，在内容和形式上还不能完全符合本地学习者的学习特点，而自编的教材质量参差不齐，教材的科学性还有待进一步论证。

教学法方面：一是教学理念陈旧；二是教学模式枯燥单一；三是现代语言教学方法与技术应用不足（吴应辉，2016；王睿欣，2017）。

三、学习者课外自主学习意识不足

马来西亚的中文学习者多数依赖教师的课堂教学来学习中文，自主学习意识不强，兴趣是推动他们学习的主要动力，为促使学生课后能够预习、练习和复习，教师需要布置一些趣味性的课后作业。学习者重视中文口语的学习，汉字是其学习难点；华裔学生在家庭中习得的中文口语中有一些方言成分，会对学校里学习中文造成一定程度的干扰；有些中文水平较低的华裔学生，看到其他华人的中文水平较高，就不太敢开口说中文了；非华裔学生在课外主动练习用中文进行交际的自信心和积极性不足（江坤，2018）。

四、华社办学的国际合作意识需进一步增强

马来西亚华校办学经费紧张，师资不足，办学条件相对于国民小学比较落后。华校得到政府的经费支持非常有限，主要靠华社捐资助学。但马来西亚华社长期坚持不懈地努力支撑华校，中文教育得以延续发展，这使得他们感到非常自豪，自信他们自己能够干好马来西亚的中文教育事业。因此对来自国际上的帮助和合作并不是很欢迎。建立孔子学院、孔子课堂的热情并没有想象中的那么高昂，即便是与马来西亚境内已建立的孔子学院也没有太多的交流与合作。对我国培养出来的中文师资也并不是很欢迎，如马来西亚自2008年起每年保送“零起点”的非华裔学生来我国留学，学成后这些非华裔留学生被派到马来西亚国小教中文而不是到华文小学任教；2014年马来西亚教育部长建议我国政府提供师资和专家到马来西亚的国小教授中文，这一举措并未获得当地华社的喝彩，相反个别华社领袖对于马来西亚政府打算从我国引进师资的做法反应冷淡（王焕芝，2017）。

另外，吴应辉（2016）在分析东南亚华文教育发展问题时指出的“办学经费困难”“专业研发薄弱”“行业标准缺失”等也是马来西亚华文教育发展中存在的问题。马来西亚华校的经费主要靠华人社团捐资筹款，政府支持严重不足；专业研发主要是靠民间机构来进行，中文教育研发队伍的整体力量还很薄弱，研究方向偏重于教学经验总结；马来西亚在规定课程内容方面的标准主要来自于教育部和董总制定的课程大纲或课程标准，而其他方面的标准还不健全，尤其是华文教师标准和中文作为第二语言的相关标准，由我国制定的华文教师标准（暨南大学研制）和《国际中文教育中文水平等级标准》（GF0025–2021）等还没有被马来西亚华文教育单位和中文作为第二语言教学单位广泛采纳。

本讲回顾

马来西亚独立以来，其中文教学长期受到“一个国家、一个源流、一种语言”的古典民族主义政策的影响，发展空间不断萎缩。虽然马来西亚华人努力抗争，维护开展母语教育的权利，但毕竟强化国语教育是每个独立国家坚守的基本底线之一，马来西亚政府不可能放任华校的自由发展。这种情况下，有些华校被迫改制为国民（型）学校，而有些华校虽得以留存，如华文独立中学，但在政府政策的强制下同时出于毕业生出路的考虑，而不得不在教学媒介语和课程设置上不断调整，强化马来语和英语教育。但也正是因为华人顽强抗争和努力，马来西亚成为世界上除我国之外中文教育保存和发展最完整的国家（吴应辉，2016）。进入20世纪90年代后，马来西亚政府重新认识到了中文的重要性，尤其是对马来西亚经济发展的重要性，一位马来西亚政府官员公开表明：“华文华语的商业价值已受肯定。我们需要精通华文华语的人才，成为大马与远东经济挂钩的先锋。”（薄宝华，1992）马来西亚政府对中文教育的态度也由排挤、打压转变为较温和的有限干预。不但批准了中文高等学府的升格和新建，进而又在国民学校、政府高校里大力发展中文教学，从而激起了马来西亚中文作为第二语言教学的蓬勃发展，形成了华校稳步发展、中文教学提质增速，政府学校中文作为第二语言教学快速发展的新局面。

另外，在“一带一路”“两廊一圈”的时代背景下，马来西亚孔院积极与当地政府、学校、企业等建立合作关系，拓展教学点和合作伙伴网络，积极开展“中文+”项目。项目培养的学员不仅掌握了中文语言技能，还具备了相应的职业技能，提高了就业竞争力。项目为中马两国的交流与合作注入了新的活力。在已经取得的成绩基础上，马来西亚孔院“中文+”项目在未来还需要拓展更多专业方向和教学点；同时加强师资队伍建设和管理，提升教学质量和效果；为更多马来西亚本地人才提供优质的中文教育和职业技能培训服务。

课后思考与讨论

1. 中文在马来西亚的传播媒介有哪些？
2. 简述中国和马来西亚之间的人文交流路径。
3. 谈谈马来西亚中文教学的现状。
4. 中文在马来西亚传播还需解决哪些问题？
5. 中文在马来西亚传播有哪些特点？

拓展阅读文献

［1］杨丽芳、丁晓利，2017. 中华文化在马来西亚的传播——中文教育和华文报纸扮演的角色［J］. 国际传播（2）.

［2］曾征、杨红娟，2017. 东南亚地区孔子学院分布及影响因素分析［J］. 云南师范大学学报（对外汉语教学与研究版）（5）.

［3］王睿昕、龙倩、林素卉，2021. 新形势下马来西亚中文教学资源发展特点、机遇与挑战［J］. 国际中文教育（中英文）（4）.

［4］岑雨洋，2022. 中国—马来西亚文化交流的历史与未来［J］. 广西社会主义学院学报（3）.

第九讲　印度尼西亚中文传播概况

素有“千岛之国”之称的印度尼西亚（简称印尼），是亚洲一个多族群的人口大国，全国有2.376亿（2009年）人口，华人约有1000多万，约占全印尼总人口的4%，是海外华人华侨人数最多的国家（郑通涛等，2014a）。

根据资料记载，印尼正式的中文教学可以追溯到1690年创办的名诚书院（梁敏和，2003）。截至1900年印尼的中文教学主要是以义学的形式进行，教学对象为当地华侨子女。1901年巴城中华会馆创办了中华学校，标志着印尼近代中文教学的开端。从此至20世纪20年代末，印尼的中文教学进入了快速发展时期。

1942至1945年，第二次世界大战期间，印尼中文教学受到日本殖民统治者的严格管理。从1945年日本战败、印尼独立至今的八十年间，印尼的中文教学经历了曲折的发展历程。印尼独立（1945年）后的五年间，由于印尼政府忙于抵抗英国和荷兰的入侵，其国内华侨学校的中文教学处于较为自由的状态，即由华侨自己进行管理。1950年重新恢复统一的印尼政府开始制定政策逐步关注于非印尼语的发展，加强对华侨学校中文教学的管理。1950—1957年是印尼中文教学事业发展的黄金期。华校幼儿园、中小学数量迅猛增加，广泛从中国和新加坡引进中文教材，教学对象绝大多数为保留中国国籍的当地华侨子女，少数为印尼籍华裔学生。同时，华侨还自筹经费积极开办高中师范班培训中文教师，使得中文教学事业得到了快速发展。1957年底印尼政府陆续颁布条例、通告，禁办华侨大学，对华校的办学资格和招生对象都逐步加以限制。1965年印尼政局变动，次年政府决议封闭印尼所有的外侨

学校。这使得印尼华侨华人教育遭到了致命打击。(朱天慧，1977)

进入20世纪90年代，随着我国改革开放进程的进一步深化、我国综合国力和国际地位的不断提高，以及中文的实用价值和经济价值的增强，加之我国和印尼两国外交关系的正常化，印尼政府逐步解禁中文教育政策，越来越多的印尼人开始学习中文，中文教学逐渐成为印尼国民教育的组成部分，并且朝着合法化和规范化方向发展。

21世纪，在崭新世界格局的大环境下，印尼的中文教学迈向了蓬勃发展的新时期，开启了前所未有的新局面(罗道春，2018)。2017年5月14日，习近平主席在“一带一路”国际合作高峰论坛开幕式上指出：“古丝绸之路绵亘万里，延续千年，积淀了以和平合作、开放包容、互学互鉴、互利共赢为核心的丝路精神。这是人类文明的宝贵遗产。”① 随着“一带一路”倡议的具体实施，印尼中文教学实现了进一步的发展，“学好中文很重要”已经成为印尼社会的一种共识。

第一节 中文传播平台和媒介

一、传播平台

近些年随着印尼新政府对中文教育逐渐放松控制，印尼华人领袖和中文教育协调机构对中文教育也是大力支持，我国部分高校对印尼中文教育的推动(如招收印尼留学生、培训印尼中文师资、与印尼高校合作办学等)，印尼的中文使用环境更趋良好。当然，中文媒体及其对中文教学的宣传、孔子学院举办的中文推广活动等，对改善印尼的中文传播环境也都起到了很大的作用。

① 习近平在“一带一路”国际合作高峰论坛开幕式上的演讲[EB/OL].[2017-05-14]. http://cpc.people.com.cn/n1/2017/0514/c64094-29273979.html.

（一）华文（补习）学校

据不完全统计，印尼各地约有 300 多所华文（补习）学校，这些主要是 20 世纪 90 年代以来在政府放松中文教育政策后恢复或新建的，是对传统华校的赓续。这些学校一般会请年轻而有学位的华人任教，其师资中文水准较高，听说读写都不成问题。这些华校虽然有些规模比较大，办学形式也跟正规学校差不多，但受印尼办学政策的限制，不被列入体制内，只能以补习学校的身份发展，但这些学校里的中文教学规模和实力都是体制内中小学难以企及的。

随着印尼中文教育的发展，印尼多所中文教育机构、协会相继成立。2004 年 1 月 18 日，雅加达华文教育协调机构成立。之后，占碑市、东爪哇、苏南华、西加、日惹特区等地华文教育协调机构相继成立，协调所在地的中文教育工作。2006 年成立了雅加达华文教师联谊会（简称“教联”），2009 年 9 月 12 日又成立印尼华文教师协会（简称“教协”），等等（汪敏锋，2012）。这些协调机构的成立，为印尼的中文教育发展提供了坚强的后盾。

印尼华文（补习）学校主要集中在经济相对发达、中文教育比较成熟的区域，如雅加达、泗水、万隆等，但也有偏远的乡镇，如昔加罗县镇、卡江上游双勾月镇等。影响较大的学校主要有：雅加达茉莉语言补习中心（雅加达）、瀚宇汉语国际中心（雅加达）、雅加达的东方语言文化中心（雅加达）、中中曙光华文补习班（泗水）、宏善堂补习学校（泗水）、新中汉语补习学校（泗水）、泗水漳属同乡会华文补习班（泗水）、中华华文补习学校（泗水）、清华之光华文补习班（万隆）、希望之光汉语补习班（万隆）、山口洋华文补习学校（山口洋）、喃吧哇华文补习班（喃吧哇）、华中卡江华文补习班（坤甸）、菩提补习学校（苏加巫眉）、昔加罗华文补习班（昔加罗县镇）、卡江上游双勾月镇华文补习班（卡江上游双勾月镇）。华校主要进行小学、中学阶段的中文教育，小学最多。另外，还有一些中文高等教育机构和幼儿园。其中比较有名的如棉兰亚洲国际友好学院、印尼智民学院、万隆国际外语学院等，纯粹是培养中文专业人才的高等院校，这些学校基本上是由一批热爱中华文化的老一代华侨华人共同筹资组建的（张蔚虹，2021）。

（二）政府兴办的国民学校

印度尼西亚大多数学校将中文作为第二外语选修课，其在教育领域内的地位为“重要外语”（李宝贵、吴晓文，2022）。印尼也是在初等教育、中等教育和高等教育阶段都已开设了中文课程，中文教育在印尼已实现“完全纳入”国民教育体系的目标。各学校开设中文课程的形式和数量有所不同。小学一般每周6节，初中一般每周4节，高中一般每周2节。

大学层面，目前有近30所大学开展了中文教学或中文补习活动（邓卓明，2003）。其中，雅加达的印度尼西亚大学、达尔玛·博修达大学，万隆的Maranatha大学，棉兰的苏北大学等是以中文系的形式全面教授中国语言文学，培养中文高级专门人才；泗水的智星大学、比得拉大学，雅加达的Sekolah Tinggi Pariwisata Trisakti大学和AtmaJaya大学等则主要开设应用中文专业，培养商贸、会计、翻译人才。

（三）孔子学院

随着“中文热”在全球范围内迅速升温，印尼国内中文学习的热情也持续升温，印尼的高校先后申请建立了9所孔子学院。分别是：（1）丹戎布拉大学孔子学院，中方合作院校为广西民族大学；（2）阿拉扎大学孔子学院，中方合作院校为福建师范大学；（3）玛琅国立大学孔子学院，中方合作院校为广西师范大学；（4）玛拉拿达基督教大学孔子学院，中方合作院校为河北师范大学；（5）泗水国立大学孔子学院，中方合作院校为华中师范大学；（6）哈山努丁大学孔子学院，中方合作院校为南昌大学；（7）乌达雅纳大学旅游孔子学院，中方合作院校为南昌大学、南昌师范学院；（8）三一一大学孔子学院，中方合作院校为西华大学；（9）巴陵康孔子学院，信阳师范大学和印度尼西亚伽内什师范大学共建。

（四）鲁班工坊

我国已经成为印尼位居前三的外资来源国。中国对印尼的大量投资和各项目建设对技能人才产生了巨大需求；但印度尼西亚职业教育发展水平较为滞后。这就为我国与印尼开展国际合作进行职业教育提供了良好的条件。印度尼西亚是世界上第四个建立“鲁班工坊”的国家。印尼“鲁班工坊”的建设是中印尼两国在职业教育领域的一次深度合作。

印尼鲁班工坊是第一个在21世纪海上丝绸之路首倡之地建设的“鲁班

工坊”。印尼鲁班工坊以“汽车技术”中等职业教育为依托，同时布局了新能源、智能制造、EPIP 等项目，成为印尼教育行政部门、行业企业界、职校师生、印尼华人追捧的“明星”，成为合作方波诺罗戈市职业学校的最大“骄傲”（吕景泉，2018、2019）。

经过几年的建设与发展，印尼鲁班工坊已经取得了显著成果。印尼学生通过该项目接受了中国先进的职业教育和技术培训。印尼鲁班工坊的建设不仅为印尼青年提供了更多的职业发展机会，也为中印尼两国之间的经贸合作和人文交流注入了新的动力。

（五）学习创新中心

在“一带一路”倡议提出 10 周年之际，2023 年 9 月中国汉考国际与印尼潘卡西拉大学、加扎马达大学等 6 所大学在线签署合作运营中文学习创新中心协议。新建的印尼学习创新中心将依托 6 所大学在印尼当地高等教育领域的特色优势，结合汉考国际在中文教、学、考和国际教育交流方面的专业服务能力，共同为印尼大学生及当地中文学习者提供优质服务。[①] 同年 9 月 6 所中文学习创新中心正式揭牌。这必将为印尼中文教育发展带来新契机。

二、传播媒介

（一）中文教材

因为中文刚进入正规学校不久，学生接触中文课的起始时间不一，有的学生从幼儿园开始接触中文课，有的到高中阶段才开始学习中文。而且中文课在各个学校的地位不同，每个学校的课时量不同，这些差异造成教材使用的混乱。中文教育没有统一的系统的课程大纲，没有完整的教学规划，各个华校的教材选择相对比较自由。目前，在印尼的中文教育领域，还没有一套符合印尼国情的中文教材，现有的中文教材比较混杂。

① 印度尼西亚 6 所中文学习创新中心正式签约［EB/OL］.［2023-09-09］. http://www.chinese.cn/page/#/pcpage/article?id=1539.

当前印尼各机构使用的中文教材主要有四个来源：一是引进我国编写出版的国际中文教材；二是引进新加坡教育部为新加坡各中小学编写的华文教材；三是引进马来西亚的华文教材；四是本地中文教学者自编的一些中文教材，但使用范围比较小。目前印尼使用的中国大陆出版教材，主要有《中文》（暨南大学出版社）、《汉语》（暨南大学出版社）、《幼儿汉语》（暨南大学出版社）、《对外汉语本科系列教材》（北京语言大学出版社）、《儿童汉语》（华语教学出版社）、《千岛娃娃学汉语》（暨南大学出版社）、《汉语会话 301》（北京语言大学出版社）、《问与答》（北京大学出版社）、《汉语初级教程》（北京语言大学出版社）、《标准中文》（人民教育出版社）、《新实用汉语课本》（北京语言大学出版社）等。中国台湾地区出版的教材主要有《印尼版新编华语课本》（正中书局）、《一千字说华语》（中国台湾侨务委员会）、《国语》（康轩文教事业出版社）等。新加坡出版的教材主要有《好儿童学华文》（[新]教育出版社）、《小学华文》（[新]教育出版社、[中]人民教育出版社）等。马来西亚出版的教材主要是《华文教室》（Penerbitan Pelangi）。印尼自己编写的教材有《育苗华语》（印华教育出版社）、《我的汉语》（Penerbit Erlangga）、《基础汉语》（Gramedia Widiasarana Indonesia）等。其中，我国出版的国际中文教材在印尼的中文教育中使用最为广泛。

由于印尼中文教材非常缺乏，各补习机构、个人所选的教材更是五花八门，多不合用。其中中国台湾地区免费赠送的教材汉字是繁体字，注音采用的是注音字母，中国台湾地区和马来西亚合编的教材也是如此。印尼华校的强烈愿望是我国政府能给每一所学校赠送一套正版《中文》，以及配套光盘。曾有在暨南大学接受培训的印尼中文教师说："至少我们来中国培训的老师能每人送一套，欧美经济比较发达，我们经济欠发达，我们比他们更需要免费赠送。"（宗世海、李静，2004）

（二）中文报纸、电视和电影

除去学校教育，中文在印尼还有一些其他的传播平台，据调查有少部分的人通过看中文电影、电视，听中文歌曲，上网等途径来自学中文（胡霞、林瑞华，2014）。

印尼的中文媒体，如中文报纸、电视、电影等也都为中文在印尼的传播做出了重要的贡献。印尼影响比较大的中文报纸是《国际日报》，国际日报集团还办有三份地方性中文报纸：苏北的《棉兰早报》、东爪的《泗水晨报》、西加的《坤甸报》，致力刊登地方华社新闻和当地广告。其他华人比较多的地区也办有地方性中文报纸，如万隆有《万隆快报》、泗水有《泗水快报》等，这些报纸都是完全使用中文报道国内外发生的新闻事件，从形式看，这些报纸跟我国国内的中文报纸大致相同（张蔚虹，2021）。

（三）文艺团体和文艺作品

印尼的一些文学艺术团体通过多种艺术形式和文学作品一定程度上促进了中文在印尼的传播。如万隆有阿都·亚非读书俱乐部、万隆 CCL 戏剧社等主流文学艺术团体，还有印华文学社、印华作协等中文文学社团。这些文学社团、作家协会的成员多数来自印尼各地区的文学爱好者，具有较高的中文水平，创作了大量的中文文学作品，这些社团和文艺作品拓展了中文传播的渠道，让中文通过艺术展演和文学作品广为传播（张蔚虹，2021）。

第二节　中文师资和学习者

一、师资构成及培养

（一）师资构成

目前，印尼中文教师大致可以分为四类：一是在我国接受过中文教学且具有较高学历的中文教师；二是从我国聘请的中文教师以及我国政府派遣的支教教师；三是有一定的中文基础，经过简单培训取得中文教学任教资格的中文教师；四是中文水平不高，而且未接受任何培训的应聘教师。其中，本土教师是印尼中文教学的中坚力量。

（二）师资培养

印尼中文教学发展长期存在着师资严重匮乏的问题。为解决印尼的中文师资问题，中印合作采取了以下几项措施：(1）从中文师资培养方面考虑，中印政府加强了沟通合作。印尼方面积极培养非华族中文教学教师并派遣他们来我国接受中文培训和进修。从2001年起我国政府曾先后几次派遣中文专家团赴印尼进行中文教师培训。(2）国家汉办2001—2002年资助了180名印尼中文教师来华培训。(3）2004年起至今，国家汉办每年向印尼派遣中文教育志愿者，支援印尼的中文教学工作。(4）目前印尼建立了7所孔子学院，为印尼师资本土化培养做出了重要的贡献。(5）我国高校依托“对外汉语教学基地”“汉语国际推广基地”“东南亚汉语国际推广师资培训基地”等实体，积极开展针对印尼本土中文教师的中文教学及教材培训。目前，随着年轻教师的日渐增加，印尼的中文教师队伍逐渐壮大，教师的水平及素质都在不断提高。

二、学习者情况

在印尼，年长华人之间沟通所用的中文大部分是粤语或闽南语等汉语方言。长期以来印尼的中文教学都是主要面向华人子弟开展的，所以在印尼国内通常将中文教学称为华文教学。进入21世纪以来，印尼政府对中文教学的发展采取了较为开明的政策，许多非华族人士也加入了中文的学习队伍当中。不仅如此，随着中印尼两国政治互信和经济联系的加强，印尼政府已把推广中文、支持中文教学作为加强其经济发展的国策，也把中文纳入了国民教育体系。我国国际影响力的提升带动了中文价值的不断攀升，中文正在被印尼人民所接受和认可，中文的流行度和普及度正迅速提高，印尼国内对中文学习的需求迅速扩大，中文在印尼的地位在历经风雨后呈现出良好的发展态势。

从总体上看，印尼的中文学习者呈现出多样化的特点。印尼的早期中文教学对象主要是学龄阶段的华人华侨的子女。但近些年来随着我国的国际地位和经济实力的日益提升，中印尼两国文化交流与经贸合作日趋密切，印尼许多原住民也积极加入到学习中文的队伍之中，使得中文学习对象群体的构成日益复杂化。但目前印尼学习中文的还是以华人为主，年龄上以青少年儿童为主。

（一）家庭背景

1. 华裔学习者

这类学习者是指居住在印尼且拥有印尼国籍的华人后代，他们往往有着一定的中文家庭背景和文化传承。他们在中文学习上通常具有先天优势，如家庭中的中文环境、中文亲属的交流和指导等。他们往往对中文有着更强烈的认同感和兴趣，学习动机也更为强烈。

2. 非华裔学习者

非华裔学习者是指没有华人血统的印尼本土居民，他们主要根据教育需求或职业发展需要而学习中文。他们在中文学习上可能面临更多的挑战，如缺乏中文环境、文化背景差异等。

（二）年龄

1. 少年儿童

他们主要是华人子弟，有些孩子甚至已经是老华校生的第三代，根据父母的意愿学习中文，多在补习班或华校读书。

2. 青年学生

这类学习者又分两类：一类是中小学（教会学校及华人办的学校）的学生。因为功课紧，中文仅属选修，而且课时少（一般是每周 1—3 节，最多 4 节），所以学习效果一般。另一类是在校大学生或待业青年、职业青年。他们多数主动进华校或补习班，或请家教学习中文，为的是便于就业、升迁或转行。据印尼华人称，懂中文的青年比不懂中文的薪水可能高 30%。

（三）从事中文教学的相关人士

其中多数为二十世纪五六十年代老华校毕业的初中生、高中生或师范生，语言知识参差不齐，教学理论和经验多寡悬殊。他们以女性居多，很多人过去都只是家庭妇女，“中文热”开始后纷纷加入家教或正规补习班、正规学校教师的行列。同时，作为中文学习者，他们既在补习中文基础知识及语言知识，又在为提高教学技艺而修习教育法、心理学等课程。

第三节 尚需解决的一些问题

随着“中文热”的持续升温，印尼之前存在的“三教”问题更加严重，且又显现出一些新的问题。

一、缺乏权威的本土中文教学大纲和标准

当前，随着印尼的中文教学快速发展，教学对象多样化，开设中文教学的单位也越来越多。但目前印度尼西亚华文教育还是以普及推广为主，“中小学华文教学缺乏明确的目标及统一的教学大纲，各个学校的教学内容选择缺乏科学性与系统性”（杨曦、李玮，2020）。有的教学机构可以根据学校华文教学需求设计相应的华文教学大纲，提供相应的华文教材。[①] 有些学校从我国或邻国引进大纲和标准，但这些大纲或标准并不能完全符合印尼中文教学的实际要求，会出现“水土不服”的问题（罗爱瑾，2011）。

二、师资数量、质量和稳定性都需改善

教师是教学活动的推动者和实践者，直接影响着教学质量和教学目的实现。印尼体制内学校待遇较低，很难吸收到优秀的中文教师；国际学校多是从中国聘请教师，这些教师对当地学生的情况了解不足；华文（补习）学校和一些小规模的培训机构的师资缺少中文专业背景及中文教学理论的学习。总体来看，印尼中文师资存在的问题可以归结为以下几点：

（1）年龄结构不合理，老龄化严重。由于印尼政府在20世纪施行了三十多年禁止开展中文教育的政策，使得印尼中文教师严重缺乏，目前大多数中

---

① 据报道，雅加达华文教育协调机构（雅协），为印尼的汉语课程编拟了教学大纲，但目前未见官方发布的中文教学大纲和教学标准。

文教师是1966年华校关闭前的华人、华侨，这些人年龄大都在70岁以上，而年轻一代的中文教师以20—30岁居多，中文教师梯队出现严重断层。

（2）学历参差不齐，专业结构不够合理。汪敏锋（2013）对印尼60所中文教育和培训机构中文教师的调查反映出以下四个方面的问题。第一，印尼中文师资存在着专业性不强的问题。在受调查的110位中文教师中，教师专业出身的只有36人，非教师专业出身的高达74人，后者占比67.3%。第二，中文教师队伍的中文知识背景不足问题非常突出。汪敏锋（2013）较尖锐地指出："这些汉语教师虽然能'说汉语'，但不一定'懂汉语'，更难说会'教汉语'。"第三，印尼本土中文师资教学专业性不足。大部分当地中文教师未接受过专业的、系统的中文教育教学专业知识的培训和进修。第四，本地中文教师的综合素质普遍不高。印尼中老年中文教师多数仅拥有高中学历，能运用现代科学、现代技术、现代手段进行中文教学的教师有限。青年中文教师多接受过较正规的中文培训，学历相对较高。不少也曾在中国大陆或者台湾地区留学、进修，中文发音比较准确，听说读写都不成问题，但教学经验还比较欠缺。

（3）中文教师缺口很大。印尼教育部原来准备2007年在印尼16,000多所学校开设中文课，以便为2000万本土学生提供学习中文的机会，这一计划如果全面实施，至少需要8万名中文教师。最后因中文师资缺口太大，而不得不逐步实施（汪敏锋，2013）。另外，从印尼接收国际中文教育志愿者的力度，也能看出国内中文师资比较缺乏。近些年来，印尼接收国际中文教育志愿者的学校逐年增加。2004年我国首次派出20名中文教育志愿者，到了2019年增至130多人。

（4）中文教师缺乏统一的培训和交流，各单位各自为政。当前，一些单位组织的师资培训还有很多不足：培训的内容重复，且缺少针对性和可操作性；培训的时间、周期较短，培训目标不够清晰；培训形式主要是系统讲授、专题讲座和教学观摩，形式还相对单一（汪敏锋，2013）。

另外，教师薪金微薄，福利保障不足，中文教师队伍不够稳定。据印尼教育部调查，教授其他语言的教师授课一节通常情况下是收取四千印尼盾，折合为人民币大概还不到四块钱，中文教师授课一节则最低要收取四千印尼盾，一般情况下会收取八千印尼盾，最高的一节课会达到两万印尼盾。

虽然印尼中文教师的薪金较之其他语言教师的薪金要高一点，但是仍属低收入范畴。由于教师工作繁重而又薪金微薄，教师队伍的稳定性比较差。教师收入偏低还引发另一个师资的问题就是印尼华文教师性别比例失衡，男性华文教师数量要远比女性少（马跃、温北炎，2003；蔡贤榜，2006；林奕高，2011）。

三、本土教材严重不足

由于印尼的中文教学历史出现断层且复苏时间不长，中文教学刚进入正规学校不久，学生接触中文的起始时间不尽相同。有的学生从幼儿园开始接触中文课，有的高中才开始学习中文课程，而且中文课在各个学校的地位、课时量都不同，这些差异造成了教材使用的混乱。不仅如此，中文教学没有统一、系统的课程大纲，没有完整的教学规划，各个华校的教材选择相对比较自由。从上文的介绍，我们可以看出，目前印尼中文教学中使用的教材五花八门，更多的是从国外引进教材，适合印尼学生使用的本土中文教材还比较匮乏。教材使用的混乱也带来了各阶段的教学内容衔接出现问题，内容跨度比较大、内容重复的现象多有发生。

由于印尼中文教师的薪水比较低，很多老师不得不在多个学校任职，根本没有时间搞教学研究，因此很多本土教师基本上不具备编写教材的能力，即使按照学校的要求自编教材，也多只是在我国出版教材的基础上简单改编。学校对中文课程没有设定一套系统的课程教学体系，各个学校也都是根据自己的情况自行制定教学目标和考核方式，缺乏统一的考核评价标准。因此，编写开发适合印尼本土教学的中文教材是当务之急，也是我国学者和印尼学者共同面临的一个课题（张蔚虹，2021）。

四、教学方法还有待进一步创新

受学校硬件条件的限制，很多教师在课堂上依然只能采用以白板和油性笔为教学工具的传统授课方法。由于缺乏现代化的教学设备，网上的教学资源不能在课堂上被充分利用，造成语言课堂教学比较枯燥乏味。另外，实践教学课时较少，同学们主动练习的积极主动性不足，也没有合适的场所进行训练，听力和口语能力较低（张蔚虹，2021）。

五、中文市场需求的多样性与课程设置的单一性矛盾明显

华文（补习）学校里的中文学习者，除了幼儿园的儿童、中小学生外，还有大学生、银行工作人员、医生、导游等。近些年一些政府工作人员如警察、政府官员也积极学习中文，例如印尼国家警察教育和培训机构就成立了语言中心开设中文进修班，培养警察系统的官员的中文能力，印尼商贸部甚至在军队也开设中文补习班。应该说印尼的中文市场需求日益多样化，然而由于师资、资金以及教学条件的限制，多数华文（补习）学校的课程设置比较单一，还是靠一门课程培养学生的中文综合能力，难以做到有针对性地满足多样化的中文市场需求，一定程度上影响到华文（补习）学校的发展。此外，华文（补习）学校还存在资金短缺、教学设备较为落后、上课时间安排不够合理、学生流失率较高等问题（汪敏锋，2012）。而大学里的中文课程设置多是照搬我国的留学生中文课程设置，没有很好地结合印尼本土化中文人才培养的实际情况做出科学的调整。

六、学习者的积极性和主动性还需进一步调动

学习者的目的、动机明确与否，直接影响到教学的效果。在印尼，学习者学习中文的具体目的虽各有不同，但归结起来主要有两种：一种是工具动机，即把中文当作一种工具来学习，以满足未来职业或现在所从事的工作的需要；另一种是混合动机，即学习者对中文以及以中文为载体的中华文化感兴趣而学习中文，或者是为了参与文化社团的活动而学。总体来看，虽然近些年来印尼的中文学习者数量急速增加，但中文学习的积极性和效果并没有随之大幅提高。印尼中文学习者的积极主动性还有待进一步提高，他们主要还是在课堂上学习中文，课后自觉复习、预习的意识还严重不足；学习者的学习兴趣还有待加强，学习动机还主要是外部动机，容易受外在影响而对中

文学习失去兴趣和动力。

七、没有良好的中文交际环境

对于语言学习来说，良好的语言交际环境有利于提高学习者的学习效率，也有利于培养学习者的语感。由于印尼中文教育中断了30多年，现今印尼华裔青年是在没有中文的环境中成长起来的，他们对中文的了解仅是祖父母辈使用的中文方言，其父母辈大多成长在中文教育中断的那几十年，因此父母辈中文水平通常较差，无法像新加坡、马来西亚的华人家庭那样有较好的家庭语言环境（叶晗、陈钧天，2021）。目前，华裔新生代在学习、生活和社会交往中大都使用印尼语，印尼的中文教师也大多采用双语开展中文教学。在印尼的社会环境中很少能听到普通话，不仅在公共场所很少有人用普通话交流与沟通，很多中文媒体也很少使用普通话。如此一来，一些学生只是在课堂上学习中文普通话，在日常生活中缺乏实践的机会，就使得中文学习效果不甚理想。

八、孔子学院推广力较弱，品牌效应有限

孔子学院在印尼中文教育发展中起着至关重要的作用，是我国向印尼提供教育支持的载体。但印尼孔子学院还存在推广力较弱和影响力有限的问题。从办学规模看，尽管印尼孔子学院迄今已有10多年的发展历史，拥有良好的办学质量和完整的教学体系，受到当地华人群体的广泛支持与好评，但印尼的孔子学院以辅助所在大学中文课程为主要任务，注册学员以在校学生为主，学习中文的学生群体也主要以华人为主。同时印尼孔子学院还存在教学点单一，面向社会的中文班参与人数较少的问题（姜冬梅，2011）。由于印尼宗教化的背景，有些人直接将孔子学院和印尼本土宗教孔教画等号，印尼其他族裔群体对孔子学院的了解较少，也不知道其作用和意义，以致被一些极端团体视为政治目的的工具而遭受抵制，难以在其他族裔群体中开展宣传（叶晗、陈钧天，2021）。

在印尼，信仰穆斯林的人口占总人口的87%，其主流文化与中华文化差

异较大。孔子学院品牌的影响仅局限于占 4% 人口的华人群体里。相对于盛行的伊斯兰文化习俗，如何让其他族裔群体增加对孔子学院的认识，接触中华文化，在这方面孔子学院还有很长的路要走。此外，孔子学院如果要在当地树立更好的品牌效应，需要大量资金支持。在资金方面，孔子学院实行合作双方 1∶1 的资金投入原则，但在实际运营中，印尼方资金常常难以及时到位。在社会赞助方面，大部分印尼本地人没有意识到孔子学院对推广中文教育的重要性，只有少数华人企业和团体会向孔子学院提供资助。由于没有足够的资金支持，很难提升品牌效应，扩大影响力（叶晗、陈钧天，2021）。

九、缺乏中文教学与职业技能的结合模式

印尼高校缺乏中文教学与职业技能的结合模式。印尼开设中文专业的大学日益增多，如印尼慈育大学、印尼建国大学、彼得拉基督教大学、智星大学等的中文专业均已经有将近 20 年的历史，拥有高质量的教学模式和教师队伍。其培养的学生大部分从事中国企业、华校等中文岗位的工作。随着“一带一路”倡议与“全球海洋支点”政策的对接，大量中国企业进入印尼市场，急需一大批会中文、拥有职业技能的本土人才。例如在印尼新兴的电子商务领域，阿里巴巴、京东等中国企业对印尼电商平台 Lazada、Tokopidia 进行投资布局，使得电商岗位上的印尼本土中文人才出现了较大的缺口。在文旅行业，同样缺少具备职业技能的中文本土人才。“中文＋职业技术”的人才，不但能满足企业需求，还能帮助学生开拓就业途径，而印尼高校的中文课程很少涉及职业技能，更多集中在中文本体的教学上，虽然学生毕业后拥有较好的中文技能，但很难满足许多企业的职业技能需求（叶晗、陈钧天，2021）。这实际上不仅仅是当前印尼中文教学中存在的问题，也是中文在全球传播发展到一定阶段后普遍出现的问题。因此，我们应进一步调整国际中文人才的培养模式，大力推行“中文＋职业技能”的新型国际中文人才的培养模式。

为此，中外语言交流合作中心和南京工业技术职业大学在 2022 年为印尼进行了“中文＋职业技能”本土师资线上培训。为来自 100 多家印尼职业院

校的教师提供了线上培训，帮助印尼职业院校的教师们进一步提升了中文和专业能力，积极推动“中文＋职业技能”教育高质量创新发展。[①]

本讲回顾

2013 年，习近平主席在印尼国会的演讲中提出共建“21 世纪海上丝绸之路”的倡议。[②]印尼成为“21 世纪海上丝绸之路”的首倡地，也是共建“一带一路”的先行区。近年来，在两国元首战略引领下，中印尼关系保持强劲发展势头，开启了共建中印尼命运共同体的新阶段。中国目前是印尼最大的贸易伙伴之一，也是中国在东南亚最大的投资目的地。中国和印尼两国在基础设施建设、教育和旅游等其他领域开展了积极的合作。印尼政府对中文传播持开放和包容的态度，还出台了一系列政策措施，支持中文教育和中文媒体的发展，为印尼中文传播提供了有力保障。因此，印尼的中文教育近年来得到了快速发展。

一直以来，印尼的中文教学主要由各种华文（补习）学校承担。随着中印尼关系的日益密切，中文不仅被印尼人民所接受和认可，更是被纳入了国民教育体系。自 2001 年起，中文成为印尼初高中学生可供选修的第四门外语。中文教学在印尼走上了合法化和规范化的发展道路。

另，自 2001 年 HSK 考试在印尼实施以来，考生累计达 19 万人。[③]印尼青年对学习中文的需求日益增加。印尼中文学习及考试市场呈现蓬勃增长的态势。2023 年我国在印尼依托当地 6 所高校建设的华文学习创新中心揭牌运

---

① 2022 年印尼“中文＋职业技能”本土师资线上培训班结业，学员收获满满［EB/OL］.［2022-03-24］. http://www.chinese.cn/page/#/pcpage/article?id=1022.

② 习近平谈“一带一路”［EB/OL］.［2017-04-12］. http://politics.people.com.cn/n1/2017/0412/c1001-29203823.html.

③ 印度尼西亚 6 所中文学习创新中心正式签约［EB/OL］.［2023-09-09］. http://www.chinese.cn/page/#/pcpage/article?id=1539.

行，将有助于进一步为印尼大学生及当地中文学习者提供优质服务，也显示了印尼中文教育发展的新契机。

印尼的华人社区在印尼中文传播中发挥着举足轻重的作用。作为印尼中文教育的主要推动者和实践者，华人社区为印尼中文教育的普及和提高做出了巨大贡献。同时，华人社区还通过举办各类文化活动、庆典和展览等形式，促进了印尼社会对中华文化的认知和了解。

印尼有多家中文报纸、杂志和电视台，这些媒体不仅为印尼华人社区提供了及时的信息服务，也成为印尼社会了解中国文化、历史和社会发展的重要窗口。

随着中印尼经贸合作的不断加深和文化交流的日益频繁，印尼社会对中文学习的需求越来越大。越来越多的印尼年轻人选择学习中文，将其作为未来职业发展的重要技能。在印尼各大城市，中文培训班和课程供不应求，成为印尼教育市场的一大亮点。尽管印尼中文传播取得了显著成就，但仍面临一定挑战：（1）匮乏的教材资源与多样化学习者之间的矛盾。随着中文在印尼经济价值的提升，中文学习市场的需求多元化，教学对象多样化，但是缺少适合当地学习者的教学大纲和培养目标。中文教材来源五花八门，但缺少符合印尼国情的中文教材，各个学校中文教材的选用情况比较混乱。（2）本土老师是印尼中文教学的中坚力量，但中文师资结构不平衡，老龄化比较明显，年轻教师流失现象比较普遍。（3）本土中文教师的教学方法、现代教育技术的掌握都有待进一步提高和创新。（4）由于缺少良好的中文交际环境，学习者的学习动机多为工具性动机，学习积极性和学习效果都不够理想。（5）孔子学院和“中文 +”的影响力，在印尼还有待进一步开发。

展望未来，中印尼语言交流的前景十分广阔。随着两国关系的不断发展和深化，中文教育在印尼将得到更广泛的支持和推广。同时，印尼也将继续加强对中文的学习和传播，以增进两国人民之间的相互理解和友谊。相信在双方的共同努力下，中印尼语言交流将迎来更加美好的明天。

课后思考与讨论

1. 中文在印度尼西亚的传播媒介有哪些？

2. 简述中国和印度尼西亚之间的人文交流路径。
3. 谈谈印度尼西亚中文教学的现状。
4. 中文在印度尼西亚传播还需解决哪些问题?
5. 中文在印度尼西亚传播有哪些特点?

拓展阅读文献

[1] 梁宇，2017. 东南亚汉语教材发展评估的国别比较研究 [J]. 民族教育研究 (5).

[2] 黄昆章，2007. 印度尼西亚华文教育发展史 [M]. 北京：外语教学与研究出版社.

[3] 周巍、安东，2021. 印度尼西亚华人语言态度调查分析 [J]. 合肥学院学报 (1).

[4] 叶晗、陈钧天，2021. "一带一路"背景下印度尼西亚华文教育发展探析 [J]. 浙江科技学院学报 (4).

第十讲　菲律宾中文传播概况

改革开放以来，我国经济飞速发展，国际地位明显提高。尤其是习近平主席提出的“一带一路”倡议及其实施，不仅让国际社会看到了我国为世界经济和全球发展做出的努力和贡献，也向全世界展现了我国作为负责任大国的正面形象。近年来，随着我国经济实力的不断增强，国际交流日益频繁，政治、文化影响力越来越大，中文的国际地位持续提升，应用价值也越来越高。目前，世界各国学习中文的人数不断攀升，据《光明日报》2017 年 10 月 28 日报道，除了中国（含港澳台）之外，全球学习和使用中文的人数已经超过了 1 亿。

东南亚是我国开展周边外交的重要舞台之一，也是推进“一带一路”建设的重要平台。在东盟国家中，菲律宾在地理位置上离我国较近，历史上也是海上丝绸之路的重要通道和据点。菲律宾与我国的关系虽然曾经有过低谷，菲律宾政府也对中文在菲律宾的传播做过严格限制，但进入 20 世纪 90 年代后，菲律宾政府对中文教育的态度有了明显的改变。有专家称这是菲律宾中文教育的“柳暗花明又一村”。我国综合国力和世界影响力的增强，让菲律宾政府看到了中文的价值正在水涨船高，因此，菲律宾政府不仅适当放松了对华校中文教育的限制，还开始推动公立学校的中文教学。菲律宾政府 2001 年 6 月宣布允许菲律宾大专院校开设中文课程。2003 年菲律宾高教委与我国签署了《中菲高校汉语教学合作备忘录》。目前，已有超过 25 所菲律宾高校开设了中文专业或中文课程。2011 年，菲律宾政府又正式将中文纳入教育部“特别语言项目”（Special Program of Foreign Language，SPFL），并开始在几所公立中学开办中文课程。中文纳入了菲律宾国民教育体系之中，这无疑是菲律宾中文教育政策的又一次重大改变。目前，在有志于推动菲律宾中文教育的人士的努力下，菲律宾华校的总数达到了200多所，在校学生20万余人，中文教师数量接近万人。从幼儿园、小学、初中、高中到大学都开设了中文课程。近年来，中文教育在菲律宾越来越受到社会各界的重视。在中文课程开发方面，菲律宾华文教育研究中心已制定了菲律宾华校中文教学大纲，这使得当地中文教育有了统一的课程标准。

作为我国的近邻，菲律宾也是共建“一带一路”的重要合作伙伴。在“一带一路”建设的带动下，中文传播在菲律宾进入了迅速发展时代，有着巨大的发展空间。虽然，中文在菲律宾的进一步快速传播具有了较好的基础，但也还存在一些需要克服的困难。

第一节　中文传播平台和媒介

一、传播平台

菲律宾的中文传播平台，最主要的是由华人创办、管理的华校。华校在菲律宾已经有一百多年的历史，虽然随着华校的菲化，华校的中文教育已逐渐由母语教学向第二语言教学转变，但从课时、学生数量、课程设置等方面来看，华校依然是菲律宾最主要的中文传播平台。近些年来，菲律宾政府兴办的主流学校中也陆续开展了中文教学，这类学校也是中文在菲律宾传播的一个重要平台。另外，菲律宾建立的孔子学院，近些年来接收了大量的国际中文教育志愿者，开办了大量的培训班，也是中文在菲律宾传播的重要平台。

（一）华校

目前，菲律宾有近150所华校。多数华校都开设了从幼儿园到中学的中文课程，为中文在当地的传播打下了基础。华校基本都使用菲律宾华文教育研究中心制定的中文教学大纲，做到了课程标准的统一。根据华教中心主席黄端铭介绍，华校除了教授菲律宾教育部规定的主流课程外，每天还会开设最多两个小时的中文课。在 20 世纪 70 年代菲律宾政府颁布政令，对全国的侨校实施“菲化”后，华文教育的对象从在菲中国人，转向在菲华人，教学目标从为中国培养人才转变为培养菲律宾人。[①] 截至 2016 年，包含混血裔和原住民的非华裔学生人数已经超过了纯华人子弟。（韩晓明，2017）

为了奖励华校勤奋好学、德才兼备、全面发展的学生，2015 年中国驻菲律宾大使馆开始专门为华校中那些学习刻苦、品行良好、家境清寒的学生设立了“中国大使教育基金”华校学生奖学金和助学金项目。这个奖助学金每学年通过评选发放给学生，已经连续发放十多年，累计有 90 所学校的 1228 名品学兼优的学生获奖。[②]

另外，菲律宾华教中心从 2001 年开始与国内高校合作，为在华校就读的华裔学生举办了 20 多次文化寻根之旅的汉语夏（冬）令营。20 多年间，参加该活动的华裔学生累计达 1.5 万余人次。华教中心的活动，促进了菲律宾华文教育的发展，也增强了华校华裔青少年对祖籍国的感情[③]。

华校是中文在菲律宾传播的一个重要平台，为中文在菲律宾的传播打下了坚实的基础。

（二）政府兴办的中小学

2011 年，菲律宾教育部将中文纳入“特别语言项目”，中文课程正式进入菲律宾国民基础教育体系。

从 2006 年亚典耀大学孔子学院建立之后，中文才开始走进菲律宾政府兴办的主流中小学，由于主流中小学的学生数量较大，又加之其师资有孔子学院和来自我国的国际中文教育志愿者予以支持，能够满足越来越多学生的学

---

① 张兴龙、蒋雨峰．东西问｜黄端铭：华文教育为何成为中菲人文交流的桥梁？［EB/OL］．［2023-12-25］．https：//www.gqb.gov.cn/news/2023/1225/58305.shtml.

② 黄溪连大使：让华文教师成为最受华社尊重的职业群体［EB/OL］．［2023-12-02］．http：//ph.china-embassy.gov.cn/tpxw/202312/t20231202_11193748.htm.

③ 菲律宾华裔学生学中文夏令营闭营［EB/OL］．［2023-07-19］．https：//www.chinaqw.com/hwjy/2024/07-19/381473.shtml.

习需求，因此发展速度很快。2011 年，中文教育被纳入菲律宾 K-12 基础教育计划。目前，菲律宾每年至少有来自全国 153 所学校的 12,000 名公立中学生在学习中文。① 由于主流中小学的中文教学才起步不久，校方领导和孔子学院对于菲律宾学生的中文教学模式还处在摸索中，对所需师资和教学强度设定等问题还不确定（刘晔，2014）。主流中小学学生中文基础普遍较差，且中文课时较少，一周只有 1—2 课时，但主流学校中文教学的目标多是为了提高学生素质、丰富学生的学习内容，所以对学生最终能够达到的中文水平并没有严格要求，布置的课后作业较少。

（三）高等院校

菲律宾高校中开设中文课程的历史可以追溯到 1971 年，当时西利曼大学（Silliman University）开设了中文选修课。根据黄端铭（2004）的调查结果，2001 年菲律宾全国有 12 所大学开设了中文选修课。虽然菲律宾的华校已经具备非常完善的基础教育体系，但是在高等教育领域，华校的数量却是十分有限。

菲律宾中正学院（Chiang Kai Shek College）创建于 1939 年，是菲律宾唯一一所由华人创办且我国政府和菲律宾政府都承认其学历的高等院校。该校代表了目前菲律宾华校高等教育的最高水平。菲律宾中正学院学部的设置从幼儿园、小学、中学、大学一直到研究所，是一所教育体系十分完整的华人私立学校。该校大学部的教学对象多数为菲律宾的华人学生，这些华人学生入校学习时，至少已经拥有 6 年以上的中文学习基础。该校大学部的中文课分必修课和选修课两类。中文必修课针对的是汉语言教育、商贸汉语和中国文学等专业的学生。这几个专业学生的中文课周学时为 15 学时，每学时为 50 分钟，必修课开设中文综合课、听说课、读写课，选修课开设中国戏剧、中国诗歌等。值得一提的是，汉语言教育专业的学生可以参加中正学院与福建师范大学合作的“2 + 2”项目，该项目实行学生在菲律宾和中国各学习两年的教学模式。

---

① 东西问丨裴刚：汉语教育如何架起中菲民心相通之桥？［EB/OL］.［2022-12-28］. https://www.chinanews.com.cn/gn/2022/12-28/9923202.shtml.

（四）孔子学院

自2006年起，菲律宾陆续建立了5所孔子学院。这些孔院为推动中文和中华文化在菲律宾传播上做出了重要的贡献，在菲律宾中文教学界具有举足轻重的作用。菲律宾境内的孔子学院除了独立地开展中文教学和中国文化活动外，还承担着为菲律宾主流学校提供和管理中文教师的重任。

菲律宾第一所孔子学院——亚典耀大学孔子学院，中方合作院校是中山大学。亚典耀大学孔子学院主要面向菲律宾社会开设非学历的中文课程，学生来自社会各个领域。亚典耀大学孔子学院和亚典耀大学汉学系基本上是两块牌子一班人马，所以亚典耀大学孔子学院也承担着亚典耀大学里的中文教学。

另外，布拉卡国立大学孔子学院，中方合作院校是西北大学。学生人数众多和课程设置多样是布拉卡孔院中文教学最为突出的特点。红溪礼示大学孔子学院，中方合作院校为福建师范大学。红溪礼示大学是菲律宾红溪礼示市天主教私立学校，它是吕宋岛中部成立的第一所大学。红溪礼示大学孔子学院以红溪礼示大学为中心，呈辐射状向外拓展中文教学任务。菲律宾大学孔子学院，中方合作院校为厦门大学。达沃雅典耀大学孔子学院，中方合作院校为华侨大学。

此外，菲律宾的语言中心、补习班等各类民办非学历教育机构也开设中文课，与国家承认的中文学历教育形成互补。也是中文在菲律宾传播的一个平台。

二、传播媒介

（一）中文教材

1. 华校使用的中文教材

由于菲律宾政府并没有对华校的中文教材做出规定，更没有出版所谓的统编教材。华校受各自不同的政治倾向、教学传统、教学理念、经济状况、领导人好恶影响，教材使用五花八门、随心所欲。菲律宾自编教材、中国大陆和台湾地区教材、其他国家和地区出版的中文教材自由交错、混合使用是目前菲律宾华校中文教材使用的基本情况。中国大陆教材和中国台湾地区教材在菲律宾基本上是平分秋色。使用中国大陆或中国台湾教材与该学校的政治倾向、教学理念并不直接相关。一些学校，特别是经济条件不好的华校，更愿意使用数量足够的免费教材。每年国务院侨办等机构都会向菲律宾华校赠送大量图书资料，包括语言教材，如《汉语》《中文》等，也包括《中国历史常识》等读物。侨办网站也提供《汉语》《中文》《幼儿汉语》等整本书的下载，这极大地方便了使用者，因此使用的华校不少。中国台湾“侨务委员会”每年也向菲律宾华校免费赠送图书资料，而且几乎是“要多少就送多少”。这也是中国台湾地区教材使用面广的原因之一。

《菲律宾华语课本》是目前菲律宾华校使用最广泛的本土中文教材，超过半数的华校或多或少地使用这套教材。该教材由侨中学院董事长庄长泰资助，侨中学院院长、菲律宾华文教育研究中心主席颜长城校长策划，菲律宾华教中心沈文、北京语言大学教授杨石泉主编，编者中有菲律宾华文教育研究中心的黄端铭、庄明璇、杨美美和张国辉，并得到了我国华侨大学和北京语言大学等有关院校的帮助和支持，是一套中国二语教学专家和菲律宾中文教学人士共同编写的教材。教材包括幼儿园教材 6 册、中小学教材 20 册。除课本外，还配有录音带、电脑光盘以及相应的综合练习本、写字本、教师手册、教案集等，这样的设计满足了菲律宾从幼儿园一直到中学毕业学习中文的需要，因此很受华校的欢迎。但菲律宾华校使用的中文教材并不固定，中国大陆教材、中国台湾地区教材、菲律宾教材在一个学校、一个班级混合使用是非常常见的现象。如侨中主要使用《菲律宾华语课本》，同时也使用其他中国大陆出版的中文教材等。还有一些华校将读物及其他非教材类书籍作为教材使用，如马尼拉爱国中学使用国务院侨办编辑的读物《中国历史常识》，甚至一些华校用《弟子规》《西游记》《水浒传》《三国演义》进行中文教学。

2. 主流学校使用的中文教材

菲律宾主流中小学，近些年来主要使用由中国编写出版的中文教材。总体来看，菲律宾主流学校目前使用的中文教材种类比较多，但教材选用方面比较混乱。除了教材来源和内容上的参差不齐以外，还存在学生学习各个阶段所使用的教材频繁更换而导致缺乏连贯性和稳定性的问题，严重影响了菲律宾主流学校中文教学的质量。菲律宾目前急需一些适应本国文化背景和社会交际需要，贴近菲律宾人思维和生活习惯的“国别化”中文系列教材。

（二）中文报刊

菲律宾影响比较大的中文报刊，主要有《世界日报》《商报》《菲华日报》《联合日报》《菲律宾华报》等。华文教育方面的报纸有《华文教育》。

其中，《商报》是菲律宾历史最悠久、影响力最大的中文媒体之一，创刊于1919年，创刊时名为《华侨商报》，后更名为《商报》。早期的《商报》不仅报道当时的国内外新闻，还刊载了大量旧诗古文，对中华文化的传播起到了重要作用。如今，《商报》也为菲律宾的华文社区提供着重要的新闻和信息。

《华文教育》月报是菲律宾华文教育中心的重要出版物之一，它致力于记录华文教育事件，为菲律宾的华文教育工作者和学生提供了宝贵的学习和交流平台。

菲律宾的华文期刊为中文在菲律宾的传播发挥了一定的作用，具有一定影响力。它们不仅让菲律宾华人社会能够及时了解中国——祖籍国的发展，还加深了菲律宾人民对中国的了解和认识。同时，中文教育类的期刊也为菲律宾的华文教育工作者和学生提供了宝贵的学习资源和参考材料，推动了菲律宾华文教育事业的发展。

（三）中文文学艺术

菲律宾华文文学是用中文进行创作的。这就决定了其文学语言具有中文所固有的民族特色。与此同时，菲律宾华文文学又善于使用富有地域特征的文学意象，对闽南方言、菲律宾语、英语、西班牙语等多种语言成分兼收并蓄，并创造了大量的“异形词”，这又使得当地华文文学语言具有鲜明的菲律宾色彩（林明贤，2009）。由于海上丝绸之路的建立，大量华人涌入菲律宾，因此菲律宾华文文学从一开始便带有浓郁的海洋文化气息（李春香，2021）。近年来，一些华人在网上发表随笔，这为菲华文学注入了新鲜血液。如2018年菲华网上刊载了洪文的《灵柩不是棺材》《三长两短》、剑客的《榴莲飘香》、蒲公英的《爱情故事》《从商场抓人说起》等一些用中文写成的随笔，引起了菲律宾华文文学界的广泛关注。

菲律宾中文音乐教育的发展已历经百年，随着菲律宾华人社会的不断繁荣和社团活动的频繁，菲律宾中文音乐教育开始另辟新径，走出华校校门，在华人社团中发扬光大。菲华社会华人社团众多，并且拥有相当的财力和活动组织能力，这些社团频繁地组织音乐演出、音乐比赛、音乐团体交流等，华人社团成为推动中文音乐教育的重要力量。菲华社团在中文音乐创作上也非常活跃，这主要表现在与音乐相关的歌曲创作、舞蹈创作、歌舞剧创作的活跃上，像大型歌舞剧《侨中颂》《菲华颂》等就是菲华社团排演的融音乐、歌曲、舞蹈于一体的大型剧目。菲律宾中文音乐创作和教育的繁荣发展，为菲律宾的中文传播提供了重要的媒介，也使得中文能够在菲律宾的天空回响。

第二节　中文师资和学习者

一、师资构成及培养

（一）师资构成

目前在菲律宾的中文师资，主要有三类：一类是在菲律宾本土出生和成长起来的中文教师，一类是来自中国大陆及台湾地区的新移民，一类是中国派遣的国际中文教育志愿者。

本土教师中有一部分是曾在菲律宾华文中学学习的毕业生。他们毕业之后就在华校里从事中文教学。这类教师人数比较多，大部分并没有受过系统的师范教育。这部分教师现在年龄普遍较大，60 岁以上仍然在讲台上从事教学工作的现象比较常见。他们虽然拥有丰富的教学经验，但年龄较大，体力和精力已大不如前，对新教学理论和教学方法的接受能力也比较低。

那些有中国大陆及台湾地区新移民背景的教师大多能说流利的中文，中文水平和中文基础知识功底不错，但是他们中很多人并没有接受过与教学相关的专业培训，缺乏中文作为第二语言教学相关的理论知识和教学经验。另外，他们中很多人在华校任教只是权宜之计。如果有待遇更好的工作机会时，他们往往就会选择辞职。这些新移民背景的教师能够心无旁骛、安心从事中文教学工作的较少。

我国派遣的中文教师志愿者，除了在各孔子学院总部从事中文教学，还会由孔子学院派遣到一些当地中小学（主要是政府兴办的主流中小学）中教授中文。他们大多是我国各高校国际中文教育专业的硕士研究生，接受过一定的专业培训，有与中文教育相关的知识，但是教学经验普遍不足。

除此之外，有些华校还会聘请一部分具有较高专业水平、教学经验丰富的中文教师，这些教师拥有扎实的中文知识和先进的教学方法，但这类教师的数量较少。

（二）师资培养

为了解决菲律宾中文教师的数量和质量问题，菲律宾华社（如菲律宾商联总会、菲律宾华文教育研究中心等）做了大量的工作。华文教育研究中心于 1992 年 4 月 20 日成立了下属常设机构——华文教师协会，这是一个全国性的中文教师组织，其主要职责是开展有关中文教师业务培训、教师联谊活动等，同时通过各种渠道，致力提高教师的福利待遇。例如中心下属各地区华教协会每两年都要在本地区的不同城市轮流举办年会，汇集本地区华校的领导和中文教师，交流办学经验，切磋教学心得，总结工作经验和制定未来工作计划等。除此以外，各华教协会还会定期举办中文教师文化节，通过各种联谊活动，加强教师队伍的凝聚力。为了提升在职教师的业务水平，华文教师协会还推出了各种中文教师培训项目，如中文师资队伍“输血计划”“造血计划”“督导方案”和“专业化方案”等。

菲律宾本土师资培训的模式大致有以下几种：一是邀请专家、学者到菲律宾进行讲学、任教，指导本地中文老师；二是聘请有中文教学经验的中国教师进入菲律宾华校“督导”；三是采用送出去的方式（送到我国高校）对中文教师进行集中强化的暑期培训；四是很多华校和华人社团采取减免学费、给予补贴的方式鼓励教师到我国的大学学习，通过浸濡的方式全方位了解中华文化、提升中文表达能力和教学技巧；五是与我国大学联办中文教师专业，菲律宾中正学院与福建师范大学早在2004年就已正式签订了交流与合作协议书，采用“2 + 2”模式联合培养中文师资，学生两年在菲律宾学习，两年到福建师范大学学习，毕业后要到菲律宾华校工作；六是利用本地教育资源开设中文师范专业，就地培养专业的中文师资。2014年孔子学院总部与红溪礼示大学合作共建以全额奖学金的方式面向菲律宾国民教育体系培养本土中文教师，设立了当地主流大学第一个中文师范教育专业。该专业要求学生不仅需要学习中文教育，还要学习英语教育。中文师范教育专业还有一个硬性要求，即该专业学生在毕业前必须自己考取菲律宾的教师资格证书以及中国的《国际汉语教师资格证》，然后才能从事中文教学工作。菲律宾中文师范专业的最大特色就是双专业、双证书、定向生源和定向培养（陈艳艺、章石芳，2017）。除了开设语言专业课程外，该专业还特别开设了中华文化课程，以培养中文师范专业学生的中华文化素养。到2020年，该项目已经培养了81位本土中文教师。①

2019年，菲律宾教育部和中国孔子学院总部签署了《联合培养中文师范教育硕士专业本土中文师资协议》。该项目计划从2019至2023年间为菲律宾教育部公立中学培养具有国际中文教育硕士学位的本土中文师资300人，以加强菲律宾公立中学中文师资力量。（章石芳，2022）

另外，布拉卡国立大学孔子学院也为布拉卡国立大学和布拉卡省的中小学教师定期开设一些短期师资培训班，每年开设1—3期，每期60课时。

二、学习者情况

（一）华校学生

百年来，菲律宾华人华侨为了保持民族语言和文化，共在全国创办300多所华校。菲律宾华教中心主席黄端铭指出，2023年菲律宾全国仍在运营的

① 菲律宾又添19位本土汉语教师［EB/OL］.［2020-08-09］. http://news.china.com.cn/live/2020-08/09/content_915949.htm.

华校共有 148 所，其中有 16 所学校历史已超过百年。当前，全菲华校学生人数超过 7 万名，中文教师约 1200 名。[①]

杨静林、黄飞（2017）对华校学生背景的统计数据表明，也并不是纯华人血统的学生占优势，而是混血华人占优势。混血华人学生在各地区各学校里普遍超过 40%，而且纯菲人血统和其他族裔的学生也占有相当大的比例，普遍超过 20%。因此，华校成为菲律宾不同族裔的青少年接触中文、学习中文，进行跨族群之间语言文化交流的主要场所。

（二）政府兴办的中小学学生

刚开始，主流中小学的学生对中文感兴趣，主要与该年龄段学生对新鲜事物好奇的心理有关。之后，随着中文学习时间的增长，无论是华校的学生还是主流学校的学生都慢慢认识到了中文的价值，希望更多地了解中国、跟中国人交流，并开始有了融入中国社会的愿望，因此对中文学习开始出现了融入型动机，而且这种动机能保持相对稳定的状态（陈燕玲，2016）。

学生们普遍喜欢中华文化课程，这可能跟文化课轻松的课堂气氛有关系。除了文化课，口语课也很受学生们的欢迎。另外，中国教师教授的课程也受到学生们的欢迎。

（三）高校和孔院的学生

孔子学院为当地学习者提供了主要的、正规的中文学习渠道。2019 年，菲律宾 5 所孔院注册的学生人数达到了 5 万 4 千多（章石芳，2022）。孔院对当地中文传播发挥着极大的作用。

21 世纪以来，菲律宾对中文人才的需求发生了根本性转变。这种转变体现为由华人内部的语言传承的需要快速转向菲律宾民众对职业中文的需求，这促使当地中文传播从传统的中文教学向“中文＋职业技能”教育的多元发展。2022 年，广州铁路职业技术学院联合中国国内其他四所职业技术学院一起，与菲律宾理工大学共同开展了“中文＋职业技能”的培训项目。2024 年，

① 张兴龙、蒋雨峰．东西问 | 黄端铭：华文教育为何成为中菲人文交流的桥梁？［EB/OL］．［2023-12-25］．https：//www.gqb.gov.cn/news/2023/1225/58305.shtml．

云南机电职业技术学院与菲律宾唐博斯科马卡迪技术学院合作，开展了“中文+职业技能”菲律宾人才培养基地机电一体化培训班。

第三节 尚需解决的一些问题

一、人才培养模式难以满足新形势对高层次中文人才的需求

随着菲律宾与我国经济交往活动的增加，我国与菲律宾之间贸易往来频繁，对菲的投资也大大增加，这就催生了对懂中文的菲律宾本土人才的旺盛需求。然而，目前当地通晓中文的专业性人才仍然十分匮乏。由于当年菲律宾政府对华人推行菲华运动，导致了在菲华人家庭已转为主要以菲律宾语或英语为家庭常用语，保留中文作为交际用语的家庭也多使用闽南语。因此，华人儿童在进入学校学习普通话之前，基本上没有什么普通话基础。另外，受到菲律宾外语教学政策的限制，学生在校学习中文课程的教学时间十分有限，每天的学习时间不能超过 2 个小时。在这样的背景下，大部分学生都感到中文很难学好，即便坚持学习到高中毕业的华校生，中文水平也难以达到较高的水平。在高等教育领域，目前也没有设置专门的汉语言专业的高校。高校中，中文课程主要以学分必修课（在学生成绩排名时算入总分内）、非学分必修课（在学生成绩排名时不算入总分内）、非学分选修课（部分学生可以选择不上中文课）的形式在外语、东亚研究、商贸、旅游、经济等其他专业中开设。课程设置上，也多为从零基础开始的初、中级的中文技能教学。以菲律宾大学为例，迪立曼校区语言系开设的中文课程，为该校东亚研究专业的必修课。但该课程只从零基础开始，开设了两个中文级别的课程。该课程仅有 60 课时，以听说技能训练为主，且只学习简单场景中的对话，离专业的中文学习相距甚远。上述因素均导致了菲律宾目前高层次专业化的国际中文人才的匮乏。（徐丽丽、余可华，2018）

二、中文师资数量和质量都有待进一步提高

（一）数量不足

随着“一带一路”建设的加速推进，菲律宾“中文热”持续升温，华校教师匮乏的问题越发凸显出来。据统计，2019 年菲律宾有 93 所公立中学开设了中文课程，覆盖菲律宾 11 个区域。中文正逐步成为菲律宾主流社会的重要语言之一。菲律宾 4 所孔子学院的学员数累计已达 359,745 人。（潘巍巍，2021）面对这么庞大的学习者群体，必然需要一个与之对应的中文教师队伍。中国方面即使每年派遣 500 多名中文教师志愿者前去菲律宾授课[①]，但依然无法满足当地学校的需求。可见，菲律宾的中文教师缺口极大。

（二）结构不够合理

一是教师队伍老龄化现象比较突出；二是师资性别结构不合理，女教师占大多数。这是因为菲律宾华校教师待遇不好、社会地位不高，男性大多不愿从事这一职业。这种不够合理的师资构成，影响了中文课堂教学质量的提高。

（三）专业化程度不够

年纪大的本土教师多是从菲律宾华文中学毕业的。他们缺少系统的师范教育培训，对中文教学理论和教学方法不甚了解。有部分年轻的本土中文教师只掌握了简单的中文日常用语就进入了工作岗位。（陈艳艺、章石芳，2017）有些中文教师虽有大学本科文凭，但所学的也并非中文专业。（刘畔，2014）因此，当地的中文教师在专业知识、素养、教学理论和教学方法方面都存在一定问题，他们想要在短期内蜕变成为专业的中文教师也并非易事。

此外，菲律宾华校对中文教师入职所设的门槛较低，在教学过程中也很少对教师的教学能力进行考评。教师们因为没有对教学能力考评的压力，也

---

① 菲律宾侨领蔡聪妙：每年 500 名汉语教师来菲不够用［EB/OL］.［2019-07-30］. https://www.chinaqw.com/zhwh/2019/07-30/227634.shtml.

就缺少提升中文教学能力的动力。这影响了菲律宾中文师资的专业能力的提升。

（四）教师流动性较大

菲律宾中文师资队伍不稳定是目前一个突出的特点，这严重影响了菲律宾的中文教学效果。因此，加强本土中文教师培养是当前亟须开展的工作。一部分人之所以从事中文教师的工作，是因为他们大学就读的是中正学院的“1 + 2 + 1”的合作项目课程。受其在大学学习期间签订的免费学习中文合约所限，他们需要履行毕业后在华校担任 3 年中文教师的义务。因此，这部分教师中一些人在 3 年合约期满后便辞职转入其他行业。也有不少年轻教师是因为大学毕业后一时没有找到合适的工作，便先临时到华校做教师，一边教中文，一边寻找其他工作机会，一旦找到合适的工作便会跳槽。（肇群，2016）而来自中国的中文教师志愿者，他们到菲律宾教中文本就是短期服务性质的。他们的任期原则上不超过 3 年。菲律宾中文师资队伍流动性大、师资队伍不稳定的现状，对当地中文传播、华校开展教学工作带来诸多问题。

三、缺乏中文使用环境和网上中文教学平台

他加禄语、英语都是菲律宾的官方语言，菲律宾人在社会交往中要么使用英语，要么使用他加禄语。而且由于使用英语的场合更多，所以菲律宾社会普遍对英语的重视程度更高，华人家庭也是如此。中文在当地的发展因此缺少相应的社会氛围。传统的中文媒体面对新媒体的冲击也日渐式微。这使得很多中文学习者难以在课堂外接触和使用中文。另外，目前菲律宾几乎没有互动式的中文学习平台（徐丽丽、余可华，2018）。

四、华校办学经费不足与办学资源分散

菲律宾的华校虽然接受了政府的教育体制，但无法获得政府任何财政补贴，办学经费都是自筹。华校日常经费主要来源有：一是各个华商和宗联、

晋总等华人社团捐助，设立的奖学奖教基金；二是学生的学费收入；三是华校董事的捐款。这就造成一旦生源不足，华校就会陷入财务吃紧的境地；一旦校董经济出现危机，华校经费随之出现困难。目前，菲律宾华校大多存在经济拮据、办学经费不足的情况。

菲律宾中小学华校众多，但办学资源分散。在马尼拉和吕宋两个地区的华校占全境华校的68.38%，华校学生主要集中在马尼拉和吕宋地区。全国有一半以上的华校学生人数在500人以下。在偏远地区，华校分散的现象尤为严重，造成了教学资源的极大浪费。此外，有些华校越办越小，小到一年级从两班变成一班、由一班再变成跨年级并班，不正常的并班不利于教学的开展和学生的学习（杨静林、黄飞，2017）。

本讲回顾

中文在菲律宾的传播已有百年历史，其间历经起伏。菲律宾华人华侨为了保持民族语言和文化，在全国创办了多所华校。华校是菲律宾重要的中文传播平台。随着中菲经贸合作的加强，中文在菲律宾的经济领域也得到了广泛应用，中文在菲律宾的经济价值随之提高。菲律宾政府开始重视中文教育和中文传播，并制定了一系列政策和法规支持中文教育的发展。例如，将中文列为重要外语之一，2011年中文被正式纳入菲律宾教育部的特别语言项目，进入菲律宾国民教育体系。除了鼓励学校开设中文课程外，菲律宾还与中国合作建立了多个中文教育中心和孔子学院，推动中文教育的普及。近年来菲律宾建立的孔子学院开办了大量的培训班，也成为中文在菲律宾传播的重要平台。

与其他东盟国家不同，菲律宾华文教育有较为统一的华侨中文教学大纲，这使当地中文教育有了统一的课程标准。

教材方面，菲律宾的中文教材使用五花八门、来源多样。混合使用是目前菲律宾华侨中文教材使用的基本情况。《菲律宾华语课本》目前是菲律宾华校使用最广泛的本土中文教材，这是一套由中国二语教学专家与菲律宾中文教学人士合编的教材。该教材的设计满足了菲律宾从幼儿园一直到中学阶段中文学习的需要。菲律宾急需适应当地文化背景，贴近菲律宾人思维和生活习惯的国别化中文教材。教材资源不够丰富，也是制约菲律宾中文传播的一个重要问题。

对于菲律宾中文教师的质量把控问题，菲律宾华社成立了华文教育研究中心，其下设的华文教师协会是全国性的中文教师组织。在加强本土华文教师队伍凝聚力、提升在职教师的业务水平等方面都做出了极大的贡献。但是华校中文教师质量还是存在诸多不足之处，如教师入职的门槛比较低、从业教师缺乏专业训练，对新的中文教学理论和教学方法的运用比较欠缺等问题都比较明显。为此，在新世纪，菲律宾本土教师培养采用了与中国国内大学联合培养的模式。菲律宾还设立了中文师范教育专业，其特色就在于双专业、双证书、定向生源和定向培养。

中菲两国经济的发展催生了对懂中文的菲律宾本土人才的需求。但是受制于学习时间限制，即使是华校学生也难达到较高的中文水平。菲律宾目前中文高层次、专业化的国际人才还比较缺乏。

为确保华文教育的可持续发展，教育工作者需要积极适应变化，推动华文教育实现转型升级和创新发展。在新的时代背景下，华文教育不仅是文化传承的重要工程，更应成为促进不同文明间交流与互鉴的重要平台。为此，华文教育需要从单一的语言文化教育转变为“华文教育＋职业教育”的复合型模式，培育具有多语言能力、跨文化理解和专业技能的综合型人才。此外，华文教育还需要适应时代发展的要求，从传统的中文知识教学转型为职业型、智慧型教学，以实现真正的高质量发展。

2023年底，在厦门召开的21世纪海上丝绸之路华文教育联盟成立大会上，福建省中华职业教育社与菲律宾华教中心签署“华文教育＋职业教育”合作备忘录。[①] 有了中文＋职业的转型，菲律宾的中文传播一定会迎来更加广阔的发展空间。

---

① 21世纪海上丝绸之路华文教育联盟在厦门成立［EB/OL］.［2023-12-16］. https：//m.chinanews.com/wap/detail/cht/zw/ft10129888.shtml.

课后思考与讨论

1. 中文在菲律宾的传播媒介有哪些？
2. 简述中菲两国的人文交流有哪些路径。
3. 谈谈菲律宾中文教学的现状。
4. 中文在菲律宾传播还需解决哪些问题？
5. 中文在菲律宾传播有哪些特点？

拓展阅读文献

[1] 陈艳艺、章石芳，2017. 菲律宾公立中学本土汉语师资培养模式研究［J］. 海外华文教育（4）.

[2] 潘巍巍，2021. 菲律宾中文教学资源现状及发展策略研究［J］. 云南师范大学学报（对外汉语教学与研究版）（4）.

[3] 董于雯，2011. 菲律宾华文教育的文化导入［J］. 云南师范大学学报（对外汉语教学与研究版）（2）.

第十一讲　老挝中文传播概况

在很长一段时间里，老挝境内的中文教学主要是在华人华侨兴办的华校里进行的。1929 年，老挝华人兴办了第一所华校——百细公学（蒋重母等，2010）。之后，崇德公学、寮都公学、寮东公学、新华学校等一些华校陆续成立。直到 1975 年前，老挝的中文教学主要是依托这些华校得以快速开展。然而，在 1975—1986 年间政府没收了一些华校的资产，中文教学被迫停止。1989 年，老挝与我国的双边关系正常化后，一些华校陆续复校，中文教学又得以继续。随着我国经济的发展，老挝境内的中文学习需求不断增加，仅靠华校培养人才，已经难以满足老挝与我国各个层面交流合作的需要。老挝的一些大学应势加强了中文人才的培养，如老挝国立大学 1995 年成立，次年便开设中文课程。随后，又有一些大学陆续开设中文课程，甚至直接设立了中文系。不仅如此，一些高校还积极与我国高校合作建设孔子学院。另外，在老挝政府批准将中文纳入国民教育体系后，政府的个别中小学里也开始开设中文课程。一些私立国际学校或非华校为了回应老挝国内中文人才的需求，也开始开设中文课程。

“一带一路”建设是一项造福沿线各国人民的伟大举措，作为沿线国家之一的老挝深刻认识到这一点，如时任老挝国家主席本扬 2017 年 5 月 11 日接受新华社专访时，明确指出：“我坚信‘一带一路’倡议会为包括老挝在内的各个参与国人民带来实实在在的利益。”“作为‘一带一路’建设重要项目，老中铁路将为老挝实现基础设施、经贸、投资的互联互通以及民心相通，为老挝实现从‘陆锁国’变为‘陆联国’做出重要贡献。”① 老挝积极参与“一带一路”建设，必将进一步加大国内中文人才的需求，中文在老挝的传播将迎来新的机遇。

第一节　中文传播平台和媒介

一、传播平台

（一）华校

老挝的中小学中文教学，主要是在华人出资兴办的私立华校里进行的。老挝的华校始于二十世纪二三十年代，当时华人总数在五六万人，华人在极其困难的条件下，相继建立起 5 所华校，全部为小学中文教育。老挝人民民主共和国成立初期，由于两国关系出现波折，华校一度停办。20 世纪 80 年代，随着老挝对外开放程度的加深和与我国关系的改善，华校陆续复课，并逐渐壮大，发展成为具备从幼儿园到小学、初中、高中的全阶段教育体制的学校。老挝教育部规定：华校还应该进行老挝语教育，完成老挝教育部规定的中小学必修课程，所以老挝的华校都是双语教育。20 世纪 80 年代后陆续复办的华校由当地华人注资办学，由当地中华理事会管属，学校设立董事会，由校董负责学校日常事务，校长由理事会会长或副会长担任。由于华校的办学条件好，教学质量高，华校成为当地首屈一指的学校。华校不仅深受华侨子弟的欢迎，也深受老挝本族人的追捧。老挝的华校不称“小学”或“中学”，而称“公学”或“学校”。目前老挝国内复办的老华人公学有 5 所，主要分布在老挝的几个大城市，即万象的寮都公学、百细公学、沙湾拿吉的崇德学校、他曲的寮东公学、琅勃拉邦的新华学校等。这些学校为老挝的中文教学做出了

---

① 章建华、李莎．专访：“一带一路”为各参与国带来实在利益——访老挝国家主席本扬［EB/OL］．［2017-05-11］．http：//www.xinhuanet.com/world/2017-05/11/c_1120958274.htm.

重要贡献，多年来为老挝国内培养了大批中文实用人才，也为各级各类高等院校输送了优秀的学生（彭运锋，2008；邓海霞，2011）。

另外，进入21世纪，老挝又新办了一批私立华校，这些华校并不受当地华人理事会管辖，如南塔的寮龚华校、波乔的程自德老中学校、乌多姆赛的寮北华校和中老友谊学校、琅勃拉邦的中华学校等（陆蕴联、陆慧玲，2021）。

（二）政府中小学

政府公办学校里，万象市市郊占塔布里县的农冰村小学从2013年10月开始开设中文课，以三年级为起点，每班每周7节课，课程内容不仅培养学生的中文技能，还讲解中华文化。另外，万象市有6所政府公立学校在老挝国立大学孔子学院的帮助下开设了中文选修课。这6所公立学校分别是老挝国立大学附属中学、万象中学、万荣民族中学、战沙旺中学、鹏宏中学和盼曼中学，周课时为2小时，开设的课程包括基础中文、听力、口语和阅读等。

（三）高等学府

老挝高校开办中文课程的历史较短，除老挝国立大学在1996年开始开设中文课程外，其他高校都是在进入21世纪后才陆续开设。目前开设中文课程的高校还有苏发努冯大学、永珍大学、沙湾拿吉大学、占巴色大学、老挝苏州大学、国防学院、万象警察高等专科学校和巴巴萨职业技术学院等。

老挝国立大学是老挝高校中中文教学实力最强的高校。首先，它的中文教学历史最长，该校成立的第二年（1996年）就开设了中文培训课程。其次，办学层次最高，2003年该校成立了中文系，除进行短期中文培训外，还开设了5年制中文本科学历课程。再次，老挝国立大学中文系的教学规模较大，是该校语言学院除英语系之外的第二大系（蒋重母等，2010）。由此可以看出，中文已经在老挝最优秀的高校中成为除英语之外最受欢迎的外语。最后，办学形式多样，注重与我国的合作，1996年开设中文课程伊始就与我国教育部合作，由我国派遣中文教师给予支援，2010年又与广西民族大学合作共建了孔子学院，孔子学院的相关课程和师资进入了该校。

苏发努冯大学原为老挝国立大学的南部分校，位于琅勃拉邦省，2007年独立建校。苏发努冯大学于2009年10月与昆明理工大学签署了合作备忘录，双方在中文培训、学生互访、教师交流等领域开展合作，于2013年12月1日合作成立了中文培训中心，开展中文培训。2018年，两校合作共建了孔子学院，中文培训规模不断扩大，当年的10月15日在经济与旅游学院开设了中文选修课程，共有4个班约200余名学生选修该课程，该校学生中文学习需求之大由此可见一斑。苏发努冯大学依托孔子学院将中文技能培训与经济技术等专业学历教育相结合，采用"语言+"的模式，更能契合"一带一路"建设的人才需求。

永珍大学2013年9月成立中文系，不但设立中文专业，还为全校开设中文选修课。目前该校有5个中文选修班和2个中文专业，在校学生124人。沙湾拿吉大学2018年成立中文系，目前该校每周开设16节中文课，修读学生超过200人。占巴色大学2018年在管理学院开设了中文学分课，全年108个课时，目前该校学习中文学分课的学生有875人。

老挝苏州大学是苏州大学与老挝中资企业合作，于2011年7月在老挝首都万象创办的。老挝苏州大学是经老、中两国政府批准的我国在海外创建的第一所高等学府，开创了我国高校赴国外办学之先河。老挝苏州大学目前开设的有国际经济与贸易、国际金融、计算机科学与技术和中文四个专业，本科专业的教学，目前采取"1+3"的培养模式，在老挝学习1年，到苏大留学3年。除通识教育课程按照老挝教育部的规定，必须使用老挝语授课外，其他的专业课程大多使用中文授课。因而，老挝苏州大学的毕业生中文水平普遍较高。除了开办本科专业，老挝苏州大学还大力开展全方位的中文能力培训，主要是面向社会大众，分为晚班和周末班。另外，老挝苏州大学还是汉办指定的HSK海外考点之一，每年都在当地组织两场考试并开展相关辅导。

凯山·丰威国防学院、万象警察高等专科学校和巴巴萨职业技术学院，这三所高等职业学校也都开设中文课程。前两所学校开设的是专科层次的中文专业学历教育，后一所学校开设的是中文培训课程。国防学院是以招收军队学员为主的军事院校，2009年开始设立四年制中文专业，采用"2+2"的培养模式，前两年在老挝学习，后两年来我国相关院校学习，学员毕业后获得中文专业文凭（相当于我国的专科毕业证书）。万象警察高等专科学校于

2004年创办了三年制中文专业，学员主要是在职的警察，毕业后获得中文专业文凭。巴巴萨职业技术学院2008年与云南民族大学合作设立了巴巴萨职业技术学院—云南民族大学国际汉语教育中心，在云南民族大学的帮助下进行短期中文培训。

另外，在老挝国立大学孔子学院的帮助下，老挝国家政治与公共管理学院也开设了中文选修课，每周课时为4小时（陆蕴联、陆慧玲，2021）。

（四）国际学校、私立学校和培训机构

不仅仅华校中小学开设中文课，部分国际学校和私立学校也开设中小学中文课程，如万象市白云碧国际学校、琅勃拉邦省的宝象学校、万象法国中学等（陆蕴联、陆慧玲，2021）。白云碧学校是一所国际化水平很高的学校，教学环境和教学设施都相当先进。该校已有十几年的中文教学历史，从幼儿园到初中，每个班级都开设有中文课，中文课占学校总课时的20%。一部分中文教师是来自我国的国际中文教育志愿者。[①] 万象法国中学的学生主要是居留当地的法国人及法国侨民子女，还有少量其他国籍学生。教学语言是法语，招生要求是学生必须具有一定的法语基础。从2006年9月开始，该校将中文作为第二外语让学生选修，每周开设4—7个课时的中文课。

随着华人在老挝的增多，华人所从事的职业也从单一的经商向多元化发展，有的办起了家庭中文学习班，在街上偶尔可以看到培训中文的招牌，这种学习班规模很小，一般只有几个人。老挝民间开设中文课程的私立学校和培训机构数量众多，规模大小不等，无法一一统计。担任教师的一般是由到老挝工作的中国人，或者是在我国留过学的老挝人，高校中文专业的学生，甚至还有印尼或其他国家的华人华侨。学员们有的只是想学习一些简单的中文，跟中国人做生意，有的是为到我国留学而进行的语言学习。如老挝青年团中央培训中心，从2003年起开始举办短期中文学习班；熊猫汉语学校，提供四种类型的中文培训：常规班、企业班、精品VIP班、中文预科班（陆蕴联、陆慧玲，2021）；老杨汉语培训中心和AB教育汉语培训中心（张成霞等，

---

① 蒙龙、尚艳波. 老挝师生眼中的中国志愿者［EB/OL］.［2016-12-07］. https://world.huanqiu.com/article/9CaKrnJZ3xy.

2021）。

还有一些华校除了进行学历教育之外，还开设培训班。如寮都公学和崇德学校开设有成人中文培训班。琅勃拉邦的新华学校是一所小学，学生小学毕业后在本地不能继续学习中文，为了弥补这个不足，同时也为了满足社会上各界人士学习中文的热切愿望，新华学校于 2006 年 10 月开办了中文进修班，一直坚持到现在。

（五）孔子学院

老挝目前有两所孔子学院，一所是老挝国立大学孔子学院，中方合作院校为广西民族大学；一所是苏发努冯大学孔子学院，中方合作院校为昆明理工大学。

老挝国立大学孔子学院于 2018 年 11 月，获准下设了 4 个孔子课堂。老挝国立大学孔子学院中文培训主要分为三大板块：孔子学院本部开设的中文培训班、部分中学以及老挝国家政治与公共管理学院的中文教学和短期培训班（陆蕴联、陆慧玲，2021）。

苏发努冯大学孔子学院开展中文教学的形式之一为开设中文选修课程。2018 年 10 月 15 日，中方率先与该大学的经济与旅游学院合作开设 4 个班，当时约有 200 名学生选修。课程计划和教学大纲由孔子学院制定。之后，又陆续与其他学院商量开设中文课程，以进一步扩大中文教学覆盖面。2020 年 5 月，苏发努冯大学孔子学院获得老挝教育体育部正式批准开设中文本科专业，这是在老挝北部地区设立的首个中文专业点（陆蕴联、陆慧玲，2021）。

二、传播媒介

在东盟各国，最活跃的中文传播活动就是各国进行的中文教育。在中文教育活动中，各类教育机构以中文教材为媒介，为学习者提供系统、专业的中文教学、中国文化和历史信息。但教育机构的覆盖面相对较小，难以满足更广阔的社会人群对中文信息的需求。而通过电视、广播、报纸、杂志等媒体传播中文，不仅覆盖面，而且受众更加广泛，更有利于向东盟国家的普通民众传达与中国相关的信息，传播中文。

（一）中文教材

中文在老挝传播的媒介主要是中文教材。老挝人口较少，能编著、翻译注释教材的人才奇缺，在相当长的一段时间里，老挝使用的是我国中小学的语文教材，但这是母语为中文的全日制中国学生使用的，对把中文作为外语学习还要兼学很多老挝本国课程的学生来说，内容显得太多、太深。教师教和学生学都非常困难，只好高中使用初中的教材，而初中则使用小学高年级的教材（朱芳华，2010）。随着国际中文教育的发展，我国编写出版的国际中文教材越来越多，老挝中文教学界开始逐渐采用我国出版的一些用老挝语注释的国际中文教材。如《快乐汉语》（老挝语版）、《体验汉语》（老挝语版）、《跟我学汉语》（老挝语注释）、《当代中文》（老挝语版）和《汉语乐园》（老挝语版）及配套教材等。

采用我国编写的教材，虽然解决了老挝境内中文教学的燃眉之急，但是缺乏本土中文教材，使得教材的针对性会存在一定的偏差。有鉴于此，老挝国立大学2006年启动了中文教材的编写工作，但由于师资力量不足，其间停停写写，历时整整三年，最终编写出了老挝第一部本土化中文教材——《汉语教程》。这是老挝国立大学的中国教师和本土教师通力合作的结果。这为本土化中文教材的开发开了一个好头，也给当地中文教师信心。随后老挝境内的中国教师和本土教师又通力合作，陆续编写出了《中国文化概论》（汉老对照本）、《商务汉语》（汉老对照本）、《旅游汉语》（汉老对照本）、《简明现代汉语语法》（汉老对照本）等，面向老挝中文学习者的本土化教材的开发稳步向前发展。

（二）华文媒体

1. 华文报刊

老挝华文报刊的发展历史相对较短且波折。直到1959年，华侨才创办了老挝第一份华文报纸《寮华日报》，但由于销路不佳而停办。此后，华侨又陆续创办了《自然报》《虎报》等报刊，但同样因各种原因停刊。老挝的华文媒体虽然起步较晚，但近年来得到了快速发展。如2013年创办的《老挝中文报》和2018年创办的《中华日报》等，为老挝人提供了了解中国文化和学习中文的窗口。前者由于未在老挝新闻管理机构备案，只能算是一份“非正式的中文报纸”“是华文报纸的雏形”（李庆林、张帅，2019）。《中华日报》由老挝中华总商会会长姚宾牵头创办，并与老挝巴特寮通讯社、中国《人民日报》等签订合作协议，成为老挝第一份真正意义上的华文报纸，因此具有里程碑意义。《中华日报》的创办结束了老挝没有华文报纸的历史，为老挝的华文媒体发展注入了新的活力。

目前，《中华日报》主要以电子刊的形式每日更新，纸质版报纸则每半月一期。该报纸主要为老挝的华人华侨提供中文信息服务，同时也成为中老两国交流的重要平台。此外，虽然老挝的华文报刊数量相对较少，但其在当地华人华侨群体中的影响力逐渐扩大，对于传承中华文化、促进中老两国文化交流具有重要意义。

另外，中国境内也有针对老挝发行的中文期刊。这就是2005年由国务院新闻办主管、云南省委外宣办主办的《占芭》杂志。该杂志每期发行11,500份，发行面覆盖了老挝的17个省、142个县市地区，在老挝各级政府和各航空线上，均能看到《占芭》杂志的身影。

2. 电台、网络媒体的合作

中央广播电视总台与老挝国家广播电台在老挝合作创办的广播孔子课堂，除了开展常规的中文教学和文化推广活动外，还要协助国家台中文节目组录播新闻节目。截至2018年10月，老挝国内电视能收到中国央视新闻频道、综合频道、电影频道与云南电视台、凤凰卫视等8个中国数字电视频道。

老挝国家广播电台于2015年12月开始进行汉语广播，每晚向全球广播30分钟的中文节目。老挝还有一家中老合作共建的传媒公司——未来传媒有限公司。该公司是一家以“立足老挝，服务华人”为宗旨，向老挝华人华侨提供新闻资讯。该公司在老挝创办了一系列的媒体产品，特别是新媒体产品，包括老挝资讯网、老挝资讯网微信公众号、老挝商业资讯杂志等。近些年来，老挝未来传媒有限公司也逐渐在老挝站稳脚跟，成为连接中国与老挝两国的信息渠道。

总之，老挝华文报刊、电台、网络媒体等的发展不仅丰富了当地华人华侨的精神文化生活，也为中老两国之间的文化交流搭建了重要的桥梁。随着中老两国关系的不断加深和两国人民交往的日益频繁，老挝的华文媒体有望在未来得到更好的发展，可以为老挝民众提供更多的中文文化资源和更加丰富多彩的媒体内容。老挝的中文媒体一定会在新时期迎来新的发展机遇，为中老两国之间的文化交流做出更大的贡献。

（三）中老合作项目及其形成的语言景观

中老铁路等标志性合作项目是中文在老挝传播的重要途径和媒介之一。“在老挝，中文已经成为社会语言景观的常见构成要素。”“作为传播中文的重要媒介，中老铁路等项目不仅拓宽了中文在老挝的应用领域，还提高了中文的使用频次。”“在老挝新建的火车站以及列车内部的各种标识中，中文占据着重要位置。”① 这些项目不仅推动了中老两国的经贸互动和人文交流，还提高了中文在老挝的知名度和使用率。

第二节　中文师资和学习者

一、师资构成及培养

（一）师资构成

老挝中文教师分为以下几种：1. 我国教育部中外语言交流合作中心派遣的国际中文教育志愿者和中文教师；2. 我国国务院侨务办公室公派教师；3. 我国对口高校派出的大学教师；4. 本土懂中文的教师；5. 本校毕业后留校任教的教师；6. 从我国留学回老挝的学生；7. 在老挝留学的中国留学生（陆蕴联、陆慧玲，2021）。

（二）师资培养

老挝华校、开设中文选修课和中文专业的学校等大多数中文教学单位，

① 郑东晓、杜敏．中老铁路建设推动中文在老挝传播［EB/OL］.［2022-06-13］. https://www.cssn.cn/skgz/bwyc/202208/t20220803_5468561.shtml.

仍主要依靠我国公派中文教师和志愿者负责中文教学任务，但公派教师的任期仅有1—2年，最长不超过3年，任期结束后便更换新的公派教师。在这种情况下，教师流动性大，容易导致教学环节不衔接，甚至是脱节，影响中文教学效果（陆蕴联、陆慧玲，2021）。老挝高校为解决中文师资不足的问题，除了接收来自我国的志愿者和公派教师，还采取与我国高校合作办学的方式，一是直接把学生派到我国合作院校学习主要的中文专业课程，如凯山·丰威国防学院一直采用"2 + 2"的培养模式，前两年在本校学习，后两年就把学生派到我国合作院校学习大部分的中文技能课程。从老挝苏州大学的官方网站公布的教学计划中，我们可以看出，该校仅有一门中文课程是在老挝境内教学的，其他的课程都是到苏州大学本部开课。另外，还直接邀请我国高校在本校设立中文教育中心，由我国合作院校派遣师资授课，如巴巴萨职业技术学院—云南民族大学国际汉语教育中心，师资主要是由云南民族大学派遣的。

2021年7月，经老挝教育体育部批准，老挝国立大学孔子学院开设了该国首个中文师范本科专业，正式拉开专门培养老挝本土中文教师的序幕。[①]2023年4月，中国教育部中外语言交流合作中心、广西民族大学、老挝国立大学三方签署了合作培养老挝本土中文教师的协议。[②]这使得老挝国立大学中文教育事业翻开了新的历史篇章。有力推动了老挝中文师范教育的发展，为老挝中文传播高质量、高水平的发展提供了新动力。

二、学习者情况

（一）华校学习者的母语背景多元

从已有研究成果中，我们可以看到，老挝华校里除了华裔学生，非华裔也占了很大的比重。如新华学校2020年全校共有20个教学班，学生983人，华人子弟仅占6%；寮都公学中华裔也仅占20%；崇德公学中华裔和中国籍学

① 郑东晓、杜敏．中老铁路建设推动中文在老挝传播［EB/OL］．［2022-06-13］．https://www.cssn.cn/skgz/bwyc/202208/t20220803_5468561.shtml.

② 章建华、林昊．中老联合培养老挝本土中文教师［EB/OL］．［2023-04-28］．https://www.yidaiyilu.gov.cn/p/316282.html.

生占比稍高一些，但 2019 年的学生中华裔和中国籍学生也仅占 42%（陆蕴联、陆慧玲，2021）。5 所传统华校中有 4 所招生人数都呈逐年上升的趋势，只有寮东公学因办学条件有限而招生困难。

（二）大学和孔院学生规模扩大

大学和孔子学院里的招生规模也是逐年上升，如老挝国立大学中文系的学生从 2003 年首批只有 5 位学生发展到 2017—2018 学年共有 246 位在读学生，而老挝国立大学孔子学院从 2010 年首批学生 726 人发展到 2018 年在读人数达到 6460 人（陆蕴联、陆慧玲，2021）。截至 2019 年 9 月，老挝国立大学孔子学院共培养了 19 届共 20,472 名毕业生。其中第 19 届学生多达 2164 人。新入学的第 20 届，注册人数 1920 人。为老挝总理府办公厅管理干部、万象办公厅和老挝国家政治管理学院培训中文 277 次；为 6 所中学 6080 名学生开设中文课程。同时，孔子学院连续 6 年为老挝北部 8 省和万象省、万象市培养本土教师 195 人次，大大提升了老挝中文教育的办学水平，获得了老挝政府的充分肯定和当地民众的高度认可（张成霞等，2021）。学生数量的大量增加，表明中文传播在老挝呈现出良好的发展态势。

（三）孔院学生的社会背景多样

另外，从老挝国立大学孔子学院招生的学生背景来看，老挝社会各界、各个年龄层都已经争相学习中文。据张成霞等（2021）介绍，老挝国立大学孔子学院的生源结构多元，呈现以下特点：一是学员的年龄不一，身份多样，不仅有大、中、小、幼学生和教师，也有普通职员、家庭主妇和退休人员；二是学员的学习目的多样，既有学习、工作的需要，也有兴趣爱好所致；三是学员的学习需求各异，有的只需学习简单的日常用语，有的需要学习专业中文，而有的只想粗略了解中国风土人情、文化习俗；四是学员的中文程度差别较大，有初学者，也有具备一定中文交际能力，但还需强化和系统训练的学员。

（四）老挝来华交流学生逐渐增加

随着我国和老挝的教育交流与合作在国家政府、大学层面的不断拓展与深化，老挝国内的中文学习需求与日俱增。为满足老挝逐渐扩大的中文学习需求，我国为其提供了更多的经费支持与师资力量。老挝有越来越多的年轻人希望来我国留学。例如，仅老挝国立大学这一所高校，平均每年就选送100多名学生来我国留学。据我国教育部网站上发布的2018年来华留学统计，2018年在华老挝留学生达到1.46万人，该人数在东盟国家中位列第三（仅次于泰国和印度尼西亚），在全世界196个国家和地区中位列第八（张成霞等，2021）。除了很多年轻人想来我国留学之外，老挝国内学习中文的人数也在不断增多。每个学期报名老挝国立大学孔子学院的学员，已经超过1000名。这不仅强有力地表明了老挝年轻一代学习中文的热情，也显示出了他们想要对我国教育与文化进行深入了解的意愿。除此以外，中老两国的一些研究机构、教育机构也达成了共识，经常交流学习。各级学校之间不仅互派教师和学生交流学习，在其他领域的合作也日益密切。老挝国立大学和我国的一些大学签署了27项合作备忘录，合作的领域更多且向深层次发展。老挝苏州大学的成功创办是中老合作教育的典范，并将中老教育合作推向新高度，也创新了中文在老挝传播的平台。

第三节　尚需解决的一些问题

结合媒体报道和老挝中文教师的反馈，我们了解到，随着老挝国内的中文学习热潮的持续高涨，中文在老挝的传播呈现良好发展态势，社会各界开展中文教育的热情不断增高，尤其是“一带一路”倡议提出后，更多中文教学机构看到了发展中文教育事业的良好前景，积极寻求与我国高校合作，希望早日投入中文教学事业中来。然而，由于老挝目前仍属于世界上最不发达国家，教育投入有限，中文教育资金不足，在中文师资、教材和教学管理等方面都还存在较多问题。

一、办学经费不足

华校的办学经费主要来自华人社团募捐、华人个人投资以及向学生收取学费，但由于老挝国内经济并不发达，无论是募捐还是个人投资，经费都非常有限。相对于政府学校不收取学费，而华校收取的学费不可能太高。这些都导致华校的办学经费捉襟见肘。

老挝公立学校虽然有政府的教育经费予以支撑，但老挝的整体经济实力较弱，且老挝财政每年的教育投资仅占国内生产总值的2.91%（含国际支援的部分），远低于世界平均水平（微微，2016）。老挝高校办学经费也很紧张，这就导致中文人才培养能力和水平难以得到快速提升。老挝政府对高等教育的所有财政预算几乎都分配到了教师薪金、学生奖学金及补助金上，除国外援助以外，几乎没有丰富教学资源、更新设备、改善高校教学条件、课程改革、师资进修、实践教学等方面的投入。此外，在教育创新上面的经费支持也比较有限（朱欣，2009）。

正是由于政府在教学资源建设、教学设备更新换代和教学条件改善等方面的经费投入不足，老挝各教学机构目前中文教学的软件和硬件都稍显薄弱。硬件方面，一是除了老挝苏州大学和两所大学的孔子学院的教学设备主要由我国出资配备，教学条件相对较好以外，其他学校只有少量的中文教室拥有电脑多媒体等教学设备，而这些设备大多也还是我国援助的。大多数的教室里没有先进教学设备，无法开展多媒体教学。二是教师办公条件落后，几乎没有用于教师开展教学研究的先进设备。软件方面，一是未建立中文教学资源库，区域内教师教学经验交流受限；二是尚无专项资金用于支持中文教师开展科研；三是教师进修很难得到本国经费支持，目前老挝本土中文教师多是依靠申请我国提供的一些奖学金项目，或者是与我国相关高校签订的教师培养支持项目，才能得到进修机会。

二、本土中文师资短缺

在“三教”（教师、教材和教法）问题中，最核心的问题是教师问题。因为好的教材是好的教师编写出来的，教学法也要靠教师来实践。换言之，没有合格的教师，就不会有优秀的教材和教学法（崔希亮，2010）。

老挝本土教师大部分为华人，很多人没有接受过系统的培训，发音不够标准，教学方法也跟不上时代的步伐（张成霞等，2021）。从目前情况看，老挝各教学机构主要靠外援来解决中文师资短缺问题的做法，并不能满足本国中文教学的需求，而且也不是长久之计。虽然一些机构采取合作办学、派遣学生来我国学习的模式解决师资不足的问题，但毕竟大多数老挝国民的经济能力有限，很多人还没有足够的经济能力可以承担来我国学习过程中发生的费用，因而一部分有学习需求但无经济能力的学生被阻挡在中文学习的门外。当前采用我国教师援助的模式也存在着一些问题：我国教师都是在老挝境内短期授课，志愿者教师一般只能服务 2 年，到了老挝还需要熟悉当地的国情、语情和学习者特点，很长一段时间里还处于探索教学模式的阶段，教学水平和效果势必受到影响。而当地的学生短时间内并不一定能够适应新老师的教学方法，因而最终的学习效果也会受到影响。

老挝各教学机构经费投入不足，教师的工资较低，客观上造成了本土中文师资资源不足。"一带一路"背景下，中文水平高的高学历毕业生在高工资行业工作机会大大增加，因而大多不愿意去当中文教师。我们在广西某高校在读和近 5 年已毕业的老挝籍留学生（共 30 名）中做了调查，已毕业的学生当中无一人从事中文教学，而在读的也无人有从事中文教学的意向。追问原因，得到的答复是做老师没有从事其他行业工资高。

三、本土化教材不足

梁宇（2017）制定了 14 项具体指标对东南亚 10 国中文教材的发展现状与潜力做了评估，依据评估结果将这 10 国大体分为三个层级，分别为中文教材"成熟型"国家、中文教材"探索型"国家、中文教材"待发展"国家，其中老挝位于第三个层级，属于中文教材"待发展"国家。所谓的中文教材"待发展"国家，是指有一定中文教材使用基础，但中文教学规模偏小、教学体系不健全、教材自主研发能力不足、缺乏教学资源、有待政策和资金扶持的国家。

老挝中小学的中文课使用的是我国中小学语文教材，而这些教材对老挝学生来说，内容复杂、难度较大。从一些中小学选用的教材来看，即使是弘扬中华文化的内容，因为远离学生的生活环境，没有融入本土化的内容，在实际教学中学生会感到与现实生活有较大差距，很难理解具体内容和实际意义；华校的教材大都是我国国务院侨务办公室和其他单位赠送的，数量有限，只能满足教师用书，而学生课本多为复印版。此外，老挝各类学校的中文课外读物也数量不足、内容陈旧。

老挝高校目前使用的教材主要是我国出版的中文作为第二语言教材，一些教材仍然是以英语为注释语言，如老挝国立大学中文系主干课程采用的杨寄洲主编的《汉语教程》，老挝苏州大学使用的《成功之路》。也有一些用老挝语注释的，如《跟我学汉语》《汉语会话 301 句》《体验汉语》等。另外，老挝国立大学的志愿者教师和本土教师合作编写的一些老挝语注释的教材，如《汉语教程》《汉老对照本中国文化概论》《汉老对照本商务汉语》《汉老对照本旅游汉语》《汉老对照本简明现代汉语语法》等，但仅限于在本校使用，且由于老挝的出版业不太发达，很多都没有正式出版，只停留在复印装订供学生使用的阶段（邓海霞，2011）。且这些教材都是单行本，没有形成一个系列，相互之间很难做到衔接。

四、高校的教学管理还比较落后

由于本国经济发展水平以及高等教育发展时间较短等先天条件限制，老挝高等教育，无论是在教师思想管理、教育监督、教育法律方面，还是外部合作管理上都存在着一些问题，需要进一步调整和完善（苏大林，2012）。

教师思想管理方面，由于教师的工资比较低，教师在工作中存在心神不定、热情不够的现象，脱离教师岗位参加其他工作的越来越多，教师流失现象较为严重，这样或多或少地影响了教学管理。教育管理者定期接受培训是增强其教育管理能力的一个重要环节，然而，老挝目前的教育投入还做不到对教育管理者定期进行培训，存在教育管理者盲目追求学生数量、不遵守教育规则等违背教育规律的现象。教育监督方面，老挝高等教育监督不全面，造成有些高校出现违反课程标准进行教学、假造证书、任意修改课程等不良行为。教育立法问题，尽管老挝的新教育法包含了高校教育方面的内容，但是还不够完善。目前老挝还没有专门针对高等教育的法律，仅仅利用政府或教育部的法令，中央教育部门和地方教育局的工作职责并不能划分得很清楚。外部合作管理方面的问题，主要体现在与国内企业合作不多、学生实习机会有限，与国外学术合作的效果不明显，只有部分大学的学生有国外交流的机会，师范高校和职业高校还较少（苏大林，2012）。

五、高层次中文人才的培养不足

目前，老挝本土各教学机构多是培养学生中文的基本交际技能，开展的最高学历教育也就是本科，老挝本土高校尚没有能力开展更高层次的中文专业学历教育，这也就难以通过本土培养高学历中文师资和中文教学研究人员。另外，随着中老交往的深入，老挝的老中双语高级翻译人才的供需矛盾日益突出，缺乏中文高学历教育而导致老挝国内高级翻译人才无法满足当前的需求。

实际上，中文高学历人才培养不足，并不是只在老挝国内存在，目前只有那些国内中文教学基础较好的国家，如新加坡、马来西亚才有能力靠自己培养出中文高层次人才，越南国内中文专业博士学位教育也刚刚起步。泰国国内高校虽然中文专业博士学位人才培养实力不足，但是近些年来泰国的一些高校创新办学思路，积极聘请我国高校教师和联合国内高校开展了中文教学专业的博士学历教育。因此，老挝高校也可以借鉴这种思路，进一步与我国高校合作开展中文专业高学历教育。

本讲回顾

中老两国在政治、经济、文化等方面的合作交流不断深入和拓展，两国关系已从战略伙伴关系上升为全面战略合作伙伴关系。老挝社会对于中文教育的认知和支持度也在不断提高，这为中文教育的持续发展营造了良好的社会环境。越来越多的学生意识到掌握中文对于未来的职业发展和国际交流具有重要意义，因此积极参与到中文学习中来。老挝学生对中文学习的需求也在持续增长。这种需求的增长为中文教育的发展提供了强大的动力。中文逐渐走进老挝的日常生活和课堂教学中，2016 年，老挝国会批准将国际中文教育纳入老挝国民教育体系。老挝中文教育呈现出快速发展趋势，但由于老挝本国经济发展水平以及教育发展水平等先天条件限制，老挝中文教学在中文师资、学生、教学材料与教学方式等方面，仍然面临严峻的挑战。

二十世纪二三十年代，老挝华人华侨在极其艰苦的条件下创办了华校，并取得了较好的办学效果。后由于两国关系出现波折，华校曾一度被迫停办。20 世纪 80 年代后才得以恢复办学。21 世纪，老挝积极参与“一带一路”建设，使得中文在老挝的传播迎来了新的发展机遇。老挝国内的中文学习需求与日俱增。除了华校和国立学校，一些中文教育机构看到了发展中文教育事业的良好前景，也投入到中文传播事业中来。由于政府经费支持有限，中文教育发展中仍存在办学经费紧张的困境。

老挝华人数量较少，中文教育又经历过相当长时间的断层，高水平的中文人才相当匮乏。这使得老挝的中文教育一方面缺少中文师资，另一方面缺少能为本国学习者编写和翻译中文教学材料的专门人才，使老挝的师资和中文教材问题较之其他国家更为明显。

老挝的中文师资目前还主要依靠外援。在“一带一路”背景下，中文水平高的学习者可以在其他行业获得更高回报的工作机会，因而造成老挝本土中文教师师资资源严重不足。老挝中文师资不仅面临着数量短缺问题，还面临中文教师结构不合理和专业水平受限的挑战。

老挝还缺少理想的本土化中文教材，目前使用的教材与学习者不匹配，存在内容不适用，学习难度较大等问题。为了应对这些挑战，老挝需要进一步加强中文教育的投入和支持，提高中文教育的质量和水平。同时，还需要加强与中国的合作与交流，共同推动中文教育的发展。

“中文＋职业”成为老挝培养复合型人才的重要模式。随着中国企业在老挝当地投资增加，以往单纯以培养语言技能为目标的人才培养模式，已经无法满足现实需求，老挝的一些学校开始着手培养“中文＋职业”复合型人才。可喜的是，我国多所高校和老挝的大学开展了较有成效的合作办学。如，为中老铁路运营服务，老挝国立大学孔子学院老挝籍学员学习铁路专业理论，提供了高铁中文培训。老挝苏州大学开设的有国际经济与贸易、国际金融、计算机科学与技术和中文四个本科专业，都为老挝“中文＋职业”复合型人才建设进行了积极的探索。

综上所述，老挝中文教育在政策推动、教育资源、教学模式、学生需求、社会认可度和跨文化交流等方面都呈现出积极的发展趋势。未来，随着中老两国关系的深入发展，老挝中文教育将迎来更加广阔的发展空间和机遇。

课后思考与讨论

1. 中文在老挝的传播媒介有哪些？
2. 简述中老两国的人文交流有哪些路径。
3. 谈谈老挝中文教学的现状。
4. 中文在老挝传播还需解决哪些问题？
5. 中文在老挝传播有哪些特点？

拓展阅读文献

[1] 蒋重母、邓海霞、付金艳，2010. 老挝汉语教学现状研究 [J]. 东南亚研究 (6).

[2] 刘振平、张丽萍，2019. “一带一路”背景下老挝高校汉语教育发展问题探究 [J]. 北华大学学报 (社会科学版) (3).

[3] 陆蕴联、陆慧玲，2021. 老挝中文教学发展状况及未来需求研究 [J]. 亚非研究 (1).

第十二讲　新时代东盟中文传播的机遇和挑战

第一节　中国—东盟的历史渊源和当代关系

中国与东盟国家之间的交往历史，可追溯到古代丝绸之路的辉煌时期，那时起，双方就通过海上与陆上丝绸之路展开了频繁的贸易往来与文化交流。这种历史悠久的互动不仅促进了商品、技术的流通，也加深了彼此间的文化认同与相互理解。随着时代的变迁，尽管经历了诸多历史风云，但中国与东盟国家之间的友好交往始终未曾中断，反而在相互尊重、平等互利的基础上日益巩固。这种深厚的历史渊源，为当前中国与东盟关系的全面发展奠定了坚实的基础。

一、政治关系

（一）历史渊源

中国作为四大文明古国之一，拥有悠久的国家治理经验，完整的国家制度体系、国家区域行政体系，其各类典章制度的建立时间也自然先于世界多数国家。历史上越南、苏禄（今菲律宾苏禄群岛）、南掌（今老挝）、暹罗（今泰国）等东南亚国家曾与我国建立过宗藩关系。但中国与东南亚国家之间总体上保持了和平共处的局面。宗藩关系促进了双方在政治、经济和文化等领域的交流与合作。中国文化如汉字、儒学等逐渐传播到东南亚国家，并对当地的文化发展产生了重要的影响。例如，越南在汉字传入后，逐渐形成了自己的文字系统；儒学在东南亚国家也得到了广泛的传播和发展。此外，中国与东南亚藩属国之间的贸易往来十分频繁。中国向藩属国出口丝绸、瓷器等商品，并从藩属国进口香料、珠宝等特产。这些活动加深了中国与东南亚国家之间的友好关系。

（二）20 世纪以来的国家关系

二十世纪五六十年代，东盟国家与中国的政治关系受到国际政治形势的深刻影响。东盟国家中的某些成员更倾向于西方阵营，与中国的关系处于比较紧张的状态。

直至 20 世纪 70 年代，美方转变了对华的态度，美国总统尼克松访华和我国在联合国合法席位的恢复极大改善了我国的外交环境。东盟国家也在国内外政局稳定、经济亟须发展的现实条件驱动下，根据国际形势和本国利益逐步调整对华政策，马来西亚、菲律宾、泰国等东盟国家的领导人陆续访华，我国领导人也在 1978 年回访了泰国、马来西亚等东盟国家，我国与东盟国家的外交关系又逐渐恢复正常化。

20 世纪 90 年代，随着经济全球化的加速和区域合作的兴起，东盟各国与中国逐渐认识到加强合作的重要性。在这一背景下，东盟各国与中国开始逐步建立起更为紧密的政治联系，加强相互间的沟通和协调。在双边关系方面，中国与东盟各国的政治互信逐渐增强。双方通过高层互访、政治磋商和合作机制的建立，增进了彼此的了解和信任。同时，东盟各国也积极参与和支持中国的和平发展，并在国际事务中保持了一定的合作与协调。以“中国—东盟”为基点建立的各领域合作委员会、召开的领导人会议以及颁布的区域发展政策等都为我国与东盟各国携手并进、共创繁荣奠定了强有力的政治基础。在确定了“和平与繁荣”的战略伙伴关系之后，我国与东盟双方的合作关系也开启了新纪元。

进入 21 世纪，政治领域合作与对话机制的建立为中国与东盟现代关系的发展提供了重要的保障。近年来，中国与东盟国家的关系呈现出深化发展的良好态势，中国与东盟的关系步入了快速发展的轨道。双方不仅建立了战略伙伴关系，更在政治、经济、文化等多个领域展开了全面而深入的合作。这一趋势不仅体现在高层互访的频繁性上，更在于双方对话机制的日益完善以及战略伙伴关系的不断深化。高层互访作为双边关系发展的“助推器”，通过元首会晤、总理会晤等形式，为双方就双边关系及地区和国际问题深入交换意见搭建了重要平台。这种高层次的交流不仅加深了双方的政治互信，也为双方合作注入了新的动力。

二、经济关系

（一）古代丝绸之路

早在秦汉时期，海上丝绸之路就逐渐形成，东南亚成为海上丝绸之路的必经之地。古代丝绸之路，作为连接东西方文明的重要桥梁，宛如一条蓝色纽带，将中国与东南亚国家紧密相连，共同编织着古代贸易与文化的辉煌篇章。丝绸之路的开辟，极大地促进了中国与东南亚国家之间的经济交流与文化融合，成为古代东西方海上贸易的璀璨明珠。中国与东南亚国家在经济上具有较强的互补性。丝绸之路的贸易活动极大地促进了双方经济的发展和繁荣。

丝绸之路不仅是贸易之路，也是文化交流之路。在丝绸之路上，中国的文化、宗教、艺术等传播到东南亚国家，同时东南亚的文化也对中国产生了影响。丝绸之路不仅是中国与东盟国家经济交往的见证，更是人类文明互鉴的历史鉴证。

（二）20世纪以来中国与东盟的经济往来

受冷战和我国国家政策、国内经济现实的直接影响，直至20世纪70年代中后期，我国才逐渐与东盟展开商贸合作。1978年我国实行改革开放政策之后，中国—东盟的经贸往来才得以步入正轨。

21世纪以来，中国已连续15年保持东盟最大贸易伙伴地位，东盟也连续4年成为中国最大贸易伙伴，这充分体现了双方经贸合作的紧密程度。特别是在新兴产业领域，如电动车产业，双方的合作更是展现出强劲的增长势头，为双方经济的持续发展注入了新的动力。中国—东盟中心作为官方层面的重要机构，始终致力于推动双方经贸交往的深化，为双方合作的不断深化提供了有力支持。面对全球化和区域一体化的深入发展，中国与东盟的合作面临着前所未有的机遇与挑战。双方应继续秉持互利共赢的原则，深化在各领域的合作，共同应对全球性挑战。

在全球化日益加深的今天，中国与东盟的经贸合作展现出强劲的增长势头与深厚的合作潜力。双方贸易额的持续增长，不仅巩固了中国作为东盟最大贸易伙伴的地位，也彰显了东盟在中国对外贸易中的重要地位。具体体现在以下几个方面：

1. 双边投资。中国—东盟的贸易总额2019年已经达到6415亿美元，中国—东盟的贸易关系从“东盟成为中国重要的贸易伙伴”到“中国成为东盟的第一大贸易伙伴”再到2020年“东盟成为中国的第一大贸易伙伴”。中国—东盟贸易总额的翻倍增长和贸易角色的升级变化，无不彰显了双方“互利共赢”的合作理念和密不可分的友好邻邦关系。

2. 双向投资。中国与东盟各国双向投资快速增长，是中国与东盟经贸合作深化的又一重要标志。双方在制造业领域的合作尤为突出，中国企业在东盟各国设立的工厂和研发中心，不仅促进了当地产业升级和技术进步，也为中国企业开拓国际市场提供了有力支撑。在农业和服务业领域的合作也日益紧密，双方在农产品贸易、金融服务、旅游业等方面的合作不断深化，为双方民众带来了实实在在的利益。

截至2019年12月，东盟对我国累计投资额1246.1亿美元，我国对东盟的直接投资也已累计高达1123亿美元，东盟已连续两年成为我国第二大对外投资目的地，而东盟也成为我国的第三大投资来源地（崔日明、李丹，2020）。新时代的我国在中国—东盟合作中已然掌握一定的合作主动权。

3. 自贸区建设。中国—东盟自贸区作为区域合作的典范，其建设成果显著。双方签署并实施了一系列自贸协定，涵盖了货物贸易、服务贸易和投资等多个领域，为实现贸易自由化、便利化奠定了坚实基础。在此背景下，中国企业在东盟的投资规模不断扩大，涉及制造业、农业、服务业等多个领域，为当地经济发展注入了新的动力。

中国与东盟的经贸合作正步入一个全新的发展阶段。双方在秉持互利共赢的原则基础上，继续深化各领域合作，共同应对全球性挑战，推动双边关系不断迈上新台阶。

三、文化关系

（一）历史上的文化交流

中国和东盟国家之间的文化交流历史悠久。在古代，中国和东南亚国家之间的文化往来并不罕见。在2000多年的历史长河中，双方人员往来和丝绸之路、茶叶之路、瓷器之路、香料之路等古代贸易和文化交流路线不仅促进了商品和技术的流通，也加深了双方人民的文化理解和情感联系，对双方经济和社会产生了重要影响。此外，一些下“南洋”的华人华侨对在东盟国家传播中华文化起到了重要作用。他们在异国他乡传承和弘扬着中华文化，促进了东盟国家对中华文化的借鉴和融合。

另外，穿梭在我国与东盟国家之间进行文化交流的“使者”，不仅限于史书明确记载的外交使节和移民定居的华人华侨，更有大量身处不同国度但又共同秉承同一民族认知的“跨界民族”存在。他们虽然难免会受所在国主体民族的意识影响，但仍然保留着一定程度的“同根”的民族认同。

无论是官方往来的外交使节、地域分隔的跨界民族还是追梦远洋的华人华侨，流淌在他们血液中的中华文化意识，用于生活交际的语言文字以及日常消遣娱乐的文学艺术，也跟随着一同抵达东盟区域，逐渐融入当地的社会文化圈。例如，东盟国家地方语言中的中文借词，以中国乐器和中式音乐为基础创作的本地音乐，以及我国明清小说、戏剧译本的留存，这些文化交流的产物无不记载着中华文化在东盟区域传播的印迹。

（二）新时代背景下的文化交流

国际上的文化交流与合作常以政治、经济的交流合作为前提。我国与东盟各国之间的外交关系从20世纪70年代起才逐渐转好。直至21世纪初，我国才与东盟所有成员国完成了文化合作协定的签署，2005年我国与东盟成功签署了文化交流合作的“谅解备忘录”。

进入新世纪，中国和东盟国家之间的文化联系变得更加紧密。除了官方交往外，双方民间团体和民众之间举行了多种多样的文化交流活动，涵盖了教育、文化、旅游、影视产业等多个领域。这些活动为中国和东盟国家之间的文化交流和相互了解提供了平台，同时也有助于加强地区的联系和互信，增进双方人民之间的友谊和相互理解。在教育方面，我国与东盟国家不断加强双边或多边的校际交流、培训合作，积极制订跨国人才培养的留学计划和教育合作协议，如“中国与东盟的双十万学生流动计划”等。我国也主动设立“政府奖学金”，鼓励东盟国家的学生来华留学，每年定期邀请东盟学生来华参加“夏令营”类型的文化体验活动，支持各相关机构组织国内青少年前往东盟国家开展交流活动等。此外，我国与东盟国家更是积极创办校际语言教学合作项目，开展短期培训班或学术论坛等国际学术交流活动。

在跨境旅游方面，我国已然成为东盟国家重要的客源市场。随着中国—东盟交通基础设施的不断完善以及中国—东盟旅游政策的便民化，每年，尤其是我国国内学生寒暑假期间，都会有大量的中国游客涌入东盟区域，与东盟区域的人民进行最直接的人文交流。在感受不同域外文化的同时，中国游客也通过与当地人民的交际互动，将中国特色的语言文化、意识形态、价值观念以及根深蒂固的处世态度等展现出来，进一步将最真实、鲜活的中国文化传播至当地。

在新闻媒体合作方面，我国与东盟国家除了举办与传媒合作有关的国际研讨会之外，更常以跨境电视节目互推、合拍等方式加强此领域的交流合作。其中，电视节目内部的联合采访、相互开设的国际专栏频道受众更广。中国—东盟之间的技术、新闻人员跨境培训项目也随着此领域合作的日益密切而提上议程并逐步实施。此外，如今的东盟国家已成为中国影视作品出口的重要市场。中国广播影视产品对东盟十国的出口，不仅带动了国内影视行业的经济发展，更以影视作品为载体将我国真实的国内现状展现于东盟国家人民的眼前。无论是传统的电视栏目、跨境的文艺会演，还是现代化的中国影视作品，在东盟区域的传播都无不为讲好中国故事、促进中国—东盟民心相通奠定了更为广泛的群众基础。

四、当代关系中的不和谐因素

（一）国家合作层面中存在的不和谐因素

在全球经济一体化趋势加速的当下，区域合作作为促进国家间经济融合与政治互信的重要桥梁，其重要性日益凸显。中国与东盟作为亚洲乃至全球范围内的重要经济体，其合作关系的深化不仅关乎双方自身的发展利益，更对区域乃至全球的经济格局产生深远影响。

中国与东盟地理相近、文化相通，具备开展深入合作的天然优势。近年来，双方高层交往频繁，政治对话机制不断完善，为双方就地区及国际事务协调立场、增进共识提供了重要平台。双方通过贸易畅通、资金融通和民心相通，不断推动区域经济一体化进程，为双方乃至整个亚洲地区的和平稳定与繁荣发展奠定了坚实基础。

近年来，中国与东盟在政治、经济、文化等领域的合作取得了显著成就。然而，随着合作的深入，双方在政治互信方面仍面临一些挑战。

第一，地缘政治因素的干扰，域内国家间关系的复杂性、地区安全局势的不稳定、域外大国的干预等，这些都对双方合作的进一步深化构成了一定阻碍。

第二，西方价值观在全球范围内的传播，特别是通过经济、文化等多渠道的传播，对东盟国家的价值观体系产生了显著影响。这种影响不仅体现在个体行为选择上，更可能渗透到国家层面的决策过程中，从而改变东盟国家对中国的认知与态度。西方价值观所倡导的某些理念，与中国特色的发展道路及价值观念存在显著差异，这在一定程度上削弱了双方的政治互信基础。

第三，由于历史、文化、宗教等深层次原因，中国与东盟国家在某些价值观问题上存在认知偏差和分歧。这些分歧往往涉及国家核心利益和民族情感。

这些因素不仅影响到东盟国家对中国的认知和与中国的合作，也间接影响这些国家和地区中文的传播。

（二）民间活动中存在不利因素

在语言教育方面：1. 从学习者对中国的了解情况来看，一部分学习中文专业的学生对中国的历史文化，甚至是当代政治状况都并未做到真正了解，还停留在单纯的语言技能的学习阶段。2. 从东盟各国中文学习者的就业情况来看，由于过去学习者单纯掌握中文技能，缺少利用中文从事其他相关职业的学习，所以，虽然就读中文专业的人数呈现逐年上涨的趋势，但以中文就业的人数却与学习人数不完全匹配。也就是说，实际上能从事与中文专业相关的工作人数并不多。这种情况，在实施“中文+”项目后得到一定的扭转。3. 在某些受西方文化影响比较严重的东盟国家，中文只是作为“祖语”而存在。其特点是被边缘化，有时候其象征意义大于实用的交际意义。（郭熙，2021）中文在海外的语言使用环境差异比较大，再加上海外华人也经历了多代的繁衍、更迭，对中文的看法已经产生了很大的变化。在部分华裔学习中文时，虽然学习起步早，但持续性差，中止现象仍然比较明显。（郭熙，2020）部分华人华侨的后裔能够标准地运用母语进行言语交际的能力大大降低，甚至有部分家庭中的孩子出现排斥学习中文的现象。

在跨境旅游方面，中国游客在东盟国家跨境旅游时，虽然绝大多数游客都展现出了良好的素质和文明行为，但仍有一部分游客不尊重当地文化和习俗，存在不文明现象。个别游客的不文明行为容易被放大，这不仅损害了中国游客的整体形象，也会引发一些文化冲突和矛盾，甚至引发东盟国家对中国文化的误解和偏见，影响中国与东盟国家之间的友好关系。

在影视传媒传播方面，近年来我国政府高度重视与东盟国家的文化交流与合作，出台了一系列政策支持影视作品的出口和传播。例如，通过官方渠道向东盟国家推荐优秀影视作品，举办影视节展等活动。此外，我国的腾讯视频、爱奇艺、芒果 TV 等平台都在东盟国家推出了海外版应用，建立了广泛的传播网络，成为传播中国节目的新生力量，为我国影视作品的传播提供了更多渠道。

根据 2022《中国—东盟视听国际传播十年发展报告》①，自 2012 年以来，中国与东盟在视听领域开展了广泛深入的交流合作，10 年间，累计有 87 家东

---

① 韩叙、刘畅.《中国—东盟视听国际传播十年发展报告》发布——中国东盟互为视听节目重要海外市场［EB/OL］［2022-09-08］. http://news.cnhubei.com/content/2022-09/08/content_15040667.html.

盟电视频道、56个东盟新媒体平台播出中国节目。截至2022年8月，芒果国际APP、腾讯WeTV、爱奇艺国际APP三家平台共在东盟上线中国节目1130部。中国影视作品在东盟的传播为区域内文化交流、文明互鉴注入极大的动力。但是我国影视作品在东盟国家传播时仍存在以下问题：1. 语言障碍。我国的影视作品在东盟国家传播时，需要克服语言差异带来的理解困难。虽然一些平台提供了多语种字幕或配音服务，但语言障碍仍然是影响传播效果的重要因素之一。2. 由于文化背景、审美习惯等方面的差异，我国影视作品在东盟国家传播时，可能会因为文化差异而无法完全传达其原有的文化内涵和价值观念，从而影响观众的接受度和认同感。3. 相较于欧美等发达国家市场，我国影视作品在东盟国家的宣传推广力度仍有待加强。一些优秀影视作品在东盟国家未能得到充分的曝光和推广机会，导致其在市场上的知名度和影响力有限。

国之交在于民相亲，民相亲在于心相通。我国与东盟国家有的比邻而居，有的隔海相望，在数千年历史长河中总保持着丝丝缕缕的联系。分析中文传播在东盟区域的机遇和挑战必然需要明确在过去和当下我国与东盟各国存在的多方关系，从中国—东盟的国际关系中寻找出有益于中文在东盟传播的政治支持、经济动力和文化支撑，明确可能存在的政治对抗、经济威胁和文化抵触，从而以现实为依据，清晰、准确地为中文在东盟区域的传播概括出相应的机遇和挑战。

第二节 “一带一路”背景下的中国—东盟区域发展

一、区域发展先锋——“一带一路”倡议

（一）历史上的丝绸之路的功绩与价值

“丝绸之路”在我国古代的对外贸易史上早已拥有着不可替代的崇高地位。早在秦汉时期，“丝绸之路”便在先人的努力下逐步开拓成型，成为最早

开通的、连接中西方的重要商道。从公元前138年至今，“丝绸之路”的发展可谓一波三折。初始于张骞“凿空”之旅的“丝绸之路”历经了班超的深入开辟、唐朝的鼎盛繁华，遭受过西域各国的自我中断、唐朝末年的纷飞战火、元明清时期的每况愈下（于溯源，2016）。开辟至今的两千多年以来，“丝绸之路”为沿线国家的经济、科技、文化交流创造了一个广阔自由的发展空间，构建了一个和谐互利的发展平台。作为古代连接中西方的重要商路之一，对于处在相对闭塞的社会地理环境下的亚欧内陆国家而言，“丝绸之路”更是给予了他们排除万难、破茧成蝶的勇气。

（二）“一带一路”搭建国际多元合作的新平台

随着经济全球化和区域一体化发展的深入，世界各国在积极发展本国经济的前提下逐渐形成了密不可分的命运共同体。各个国家之间的贸易往来和投资互惠也在时代潮流的驱使下日趋频繁。我国作为在亚欧大陆上始终秉承和平发展理念，一直践行“亲、诚、惠、容”外交政策，倡导“互利共赢，共同发展”的世界大国，不断为促进亚欧大陆各国的共同发展而努力，最大限度地加强各国在经济、科技、文化上的互联互通。

世界经济恢复缓慢、国际投资贸易格局和多边投资贸易规则酝酿深刻调整的国际形势下，为了促进我国与亚、欧、非各国在多领域的进一步交流发展，发挥我国在区域经济发展一体化的领军力量，2013年9—10月，国家主席习近平在访问中亚和东南亚国家期间先后提出了建设“丝绸之路经济带”和“21世纪海上丝绸之路”构想，即“一带一路”倡议。习总书记指出：“在新的历史条件下，我们提出‘一带一路’倡议，就是要继承和发扬丝绸之路精神，把我国发展同沿线国家发展结合起来，把中国梦同沿线各国人民的梦想结合起来，赋予古代丝绸之路以全新的时代内涵。”（习近平，2018：104）2015年3月28日，国家发改委、外交部、商务部正式发布《推动共建丝绸之路经济带和21世纪海上丝绸之路的愿景与行动》，明确了“一带一路”的背景、原则、框架、目标、重点，及我国各地区、省市在“一带一路”建设中的定位等。“一带一路愿景与行动”的正式提出，标志着“一带一路”倡议开始有方向、有目标地朝着“构建人类命运共同体”的崇高目标全面推进。

“一带一路”的提出并非一时兴起，新时代的“丝绸之路”既以“古代丝绸之路”为基本路线规划出了“丝绸之路经济带”，又契合时代的需求开辟了“21 世纪海上丝绸之路”。新时代的“一带一路”倡议是我国在具有悠久历史的“古代丝绸之路”基础上，结合当今互联互通的时代背景和区域经济一体化的现实需要所提出的关于政治、经济、文化往来的大国外交倡议。这一倡议的提出既体现了我国国家领导人对历史的尊重与传承，又满足了适应世界新格局、发展新要求的时代需要，这是一项富有历史意义又独具时代特征、继往开来的区域性伟大工程。

二、“一带一路”倡议在东盟区域的发展历程

2013 年由我国提出的“一带一路”倡议，既包括横跨亚欧大陆中部的“丝绸之路经济带”，又包括穿越多处海域，由我国南部出发，途经太平洋、东南亚、南亚、非洲、地中海，最终抵达欧洲沿岸的“21 世纪海上丝绸之路”。在此以贸易、投资为核心的经济合作带上，相比于其他地区的沿线国家，东盟各国具有绝对的地缘优势，东盟区域也因其与我国之间历史悠久的地缘政治、经济、文化关系而注定成为“21 世纪海上丝绸之路”的优先发展区域。

我国与东盟区域国家或山水相连，或隔海相望，源远流长的往来历史使得我国与东盟各国自古以来长期保持着藕断丝连的友好毗邻关系。古往今来，我国始终高度重视与东盟各国之间的发展关系，尤其在改革开放以后，我国与东盟之间的对话、合作更趋密切。近年来，为契合时代需求、携手共创区域繁荣，建立、巩固中国—东盟战略伙伴关系，已然成为新世纪“一带一路”倡议指导下我国与东盟各国实现新型合作关系的首要目标。在这一目标实现的过程中，我国与东盟各国之间的关系也将逐步进入全方位发展的新阶段①。

---

① 韩正. 共建“一带一路”共绘合作愿景 携手打造更高水平的中国—东盟战略伙伴关系——在第 16 届中国—东盟博览会和中国—东盟商务与投资峰会开幕大会上的致辞［EB/OL］［2019-09-21］. https://www.gov.cn/guowuyuan/2019-09/21/content_5432011.htm.

从2002年中国国务院总理朱镕基在第六次东盟与中国领导人会议提出启动中国与东盟自由贸易区进程的建议[①]，到2013年“一带一路”倡议的提出，我国与东盟之间的合作已然涵盖了政治、经济、文化、科技、安全等多个领域，双方的经济发展也在“互利共赢”的区域发展理念指导下度过了突飞猛进的“黄金十年”（成汉平，2015），“全方位、多层次、宽领域”[②]的中国—东盟战略合作伙伴关系也逐步形成。为了增进区域和平、合作，加强我国与东盟之间的友好往来，带动周边国家同我国共同发展，我国在外交上长期积极主动地给予东盟各国多方面的跨国援助。在区域项目合作方面，2003年中方主动提议设立中国—东盟博览会，2010年“中国—东盟自由贸易区”正式成立等。在资金技术支持方面，从2004年1月1日起，我国与东盟开始对500多种产品实施降税；2009年，我国宣布设立100亿美元的“中国—东盟投资合作基金”等。在救灾抗灾援助方面，1997—1998年，面对亚洲经济危机的巨大压力，我国仍向东盟区域受灾国家提供资金援助；在应对“非典”、禽流感等跨境传染病期间，我国都毅然决然地在第一时间给予东盟受灾国家资金、技术、人力支持，帮助其渡过难关，同时还主动提出参与部分地区灾后的设施重建和经济恢复工作等（王光厚、刘人龙，2019）。

从2013年9月“一带一路”倡议提出至今，“一带一路”倡议在各国“共商共建共享”的全方位、深层次合作下不断取得飞跃式的进展，创造出了无数具有时代意义的区域性合作成果。国家间、区域间的合作也在不断全面、根本地落实“政策沟通、设施联通、贸易畅通、资金融通、民心相通”五大核心内容。

（一）政策沟通

加强政策沟通是“一带一路”建设的重要保障。[③]政策的沟通包括“一带

---

① 东盟与中国（10＋1）领导人会议［EB/OL］［2007-11-19］. https：//www.gov.cn/test/2007-11/19/content_809144.htm.

② 张慧中、赵益普. 李克强出席第二十一次中国—东盟领导人会议［EB/OL］.［2018-11-15］. http：//world.people.com.cn/gb/n1/2018/1115/c1002-30401672.html.

③《推动共建丝绸之路经济带和21世纪海上丝绸之路的愿景与行动》（全文）［EB/OL］.［2015-03-28］. http：//world.people.com.cn/n1/2017/0309/c411452-29134334.html.

一路”与东盟国家发展战略的对接以及与东盟区域发展战略的对接。从2013年至今，“一带一路”倡议先后分别与东盟各国的国家发展战略实现了政策对接，如印尼政府提出的“打造世界海洋轴心”计划，柬埔寨的“四角战略”，泰国的“4.0战略”以及老挝的“变陆锁国为陆联国”战略等国家发展战略（郑昊庆，2019）。此外，2017年，以《东盟互联互通总体规划2025》与“一带一路”发展战略对接为标志，我国与东盟之间又从国家间的合作上升到区域间的对接，进一步实现了政策上的互联互通（陈艺元，2019）。充分、全面的政策沟通使得我国与东盟在发展战略上优先达成一致，从而为区域合作发展和友好国际往来提供了稳定的政策支持。

（二）设施联通

基础设施互联互通是“一带一路”建设的优先发展的领域。[①]基础设施的建设不仅关系到国家内部经济发展，更是在国际合作平台的搭建，国际合作方式的创新以及国民生活水平的优化等方面发挥着至关重要的作用。为实现我国与东盟之间的设施联通，在“一带一路”倡议提出后，中方便积极开展面向东盟的基础设施建设项目合作。如2016年起陆续开工的“中越铁路”“中老铁路”“中泰铁路”等交通基础设施建设，以2017年签订的《中缅原油管道运输协议》为代表的能源基础设施建设和以2017年我国提出的“辐射南亚东南亚国际信息通信枢纽”工程为代表的通信基础设施建设等。交通基础设施建设的加强、能源互通技术的提升以及互联网基础设施建设的覆盖性联通，能够从途径上强化我国与东盟之间的合作，丰富双方往来的形式，实现区域间互联互通的共同追求。

（三）贸易畅通

投资贸易合作是“一带一路”建设的重点内容。[②]财富是世界政治的终极

① 《推动共建丝绸之路经济带和21世纪海上丝绸之路的愿景与行动》（全文）[EB/OL].[2015-03-28]. http://world.people.com.cn/n1/2017/0309/c411452-29134334.html.

② 经国务院授权 三部委联合发布推动共建“一带一路”的愿景与行动[EB/OL].[2015-03-28]. https://www.gov.cn/xinwen/2015-03/28/content_2839723.htm.

目标之一（王光厚、刘人龙，2019），因而区域间的贸易畅通，构建区域内部及国家间和谐、互惠的贸易投资环境，优化、创新贸易投资方式，深化、拓展贸易投资领域是强化区域合作、国际合作，构建国家、区域长期紧密合作伙伴关系的重要基础。我国与东盟国家间的贸易畅通程度，在“一带一路”沿线区域中位居前列，从 2013 年到 2019 年，我国与东盟之间的贸易总额从 4436 亿美元[①]增长至 6415 亿美元[②]，双向投资总额从累计的 1007 亿美元[③]增长至累计的 2369.1 亿美元[④]。我国与东盟之间的贸易总额始终呈逐年增长的趋势，双边贸易的不断深化也进一步增强了我国与东盟双方之间对彼此的贸易依赖性。从 2013 年发展至今，跨国关税的下调，贸易壁垒的消除，我国与东盟之间的合作关系已然从“中国成为东盟的第一大贸易伙伴”向“东盟成为中国第一大贸易伙伴”成功转变（许利平，2020），“互利共赢”的发展主题使得中国—东盟命运共同体在我国与东盟双方稳步推进的多领域深度合作中加速成型。

（四）资金融通

资金融通是“一带一路”建设的重要支撑。[⑤]资金的顺畅流通能够进一步促进区域内部和国家间的贸易投资、项目合作，能够帮助我国及东盟国家开拓更广阔的国际市场、更精准地把握“一带一路”上的发展机遇。从“一带一路”倡议提出至今，我国与东盟之间的资金融通程度逐年深化，尤其在 2015 年亚洲基础设施投资银行成立以后，中国—东盟的货币往来、金融合作

---

① 丁飞．中国东盟双边贸易额达 4436 亿美元比 10 年前翻两番［EB/OL］.［2014-07-22］. http://www.chinanews.com/cj/2014/07-22/6412422.shtml.

② 商务部：东盟已成中国第一大贸易伙伴［EB/OL］.［2020-0-28］. https://news.cctv.com/2020/09/28/ARTImYCtutyeicIIRjfrDEev200928.shtml.

③ 在中国—东盟建立战略伙伴关系 10 周年经贸合作情况暨第十届中国—东盟博览会第十届中国—东盟商务与投资峰会新闻发布会上的讲话［EB/OL］.［2013-07-23］. http://www.china.com.cn/zhibo/zhuanti/ch-xinwen/2013-07/23/content_29503408.htm.

④ 许利平．中国与东盟合作内生动力强劲［EB/OL］.［2020-07-22］. https://opinion.huanqiu.com/article/3z9UY1Ir8Ah.

⑤ 经国务院授权 三部委联合发布推动共建“一带一路”的愿景与行动［EB/OL］.［2015-03-28］. https://www.gov.cn/xinwen/2015-03/28/content_2839723.htm.

更是跃上新高度。此外，由我国控股的银行开始在东盟国家开设网点；我国国内的移动支付在东盟国家，尤其是中国游客密集的东盟国家开始普及；我国与部分东盟国家开始协商签订“本币互换协议”等金融合作成果的逐步呈现，无不推动着我国与东盟的贸易投资合作和毗邻友好往来朝着可持续发展方向前行。

（五）民心相通

民心相通是“一带一路”建设的社会根基①，区域间、国家间频繁活跃的人文交流能够为区域及国际合作奠定良好的民意基础。“以民为本、崛之于民”的时代潮流，使得“民心相通”在推进中国—东盟政策战略对接，商贸投资合作及资金转换流通等方面的发展，都发挥着不可忽视的意识形态驱动作用。近年来，我国与东盟各国之间的人文往来日益密切，大规模旅游合作的加强，双方留学生数量的递增，区域人才培养计划的跟进，东盟国家孔子学院的建设，中国—东盟语言文化活动的开展，以及跨国公益慈善项目的推进，都无不将我国与东盟人民的心紧紧联系在一起。我国与东盟各国的人民对彼此经济、社会、文化等方面的相互了解，一定程度上能够增进双方民众对合作国的认可程度，而国与国之间的相互支援更能使双方民众在切身受益的基础上积极主动地推动双方的国际交往和合作。

共建“一带一路”是我国提出的倡议，也是我国与沿线国家的共同愿望。②从 2013 年 9 月“一带一路”倡议提出至今，我国与东盟在日益频繁的往来中加强了政策、战略沟通，务实了商贸投资合作，稳定了区域资金融通，健全了设施建设，同时也深化了人文交流。在十年多的合作历程中，我国与东盟各国不仅实现了自我经济的加速发展，更是推动中国—东盟区域的高度繁荣，使我国与东盟在区域发展竞争激烈的时代背景下形成了更为紧密的命运共同体关系。在疫情席卷全球的 2020 年，作为一个有责任、有担当的区域

① 经国务院授权 三部委联合发布推动共建“一带一路”的愿景与行动 [EB/OL]. [2015-03-28]. https：//www.gov.cn/xinwen/2015-03/28/content_2839723.htm.

② 《推动共建丝绸之路经济带和 21 世纪海上丝绸之路的愿景与行动》(全文) [EB/OL]. [2015-03-28]. http：//world.people.com.cn/n1/2017/0309/c411452-29134334.html.

大国，我国在保障国家安全的基础上也不忘向东盟区域兄弟国家提供及时的医疗物资援助，帮助东盟国家尽快渡过难关。我国与东盟一同分享过携手共进的喜悦，一同领略过风雨兼程的艰辛。在“一带一路”倡议深入发展的推动下，我国与东盟将更全面地推进区域间、国家间的协商共建，努力推进合作双方的政策沟通、设施联通、贸易畅通、资金融通、民心相通，在密切、深度的合作中互惠共赢、共享繁荣。

三、“一带一路”倡议对中国—东盟区域发展的影响

作为应对世界经济全球化、推动区域一体化深入发展的中国方案，“一带一路”倡议不仅兼顾了国内、国际两大经济建设格局的现实需要，更是顺应了“和平与发展”的时代要求。

东盟身为“21 世纪海上丝绸之路”的首发区域，凭借与中国千秋万代的历史渊源和得天独厚的地缘优势，在经济发展、社会建设等方面都表现出了“一带一路”其他沿线地区无可比拟的优越性。“一带一路”倡议的提出不仅给予了我国和东盟双方更多拓宽国际市场的机会，更是为中国—东盟区域内部的友好合作搭建起坚固、稳定的政策桥梁。在加快推进“一带一路”倡议深化发展的过程中，我国与东盟各国凭借着各自的经济、资源、技术优势，秉承着“互利共赢”合作理念，坚持各尽其职、务实合作，逐渐确立了密不可分的区域互补关系。以构建中国—东盟命运共同体为目标的区域合作使得我国与东盟之间的依赖程度日益加深，“一带一路”倡议从初步提出到深入发展也都时刻对中国、东盟以及中国—东盟区域的发展产生多方位的影响。

（一）对中国的影响

“一带一路”倡议作为一个以我国为中心的辐射性区域发展方案，其发展历程中所呈现出来的得失都必然影响到发源国——中国本身。

1. 扩大开放

我国从 1978 年实行改革开放以来便致力于在开放的国际环境下获得更广阔的发展平台，“一带一路”倡议的提出则是我国在 21 世纪进一步深化国家开放程度的重要举措。在“一带一路”倡议提出的基础上，东盟各国逐步

实现了与我国在“商贸发展、基础设施建设、产业园区开发”等多领域的战略合作对接。由此使东盟各国在有效降低发展成本的同时得以借助我国先进科技的支持加速完成发展任务，为更进一步融入区域一体化合作发展、扩大本国开放程度奠定经济基础。而东盟各国发展需求的扩大和逐步放开的市场更是为我国提供了更广阔的国际发展平台，一定程度上也加速了我国的对外开放。

2. 带动国内经济发展

“一带一路”背景下的中国—东盟区域发展以“五通”为合作内容，“设施联通”和“贸易畅通”作为推动经济发展的途径和手段，毋庸置疑成为我国国内经济持续健康发展的国际合作助推器。

在设施联通方面，自20世纪60年代东盟成立以来，鉴于双方之间贸易合作的需要，我国与东盟国家便不断完善、升级钩连双方的基础设施。“一带一路”倡议的提出更为中国—东盟之间以及东盟国家内部的基础设施建设提供了大量的资金、技术支持。我国在支援东盟国家完善铁路、公路、机场、港口、网络等基础设施建设，优化、丰富中国—东盟往来途径的同时也推动了国内高科技优势产业“走出去”的步伐，为国内能源的获得提供更实惠、便捷的渠道，直接带动了我国国内商贸、旅游产业的发展。

在贸易畅通方面，中国—东盟自由贸易区的成立和“一带一路”倡议的提出更加速了中国—东盟之间的贸易进程。自2013年起，随着中国—东盟之间贸易往来程度的加深，我国的工业制品、机电产品、服装纺织品、玩具等作为出口产品大量涌入东盟市场，一定程度上消化了我国国内过剩的产能，为我国国内的制造业开辟了国际输出的新兴市场。同时，中国企业在东盟国家发起的产业合作和项目投资在获利的同时也直接促进了我国国内产业的转型升级。

3. 稳定国际合作环境

在“一带一路”倡议的推动下，我国与东盟国家在商贸、投资方面的合作逐步深入，部分东盟国家在我国资金支援和互助合作之下逐渐解决了本国发展、建设、就业等经济问题，从而初步形成了较为稳定的社会环境，我国与东盟国家之间的人文往来也日益密切。交通设施的完善、往来途径的优化和新时代传媒的推进使得跨国旅行、跨国合作、跨国竞技等国际性的活动频繁地活跃在我国与东盟之间。东盟国家人民从认识中国、了解中国到认可中国的转变使得我国的物质产品和精神产品在东盟区域的需求不断扩大。民心的相通无不为我国与东盟国家之间的合作奠定了扎实的群众基础，进一步促使我国与东盟地缘国家长期形成稳定的合作伙伴关系。

4. 推动人民币国际化

中国—东盟之间的贸易合作和“亚投行”“丝路基金会”“中国—东盟海上合作基金会”等融资平台的开设，在实现双方互利共赢的同时也极大地增加了人民币的流通和使用。目前，部分东盟国家已同我国签订协议，开展本币互换和人民币清算业务合作，这不但能便捷东盟国家与我国的直接交易，更能减少其他货币汇率对双方交易的影响，降低交易的成本。此外，随着我国电商企业在东盟国家的扎根发展，“移动支付”作为电子商务的基础也在东盟国家普及开来。人民币的互换和清算以及移动支付的普及直接成为东盟国家旅游业赢得更大国际市场的经济优势。人民币在东盟区域地位的提升，不仅打破了美元垄断的格局，更是推动了人民币国际化的发展。

5. 提升中国国际影响力

“一带一路”倡议是新时代推动国际合作的中国方案，是我国站在发展中国家的立场上为谋求各国共同利益、塑造良好国际新秩序而贡献出的中国智慧。作为“一带一路”的引领者、倡导者、推动者，我国凭借雄厚的经济实力和丰富的发展经验，为东盟国家在经济发展、设施建设、民生优化等方面都给予了相应的资金、技术、指导支援。我国在推进中国—东盟区域发展一体化进程的同时，也从政治、经济上发挥了区域发展的主导作用，加强了我国与东盟之间的交流合作，深化了我国与东盟之间的相互认知、了解，转变了东盟国家对我国的态度和看法，逐渐在区域乃至世界范围内树立起了“和谐、包容、开放”的中国形象。国际影响力的扩大也直接推动了我国朝着掌握更多国际话语权的目标又迈进一步。

（二）对东盟的影响

1. 国家发展战略的制定

在“一带一路”倡议提出以前，东盟各国的国家发展战略制定并未能形成明确的区域发展方向，部分东盟国家由于资金、技术、基础设施、人力资源等客观发展条件的制约，也未能根据国家发展的需要而制定、执行相应的经济发展战略。自 2013 年“一带一路”倡议提出以来，沿线相关国家在经贸合作领域取得了诸多成效。“一带一路”为相关国家的人民带来实惠，不少国家开始主动寻求与我国的发展战略对接（潘旭涛，2017）。例如泰国的“东部经济走廊”建设、越南的“两廊一圈”规划、印尼的“全球海洋支点”构想等东盟国家发展战略都无不受到“一带一路”倡议的影响和推动。政策上的对接使得东盟国家明确了发展的方向、夯实了发展的底气，在加强国际合作、扩大开放程度、加速国内经济建设和发展的同时，也从政治上巩固了与我国的睦邻友好关系。

2. 基础设施的建设

完善基础设施是每一个国家走上致富之道的首要工程，也是每一个国家打开国门、融入国际社会，加强国际合作的建设基础。随着“一带一路”倡议的推进，我国对东盟国家在基础设施建设方面的援助也逐渐从起初的资金引入发展到后期的资金、技术、设备、人才等资源的同步引入。我国政府深知国际合作中的“授人以鱼”远不如“授人以渔”。从中泰铁路合作开始，我国便改变了对东盟国家单纯资金援助的方式，中国技术软实力的输出也成为中国—东盟区域合作的新形式（Noppron Sindaeng，2017）。东盟多数国家在我国的援助下完善了公路、铁路、机场、港口、水利设施、网络通信等国家基础设施建设，为开放国门、扩大国际贸易往来、进一步融入国际市场奠定了沟通交流的物质基础。

3. 经贸发展的繁荣

“一带一路”倡议的深入人心和中国—东盟之间基础设施的完善直接带动了我国与东盟各国之间的贸易投资合作。中国—东盟自由贸易区的成立、贸易壁垒的减少更是为我国和东盟各国搭建起了“互联互通、互利共赢”的国际贸易大舞台。从 2013 年至今，我国与东盟之间的商贸往来逐年密切，中国—东盟的贸易额更呈现出了蒸蒸日上之势。2020 年上半年，东盟取代了欧盟，成为我国第一大贸易伙伴。[①] 新中国成立 70 多年，我国已经连续 10 年位

① 栗翘楚．上半年东盟成为我国第一大贸易伙伴［EB/OL］．［2020-07-15］．https：//www.yidaiyilu.gov.cn/p/137442.html．

居世界第二大货物进口国。[①]打开中国这一隐含巨大潜力的国际市场，从中斩获发展的机遇，对东盟国家长远的经济建设无疑具有重要意义。接受中国的资金、人才、技术支援，产业园区建设合作，跨国企业投资入驻等“助力”措施，是在当今纷扰繁杂的时代背景下东盟国家推动经济加速发展，实现国家繁荣富强的最优方案。自习近平主席提出建设更为紧密的中国—东盟命运共同体，“10 年来，中国与东盟携手前行、相互成就，在世界百年变局之中，成功走出一条长期睦邻友好、共同发展繁荣的正确道路，中国经济总量稳居世界第二位，东盟一举成为全球第五大经济体”。[②]“一带一路”倡议的不断推进，区域投资互助的不断深化终将促使中国—东盟朝着共同繁荣的方向前行。

4. 人民生活水平提高

作为国家一切活动的组织者和推动者，“一带一路”倡议对东盟国家人民的生活也产生了直接影响。设施的联通不仅满足了人民基本的生活、出行需要，更为人民创造了更多与外部世界相联系的机会；不但便利了人民的生活，开拓了人民的视野，丰富了人民走出去的途径，更为人民创造了更多实现自我价值的机遇。同时，交通的便利也直接带动了东盟国家旅游业的高速发展。旅游产业不仅给国家、人民带来丰厚的经济收益，更是为东盟国家的人民提供了认识世界的新途径；贸易的畅通不仅提高了农产品、能源等商品的出口，提升了人民的收入水平，更为人民带来了其他国家不同的物质产品和文化产品，一定程度上丰富了人民的认识，提高了人民的生活水平。此外，“一带一路”下的跨国合作和企业入驻也为东盟国家的人民提供了大量的就业岗位，为民生基本问题提供了直接有效的解决方案。

5. 人文交流的深化

国际间经济合作和贸易往来必然伴随着人际互动和文化交流，我国与东盟之间的人文交流也随着政治、经济上联系的日趋密切而不断深入。

体育、科技、文化等国际比赛的举办，跨国界扶贫、慈善、环保活动的开展，在丰富区域国家外交活动的同时也逐渐打破了东盟国家人民对我国的刻板印象，增进了民众彼此间的情感。中国名著典籍的引入，中国—东盟学

---

① 中国连续 10 年位居世界第二大进口国［EB/OL］.［2019-11-12］. http：//news.china.com.cn/2019-11/12/content_75400774.htm.

② 李强在第 26 次中国—东盟领导人会议上的讲话（全文）［EB/OL］.［2023-09-07］. http：//www.xinhuanet.com/politics/leaders/2023-09/07/c_1129849289.htm.

术研讨会和不同领域专家讲座的举办，使得“中国智慧”以不同形式展现在东盟国家民众的眼前。东盟国家在与我国进行学术文化交流的同时更切身体会了我国深厚的文化底蕴和超强的学术研究能力。除此之外，孔子学院在东盟国家的开设，我国的影视作品在东盟国家的流通以及中国—东盟多层次教育合作的开展也从人际互动和直观视觉上丰富了东盟民众对中国语言文字、社会环境、民族性格和生活方式等方面的认识。

通过便捷高速的互联网，人们得以从社交媒体平台接触到真正的中国；通过对中国语言文字的学习，人们得以更直观地了解到中国优秀传统文化；通过与我国的教育合作，以来华留学生群体为代表的东盟国家民众，在提升自我的同时更切身感受了我国国力的昌盛和民族凝聚力的强大。

（三）对中国—东盟区域发展的影响

在国际竞争激烈、多边主义盛行的时代背景下，“和平合作、互利共赢”才是区域发展的主题。“一带一路”倡议的实施使得中国与东盟国家在合作中实现了优势互补，各国在合作中各取所需。一方面，东盟部分发展中国家的产业发展需求为中国产业转型升级提供了新机遇，东盟国家丰富的自然资源和相对廉价的劳动力也为中国提供了经济发展的物质动力。另一方面，凭借雄厚的经济实力和丰富的实战经验，在力所能及的情况下，中国多次积极主动地为东盟国家在经济发展中指明新方向，创造新机遇。区域间贸易额的扩大、零关税时代的到来都无不显现出“一带一路”倡议对中国—东盟区域的合作所带来的直接经济影响。此外，作为以实现区域共同繁荣为目标的“中国方案”，“一带一路”倡议不仅拉动了区域经济的发展，更是拉近了区域民心的距离，为实现中国—东盟命运共同体的伟大愿景奠定了扎实的民意基础。

中国—东盟之间的政治、经济、文化合作不但优化了区域内资源的合理配置，更是增进了国家人民的互敬互信，强化了区域国家间的凝聚力，减少了国家间的利益冲突，真正落实了“开放包容、互学互鉴、休戚与共、同舟共济”的区域合作精神。

总之，当今世界，即便经济全球化已然成为世界经济发展的必然趋势，但以贸易保护主义、民族主义和保守化倾向为代表的逆全球化仍旧受到部分国家的支持，在国际贸易往来中时隐时现。作为“和平合作、互利共赢”外交理念的倡导者，中国则始终坚持在开放中谋发展，在合作中谋共赢。为了传承“和平合作、开放共享、互学互鉴、互利共赢”的丝路精神，21 世纪的中国提出了“一带一路”倡议，在扩大本国开放程度的同时也为世界经济发展新格局贡献了“中国智慧”，开出了“中国方案”。

东盟作为“21 世纪海上丝绸之路”的首发区域，区域内国家的政治、经济、文化都受到了“一带一路”倡议的影响。政治上的政策战略对接巩固了中国—东盟友好战略伙伴关系，强化了区域兄弟国家的凝聚力，为中国—东盟命运共同体的构建夯实了政治基础。经济上贸易投资的互利合作、经验技术的互学互鉴也促使中国—东盟形成了优势互补、同舟共济的合作关系。在提高各国开放水平的同时也增进了国家间的贸易往来、优化了资源配置，促进了经济的共同繁荣。文化上的交流也因往来途径的丰富而得以深化，中国和东盟国家的人文交流领域因“一带一路”倡议的推进而不断扩大，在增长民众见识的同时也缩小了民心之间的距离，刺激了民众相互了解的愿望。

“一带一路”倡议，既为中国和其他沿线国家在新时代背景下的经济发展开辟了新道路，又给予沿线国家一个重新认识中国、了解中国的机会。中国经济实力的上升、国际形象的重塑和国际影响力的提高也不断吸引到越来越多的国际关注，促使其他国家人民深入了解中国的动机也不再局限于对五千年古老文化的好奇。在经济利益的支配下，中文作为承载中华文化的载体、了解中国的途径和与中国人交往的工具也进一步走向世界，全球范围内掀起的一波波中文学习的热潮也为东盟区域的中文传播注入了新的活力。

第三节　中国—东盟区域发展为中文传播奠定的基础

一、政治互信为中文在东盟传播营造了良好的外部环境

语言问题从来都不是简单的人际沟通和文化交流问题，而是极其复杂而敏感的政治问题。梳理东盟各国中文教育发展的历史，我们可以看出中文在

东盟各国的传播主要是以移民的方式进行的，这与英国靠殖民传播语言的方式存在本质的不同。华人在东盟各国的人数多寡不同，政治、经济地位各异，中文在东盟生存的政治环境也存在差异。但整体来看东南亚是华人移民最多的地区，又与中国地缘相近，中国与东盟国家的关系会直接影响到华人在当地的政治地位和语言地位。因此，维持中国与东盟良好的双边关系，提升华人在当地的地位和影响，增进各国人民对中国的信任，是中文在该区域顺利传播的基础和条件。

"一带一路"倡议的提出使得本就拥有悠久政治往来历史的中国与东盟国家进一步加强了区域合作关系。中国更是在国家政策和国际交往上扩大了开放程度，与东盟在"商贸发展、基础设施建设和产业园区开发"等方面实行的战略对接也为中国打开东盟市场提供了政策支持。中国—东盟政治互信的加强必然直接促进双方的经济贸易往来，而中国"负责任、讲道理、谋共赢"的国际大国形象更是通过政治、经济合作下的人文交流逐渐得到东盟人民的认可。此外，中国"一带一路"倡议的提出和"一带一路"所带来的效益也将促使其成为东盟国家在经济发展战略制定上的模范。对于东盟国家而言，无论是起初制定政策的领导者，还是后期落实建设、直接受益的人民大众，都切身感受到"中国智慧"和"中国力量"。由此既为中文在东盟的传播争得了上层的支持，又赢得了基层的拥护。

二、经贸合作提升了东盟各国对中文的需求

如果说母语的学习是由人类生存和发展的内在动机驱动的，那么第二语言的学习动力来源主要是外在的，而语言所能产生的经济价值和文化价值往往是吸引非母语学习者学习这种语言的主要原因。2013 年中国"一带一路"倡议的提出对东盟国家最大的影响，莫过于大大推动了各成员国的经济发展及与中国的经贸交流与合作。中国与东盟各国的经贸合作因"一带一路"倡议的提出而更加密切，经贸合作中的多项合作领域以及产生的现实效益或直接影响都为中文传播在东盟区域的发展提供了机遇。

1. 设施联通为中文在东盟传播提供的机遇

由实现设施联通目标而提出、推进的东盟国家基础设施建设项目逐年递

增，中国对东盟国家在基础设施建设方面的援助也逐渐从单一的资金支持延伸至技术、设备、人才等多领域的合作和支持。人们在进行技术讨论、建设合作以及跨境人才的共同培养时，必然会涉及语言交流。此外，中国—东盟之间的设施联通更是带动了东盟区域旅游文化产业的发展，进一步推动了中国—东盟人民的直接交流，在展现真实中国的同时也为部分东盟国家创设商机，刺激了中文在东盟国家部分旅游胜地的运用。中国—东盟在基础设施建设的合作上为中文在东盟传播提供了新路径，而中国—东盟之间的设施联通也同时提高了东盟人民的中文接触率和使用率，促进了中文传播在东盟区域的进一步发展。

2. 贸易畅通和资金融通为中文在东盟传播提供的机遇

中国—东盟的贸易畅通和资金融通直接影响了中国和东盟各国国内的经济发展。中国与东盟以及东盟国家经济合作的加强必然首先带动了中国国内的经济发展，推动中国国内企业发展从“引进来”到“走出去”的转变，而企业在贸易中的经济利益所得则又反作用于国内的经济发展水平，从而促进了国内经济发展的良性循环，从而实现了国内国际经济的“双循环”。中国企业的“走出去”也使得东盟国家扩大了对国际中文人才的需求，为中文传播创造了新的国际需求市场。此外，中国与东盟之间的资金融通也使得人民币的国际地位得到提升，中国经济水平的提升、人民币国际地位的提高以及“一带一路”倡议所荣获的国际认可，最终将扩大中国的国际影响力，而中国硬实力的加强也必然进一步强化中国的软实力。中文作为中国软实力的载体，其在东盟区域的传播将随之获得更多的机遇。

除了中国国内经济水平的提升，中国—东盟的贸易畅通和资金融通也同样促进了东盟国家的经济发展，带动了东盟国家农业、工业、旅游业等产业发展，从而创造了更多的就业机会，从民生基本问题为切入点改善了人民的生活水平，稳定了国家的社会环境。在此背景下，一方面东盟国家的人民开始提高对中国国内信息的关注度，报纸刊物和电视广播频道作为中文传播的媒介在东盟区域得以推广。另一方面，为了追求更高的经济效益、谋求更多的就业机会，东盟国家的求职者和在校学生也更加重视中文的学习，部分华人华侨的后裔也在大环境的影响下重新燃起了母族语言学习的兴趣，东盟区域的中文学习群体也便因此扩大。除了学习者自身的学习需求的扩大，东盟国家近年来也逐渐放宽了对华校的限制，积极鼓励大学创办中文系和与中国高校合作建设孔子学院。民间企业同样也看到了中文背后长远的经济效益，在鼓励企业内部员工学习中文的同时也有企业在本地与中文教师合作开办中文教学机构，其中包括线下课堂教学和线上一对一或一对多教学两种主要教学方式。

总之，中国与东盟之间经济合作的日益密切不仅使中国提升了经济文化实力、夯实了中文传播的底气，更扩大了东盟区域对中国语言文化的需求，在商贸合作、人才培养和新闻媒体等领域为中文传播创造了新机遇。

3. 民心相通为中文在东盟传播提供的机遇

国之交在于民相亲，民相亲在于心相通。在“一带一路”倡议的提出和实施过程中，中国政府已然摆脱了以往“单纯依靠经济维持中国—东盟和谐关系”的合作理念。开始倡导“民心相通”在区域合作中的基础性作用，重视中国—东盟之间人文交流活动的开展。“一带一路”倡议中所提倡的“五通”，其中前“四通”的落实归根到底也是作用于最后的“民心相通”。换而言之，中国—东盟一旦实现了民心相通，民众一旦对中国以及中国文化和相应的文化产业抱有接受，甚至是向往、追求的态度，“政策沟通、设施联通、贸易畅通、资金融通”所带来的中文传播将会收获更广阔的发展空间。

三、教育合作拓展了东盟中文人才培养的途径

在“一带一路”倡议“五通”的推动下，中文作为与中国交往的语言媒介，通过经济合作、技术交流、娱乐传媒等方式在东盟各国传播开来。东盟国家的民众根据就业需要和兴趣驱使也逐渐改变了对中文学习的态度，学习中文的群体数量也随即扩大。面对东盟各国中文学习需求的扩大，无论是中国国内还是东盟国家都加强了对当地中文教学的重视。

一方面，中国在扩大对国际中文教育专业的本科及研究生人才培养的数量、进一步细化对该专业的人才培养要求的同时，也开始尝试培养针对性的东盟区域跨境企业所追求的“中文+”人才，以经济利益促进中文学习，力

求提高中文教学在东盟国家的地位。

另一方面，随着中文教学相关国际会议的召开，东盟国家也开始主动寻求发展本国中文教学的独特路径。例如，与中国合作开展本土中文师资的培训、以政府出资或半资助的方式鼓励本国学生前往中国参加汉学夏令营、召集国内较强的师资力量为本国编撰国别化的中文教材等。

此外，东盟区域的中文教学平台和教学方式也发生了不少变化。在教学平台方面，除了历史悠久的华校，东盟个别国家在中小学，甚至幼儿园中也都开办了中文兴趣班。高校里的中文系和孔子学院在数量上也出现了明显的增长趋势。综上，东盟中文教学在“一带一路”倡议的推动下必将迎来更多元、丰富的发展机遇。

第四节　新时代中文在东盟传播的挑战

一、东盟区域合作背景下中文在东盟传播的挑战

东盟十国虽共存于同一区域经济合作组织中，但各国的政治体制、经济水平、社会环境、官方语言、教育体制以及对华所持的态度等都有所不同。从不同经济发展水平来看，即便同处于东盟经济共同体中，某些成员国的经济发展水平却因国家社会环境、政治体制以及国内产业结构等因素的制约而停滞不前。

经济发展水平的受限必然影响到该国与中国之间的合作交流。在人文交流受阻的情况下，即便其国内有再深厚的经济发展潜力，其中文教育的历史积淀再悠久，该国政府、企业、民众对中国、中国文化以及中文的了解和学习需求必然较低，中文传播的所有途径都将受阻，从而在该国形成多方的中文传播挑战。而且，东盟区域内部各个国家对华态度的不同也使得中文在东盟的传播容易出现地域不平衡的现象。除了各国对中文教学重视程度的差别之外，对于来自中国的“影视娱乐作品和传媒报纸杂志”的接受度、传播程

度也会影响部分东盟国家民众对中国的认知以及中文、中国文化在不同东盟国家的传播状况，中国的真实国情和发展现状也难以为民众所了解。由此来看，东盟成员国发展的不平衡和较大的差异性必然影响中文在东盟传播的范围和深度。

此外，由于东盟十国之间无论是在政治、经济还是文化环境上都存在较大差异，中国在制定面向东盟开展中文传播的方案时还需要在大方向下再根据国别特征和国别需求制定个别特殊条例。国与国之间差异性的加剧也将造成东盟中文教学区域化、本土化发展的难度升级。

二、中国—东盟区域合作背景下中文在东盟传播的挑战

1. 中国—东盟的政治互信还需进一步加强

即便当下中国与东盟各国在政治、经济、文化方面的合作已然进入新的高速发展阶段，中国与东盟及东盟各国之间的政治互信程度仍旧不高。其干扰因素主要集中于历史遗留的南海主权争端问题、东盟区域反华势力对“中国威胁论”的鼓吹以及美国、日本等国家的国际外交干扰等。

世界各国在进行境外合作时并不可能永远都遵循与一个国家单一的双边往来。世界多极化趋势和全球化进程的深入早已将各个国家推向了世界市场。东盟各国虽共存于同一区域经济合作组织中，但由于东盟特殊的合作方式，“差异中的团结”使得东盟各国除了归属于东盟这一整体，更享有充分的独立外交权。从部分东盟国家的外交态度来看，有的国家既与中国保持亲密的合作关系，又希望其他强国能够制约中国在东盟区域的势力范围；既想从中国市场中受益，借助中国力量尽快发展，又害怕中国对自身的国家安全造成威胁、害怕因对中国的过度依赖而备受牵制。这主要还是对中国的外交方针不够了解、对中国的信任不足造成的。对中国的信任不足，必然使得东盟国家对中国援助和中国—东盟的多领域合作发展战略产生顾虑，从而在制定与中国合作的相关政策上抬高准入的标准、减少合作的机会，甚至提出让中国难以接受的外交条件，从而迫使双方降低接触、交往的频率，从经济贸易的往来和文化产业的推广上阻断了中文的传播。而在双方国民接触机会不足

的社会背景下，国与国之间的“民心相通”也就难以得到保障。东盟各国政府的态度无疑会影响或主导本国国民对中国和中文的态度，因此要想推动中文传播在东盟的进一步发展，加强中国—东盟之间的政治互信是一个重要的前提。

2. 中国—东盟经贸合作中的矛盾冲突还时有发生

在“一带一路”倡议推进的过程中，随着“设施联通、贸易畅通、资金融通”的逐步落实，中国与东盟国家不断加强经贸合作，中国在东盟区域投资开办的企业、规划建设的产业园区也逐年增多。在经贸合作日益频繁、人文交流逐渐深入的情况下，中国和东盟国家的经济都得以发展，但交易背后的利益失衡以及人文交往中产生的冲突也随着经济的发展时有发生。从中国—东盟多年的贸易额来看，由于双方出口产品等级的不同，中国在与东盟的贸易中常常占据顺差优势，这也使得部分东盟国家对中国“一带一路”倡议中“互利共赢”宗旨多少产生了一些质疑，对与中国在部分经贸领域的深度合作存在顾虑。

近年来，在中国—东盟的投资合作过程中，我们也能听到“中国投资环境恶化、中资企业破坏东盟区域生态环境”等恶意诋毁中国的一些言论，西方国家在国际上占据较大的话语权，故意颠倒是非、抹黑中国、破坏中国—东盟区域合作的言论和行为也从未停息，这种情况下我们不仅要更好地做好正面的舆论宣传，还要更加严格规范相关企业的行为，杜绝有些企业为一己私利而损害东盟合作方的应得利益，营造良好的经贸合作环境，让东盟人民充分认识到中文在经贸合作中的价值，充分感受到只有掌握了中文才能在中国—东盟日益密切的经贸合作中占得先机。

中国与东盟国家的外交往来虽离不开政策沟通的支撑、民心相通的辅助，但良好、顺畅的经贸投资合作无疑也是维持良好外交关系的重要基础。中国与东盟国家在经济贸易合作中的矛盾冲突如果处理不好，势必就会影响双边关系，阻碍后续的交流和合作，中国与东盟国家间交流合作的机会不足将会从人文交往、文化产业输出和中文教学等领域限制中文传播在东盟的发展。

3. 中国—东盟民心相通工程还需进一步加强建设

想要实现中国—东盟民心相通，除了通过经贸合作的方式促进中国—东盟民众的直接接触，还需要通过华人华侨“故土情怀”的牵引和文化产业的跨境合作推广等。然而，综观目前东盟华人华侨，大部分华裔后代已不再像自己的祖辈一般对中国怀有深切的“故园情”。生活环境中其他族群民众的语言和思想总会对其产生潜移默化的影响，对祖辈故事和祖国历史认知的欠缺也使其逐渐忘却了自己的华人身份。此外，其所在国对华人文化的限制以及学校教育对某种语言学习的高度重视也可能会磨灭华裔子女对学习中文、了解中华文化的兴趣，复杂的社会环境甚至使得一些华裔子女对中华文化和中文学习逐渐产生抵触心理。如果无法改变华裔子女对中国文化和中文学习的排斥心理，中文在东盟传播将会永远失去最坚实的后盾。

中国—东盟文化产业的跨境合作推广也是实现区域民心相通的重要途径。从文化产业的内容来看，中国—东盟的文化产业合作主要集中于“影视娱乐、新闻报刊、跨境旅游、教育、科技和国际展览活动”（赵铁、林昆勇，2018：56—57）这几方面。其中，除了教育，影视娱乐和新闻报刊方面的文化产业合作最能广泛促进中国—东盟民心相通、直接推进东盟中文传播的发展。然而，且不说中国出口到东盟国家的娱乐影视作品质量如何，其是否能够真实反映中国当今的经济状况和社会环境，单从影视作品的语言翻译上看，便不由令人怀疑此类合作是否真的能够达到中国语言文化传播的效果。部分东盟国家在进口中国的影视作品后，不仅重新为作品配上其本国语言的翻译字幕，更有国家直接将作品的原声抹去，重新配上其本土语言的转译音频，最后才将由本地文字或语音包装好的中国影视作品放入国内市场进行流通，未给予中文在作品中出现的机会，切断了可闻、可视的中文传播途径。

三、东盟中文教学的发展跟不上中文学习需求的日益增长

从语言传播的方式和效果来看，世界各国语言传播的最佳方式是学校的正规教育（王建勤等，2015：101）。综观东盟区域学校教育中的语言教学，中文并不是唯一教授的第二语言，东盟十国也并非全数将中文纳入国民教育体

系。任何语言的国际地位都由该语言使用范围的大小和其原生国国际影响力的强弱而决定。即便如今的我国已然成为GDP世界排名第二的经济大国，我国的经济硬实力也已然提升到了一定高度。但在美国这一世界强国的对比之下，我国的文化软实力仍相对较弱，作为一门第二外语，中文在东盟各国的接受度和受欢迎程度仍未能超越英语的稳固地位。文化软实力的加强不能仅仅依靠国家硬实力的推动，优质文化产业的输出更有助于国家文化软实力的提升。因而，如何通过提高影视作品的质量，加强教育、科技、展览活动等方面的合作建设，推广东盟区域的中国文化产业，从提升我国的文化软实力、提高中文的国际地位入手扩大中文学习在东盟的需求，争取推动中文纳入所有东盟国家的国民教育体系已成为“一带一路”背景下中文在东盟传播的最大挑战。

除此之外，随着学习需求的扩大，东盟国家中的中文教学在教学平台、师资水平、本土教材等方面的完善升级也正面临着诸多挑战。我国面向东盟的中文教学主要通过“线上和线下”两种教学平台推进。线下教学主要以孔子学院为代表，线上教学主要以民间中文教学机构为代表。目前，东盟区域的孔子学院虽在数量上已成规模，但在教学标准的制定和国家官方的认定方面仍存在一些未能解决的问题。而线上教学虽已从大量的实战经验中总结出对课程标准、教学方式、网络平台等方面的改善方案，但作为新兴的教学平台，线上教学待解决的平台发展问题比线下教学更复杂。除了关注教学标准和官方认定，在线上教学的推进过程中还需解决师生网络的稳定、多功能教学平台的搭建以及教学内容和师资标准的统一等问题。无论是线上还是线下，中文教学的师资培养和教材编撰也都是需要不断研究的问题。尤其是在师资培养方面，除了扩大培养规模、细化培养要求，近年来又有学者在“一带一路”建设大力开展、中国—东盟合作不断紧密的时代背景下，提出对师资培养的创新性升级。改变了原先单一的师资培养目标，不再将“教学技能和语言知识的学习”认定为中文教师的主要培养目标，认为中文教师在教授学生中文的同时还应具备其他专业技术的能力。即东盟区域的中文教师不再单纯地培养语言人才，逐渐从单一语言人才培养提升到“中文+职业技能”的综合性人才培养。而如何使新型中文教师的培养成为现实，培养出符合时代需要的“中文＋职业技能”的综合性人才也是东盟区域中文教学的一大挑战。

本讲回顾

中文在东盟传播的机遇和挑战必然是多方面的，而区域合作背景下的东盟中文传播机遇和挑战绝不会离开东盟区域发展情况、中国—东盟的区域发展关系以及“一带一路”背景下的中国—东盟区域合作发展状况。通过对以上三种“区域合作”情况的概述、分析，可综合得出影响中文在东盟传播的政治、经济、文化等要素。而各要素在作用于中文传播过程中呈现出来的积极或消极效果便是中文在东盟传播的机遇或挑战所在。

综上所述，中文在东盟传播的机遇和挑战远不限于中文教学发展的优劣。推动中文在东盟的传播仅仅依靠不断完善该区域的中文教学平台、师资、教材等内容还是远远不够的。只有明确中文传播的途径和影响中文传播的因素，肯定政治、经济关系在中文传播中的连接作用，客观看待我国和东盟各国分别在该区域中文传播过程中扮演的角色，才能多角度、深层次地认清中文传播的机遇和挑战，才能制定出能够准确把握机遇、顺利克服挑战的中文传播在东盟发展的策略。

课后思考与讨论

1. 东盟区域发展存在哪些机遇？
2. 东盟的区域合作形式是什么？
3. “一带一路”倡议对中国—东盟及区域发展有哪些影响？
4. 为什么说中国—东盟区域发展为中文传播奠定了基础？
5. 新时代中文在东盟传播面临哪些挑战？

拓展阅读文献

[1] 王贤，2015. 论中国—东盟区域性合作发展的文化根基 [J]. 广西社会科学（5）.

[2] 宁常郁，2016. 深化广西与东盟文化交流与合作研究及展望 [J]. 东南亚纵横（1）.

[3] 申雪凤，2018. 中国文化形象在东盟国家的传播认知分析——基于对东盟六国调研 [J]. 广西社会科学（12）.

第十三讲　东盟中文传播深入发展的策略

前文梳理了中文传播在东盟的发展历程、分国别考察了中文传播在东盟十国的发展概况，并分析了“一带一路”背景下东盟区域发展以及中国—东盟区域发展为中文传播在该区域深入发展提供的机遇和带来的挑战。

总结中文传播在东盟发展的历史经验，我们首先明确了影响中文传播的政治、经济、科技和文化等因素，深刻认识到了与受传国政治不冲突是中文得以传播的根本保障，我国政治、经济国际影响力的提升是拉动中文学习需求增长的根本因素，科技发展是推动传播平台创新发展的重要条件，华人华侨一直是东盟中文传播的中坚力量，我国的支援是中文在东盟顺利传播的坚强后盾。

分国别考察中文传播在东盟发展的概况，让我们进一步认识到了这些因素对各国中文传播的影响，并进而明确了中文在各国的传播主体、传播平台、传播媒介、传播受众的现状和问题，理出了推动中文传播在各国深入发展亟须解决的一些关键问题。

分析“一带一路”背景下东盟区域发展以及中国—东盟区域发展为中文传播在东盟深入发展提供的机遇和带来的挑战，让我们更加清楚地认识到了目前中国—东盟之间日益提升的政治互信为中文在东盟传播营造了良好的外部环境，日益密切的经贸合作大大提升了东盟国家人民中文学习的需求，多层面的教育合作拓展了东盟中文人才培养的途径。

此外，中国—东盟在基础设施建设的大量合作为中文在东盟传播提供了新路径。中国—东盟之间的设施联通也同时提高了东盟各国人民的中文接触率和使用率，促进了中文在东盟传播的进一步发展；我国与东盟之间经济合作的日益密切不仅使我国提升了经济文化实力、夯实了中文传播的底气，更扩大了东盟各国对中国语言文化的需求，在商贸合作、人才培养和新闻媒体等领域为中文传播创造了新机遇；中国—东盟之间越来越多的人民心心相通，带动了越来越多东盟人民对我国和我国语言文化及相应产业抱有接受，甚至是向往、追求的态度。

但“一带一路”背景下东盟区域发展以及中国—东盟区域发展也为中文传播带来了一些新的挑战。东盟各国的政治体制、经济水平、社会环境、官方语言、教育体制以及对华所持的态度等有所不同，这造成中文传播在各国的发展具有较大的差异性。同时，中国—东盟的政治互信还需进一步加强，经贸合作中的矛盾冲突还时有发生，民心相通工程还需进一步加强建设，中文教学的发展跟不上中文学习需求的日益增长等等，这些都对中文传播在东盟的发展提出了挑战。

在总结历史经验、明确中文传播在东盟区域和各国发展中存在的问题的基础上，结合“一带一路”背景下东盟区域发展、中国—东盟区域发展为中文传播在东盟发展带来的机遇和挑战的分析结果，吸收已有研究成果的合理建议，我们对推动中文传播在东盟进一步发展提出以下策略。首先，思考如何发挥政治、经济、科技和文化等因素的积极影响，为中文传播在东盟的发展营造良好外部环境，立足国家层面做好顶层设计、提出宏观战略；其次，针对当前中文传播在东盟发展过程中传播者、传播平台、传播媒介和传播受众所存在的问题提出具体的解决对策。

第一节　营造中文传播良好氛围的宏观战略

一、增进中国—东盟的友好关系，推动构建人类命运共同体

2013 年 3 月，习近平主席在莫斯科国际关系学院发表演讲，倡导构建“你中有我，我中有你的命运共同体”①。之后，在一系列重大国际场合，习近

① 习近平．顺应时代前进潮流 促进世界和平发展——在莫斯科国际关系学院的演讲［N/OL］．［2013-03-25］．http：//paper.people.com.cn/rmrbhwb/page/2013-03/25/02/hwbcjsy325b.pdf.

平主席对构建人类命运共同体理念进行了深入阐发，在国际社会产生广泛影响。2015 年 9 月，习近平主席在纽约联合国总部出席第七十届联合国大会一般性辩论并发表重要讲话，号召“继承和弘扬联合国宪章的宗旨和原则，构建以合作共赢为核心的新型国际关系，打造人类命运共同体”①，进一步丰富发展了人类命运共同体思想。

2017 年 1 月 18 日，习近平主席记在联合国日内瓦总部发表题为《共同构建人类命运共同体》的主旨演讲，提出“构建人类命运共同体，实现共赢共享”② 的中国方案，系统阐释了构建人类命运共同体的理论内涵和目标路径，倡导建设持久和平、普遍安全、共同繁荣、开放包容、清洁美丽的世界。回答了“世界怎么了、我们怎么办？”这一时代之问。

2017 年 10 月 18 日，习近平主席又在十九大报告中提出“坚持和平发展道路，推动构建人类命运共同体”③，明确指出中国共产党始终把为人类做出新的更大的贡献作为自己的使命，我国将高举和平、发展、合作、共赢的旗帜，恪守维护世界和平、促进共同发展的外交政策宗旨，坚定不移在和平共处五项原则基础上发展同各国的友好合作，推动建设相互尊重、公平正义、合作共赢的新型国际关系。

习近平主席倡导“构建人类命运共同体”，让包括东盟各国在内的国际社会更加清楚地看到了我国积极为世界人民谋求共同幸福的努力和担当、与世界人民合作共赢的真诚，再次强调了我们始终坚持和平发展的道路。在“构建人类命运共同体”理念指导下，我国大力实施共建“一带一路”倡议、发起创办亚洲基础设施投资银行、设立丝路基金、举办首届“一带一路”国际合作高峰论坛等多场多边会议、促进全球治理体系变革、构建“双循环”新发展格局、支援全球抗疫、承诺“碳达峰”“碳中和”等等，这些都是我国积极践行该理念的重要实践。对于推进人类命运共同体建设，具有重要的构建、

① 习近平在第七十届联合国大会一般性辩论时的讲话（全文）[EB/OL]. [2015-09-29]. https://www.gov.cn/xinwen/2015-09/29/content_2940088.htm.

② 习近平在联合国日内瓦总部演讲：共同构建人类命运共同体 [EB/OL]. [2017-01-19]. http://www.scio.gov.cn/31773/31774/31783/Document/1540554/1540554.htm.

③ 习近平提出，坚持和平发展道路，推动构建人类命运共同体 [EB/OL]. [2017-10-18]. https://www.gov.cn/zhuanti/2017-10/18/content_5232664.htm.

示范和引领作用，也让包括东盟人民在内的世界人民实实在在地感受到了来自我国的帮助，得到了真正的实惠，为消除东盟人民对我国发展的顾虑、为中文传播在东盟的进一步发展奠定了扎实的基础。

我们相信随着我国政府继续大力践行“构建人类命运共同体”理念，如：进一步扎扎实实地推进“一带一路”建设，努力实现政策沟通、设施联通、贸易畅通、资金融通、民心相通；进一步整体推进大国、周边、发展中国家外交和多边合作，打造更富包容性和建设性的全球伙伴关系；积极参与制定多个新兴领域治理规则，推动改革全球治理体系中不公正不合理的安排；积极参与解决国际和地区热点问题，坚持发展中国家定位，努力维护发展中国家的共同利益；积极支持多边贸易体制，促进自由贸易区建设，推动建设开放型世界经济……世界各国人民将会更加深入地认识到我国是一个可信、可亲、可敬的国家。这自然就进一步拉动了各国人民学习中文的积极性，也能促动东盟各国进一步调整相关教育政策，进一步支持中文在本国的传播，并积极投入经费加强中文传播平台的建设，为本国民众的中文学习提供良好的外部环境。

二、推动“一带一路”建设高质量发展，提升中文经济价值

“一带一路”是“丝绸之路经济带”和“21 世纪海上丝绸之路”的简称，旨在借用古代丝绸之路的历史符号，高举和平发展的旗帜，积极发展与沿线国家的经济合作伙伴关系，共同打造政治互信、经济融合、文化包容的利益共同体、命运共同体和责任共同体。当今世界经济发展趋缓，全球经济面临极大的不确定性。共建“一带一路”顺应世界多极化、经济全球化、文化多样化、社会信息化的潮流，秉持开放的区域合作精神，致力于维护全球自由贸易体系和开放型世界经济。“一带一路”的高质量发展不仅有利于我国与沿线国家的区域性合作，更有利于全球共同参与的更高水平合作和更高质量的共赢发展。因此，“一带一路”建设符合国际社会的根本利益，彰显人类社会的共同理想和美好追求，是国际合作以及全球治理新模式的积极探索，将为世界和平发展增添新的正能量。

东盟各国与我国山水相连，唇齿相依，我国始终将东盟视为周边外交优先方向和“一带一路”建设重点地区。共建“一带一路”倡议提出以来，我国在沿线国家积极开展了能源、交通运输、电信以及信息基础设施等技术类项目建设，将我国和“一带一路”沿线国家及东盟各国日益紧密地连在一起。我国和东盟各国积极推动高质量共建“一带一路”，并与相关国家发展战略有效对接，进一步提升双方经贸合作水平，为构建更为紧密的中国—东盟命运共同体注入了新动力。如：2019 年，越南铁路总公司和中国国家铁路集团有限公司签署《越中铁路联运对接中欧班列的合作备忘录》，两国铁路行业积极推动中越国际联运与中欧班列对接。2020 年 10 月义乌至河内中欧（亚）班列开行就是重要项目成果。2020 年 12 月，由我国和老挝共同投资建设的老挝首都万象至中老边境磨憨 / 磨丁口岸高速公路万象至万荣段提前通车，结束了老挝不通高速的历史。2021 年 12 月 3 日，我国共建“一带一路”倡议与老挝“变陆锁国为陆联国”战略对接的政府间重大合作项目——中老昆万铁路全线通车运营。

即使在疫情的背景下，中国—东盟贸易投资也逆势增长。2020 年，中国—东盟货物贸易总额达 4.74 万亿元人民币。东盟跻身成为我国第一大贸易伙伴。新加坡工商联合总会前主席、太平船务集团执行主席张松声表示，推动“一带一路”倡议与东盟区域发展战略对接，将进一步增进双方战略互信。张松声说：“中国多次重申海上丝绸之路不是中国的独唱，而是各国的合唱，每个国家都能够参与进来，共享发展、共同发展。通过这种方式建立战略互信非常重要，我认为（这种互信）使得每一个人，从‘海上丝路’‘一带一路’中取得收益。”①

“一带一路”的建设所取得的阶段性成果已经让东盟各国感受到了我国在区域建设中的重要作用和贡献，也深刻体会到了我国与各国合作共赢、为人类共同发展不懈努力的真诚心意。这不仅增进了中国—东盟各国的政治互信，也使得中文的经济价值不断凸显，东盟各国人民学习中文的积极性不断被激

① 魏宇晨、徐德霖、朱宛玲．“一带一路”对接东盟国家发展战略 助力东盟国家成带动全球经济复苏新引擎［EB/OL］．［2021-04-08］．https：//news.cri.cn/20210408/814ad5e2-111c-5b2e-376b-755590a877b1.html．

发，学习中文的热潮持续高涨。因此，我们有理由充分相信，继续推进“一带一路”建设将会进一步增强东盟各国人民的中文学习需求，提升东盟各国人民学习中文的积极性和政府参与中文传播事业的积极性。

三、多渠道、多层次、有温度地对外讲好中国故事

（一）建立中国的国际话语体系、对外讲好中国故事的必要性

在“一带一路”建设实施的过程中，建立中国国际话语体系尤为重要。而当代中国价值观正是构建国际话语权的基础，我们应该高度重视和加强中国价值观的对外传播。“一带一路”国家只有对当代中国价值观进行正确解读与理解，才能真正打造双赢互惠、文化共享的新型国际关系，打造人类命运共同体，才能使我国树立更良好的国际形象。借力“一带一路”建设，向世界讲好中国故事，分享中国经验与智慧，既符合全球经济发展的现实要求，符合国际社会的根本利益，也是建构我国国际话语权的迫切需要。

我国国际传播能力不足，国际舆论主导权长期以来在西方主流媒体而不在我已是不证自明的事实。进入新时代后，我国主流媒体高度重视社交媒体建设，通过加强社交媒体建设，拓宽对外传播的辐射面。2013 年，新华社等“国家军”集体发力，投身国际传播前沿阵地竞争。新华社在 2013 年底开始在 facebook（脸谱）、twitter（推特）、youtube（优兔）上开设账号，试水海外社交媒体业务。2015 年 3 月 1 日起，新华社把在这三家社交媒体上的账号统一更名为“New China”，每天 24 小时以文字、图片和视频形式不间断向用户推送中国、涉华和国际新闻。[①] 据《新华通讯社社会责任报告（2023 年度）》，2023 年新华社对外传播开创崭新局面，海外社交媒体账号总粉丝量已经超过 3.2 亿。[②]《人民日报》、中央电视台也积极利用新媒体增强国际传播能力建设。其中，据人民网美国公司总经理任建民介绍，至 2015 年 4 月底，人民日

① 新华社海外社交媒体统一账号“New China”正式运行［EB/OL］.［2015-03-01］. https://www.xinhuanet.com/world/2015-03/01/c_127530930.htm.

② 新华通讯社社会责任报告（2023 年度）［EB/OL］.［2024-05-28］. http://www.xinhuanet.com/20240524/fd70fe901ee946bb8a2da03033ade222/c.html.

报英文 Facebook 账号粉丝数已经超过 330 万。[①] 中央电视台着力加强海外传播能力建设，中央电视台北美分台 2012 年在美国开播。2013 年北美分台在海外社交网络发布内容。2014 年央视北美分台网站上线。目前，央视北美分台创新理念，与 Twitter、Facebook、Google、Youtube、微博、微信等社交平台互联互通，大力提升信息的转化价值。目前，央视北美分台的社交媒体对外传播能力日渐提升，有的热点事件形成的一周浏览量超过 100 万（杜毓斌，2015）。这说明我国主流媒体在西方国家的影响力正逐步提高。

虽然我国的主流媒体大力加强了社交媒体的建设，但是与国际主流媒体相比，我国主流媒体的国际影响力还比较弱小。在这种国际传播格局下，“构建人类命运共同体”的理念和实践成果、“一带一路”建设的意义和成果，都难以及时、准确地在国际社会中得到传播。致使一些国家和人民在西方媒体的歪曲下产生一些误解，认为我国提出人类命运共同体目的在于抵消和转移某些国家对我国的战略压力，转移对“中国威胁论”的关注，挑战当前国际秩序，按照我国的意愿重塑国际秩序，形成一种以中国话语为中心的新国际秩序并重写国际经贸规则等。也有误解认为亚洲命运共同体是中国构建人类命运共同体的基础，反映了中国借机成为亚洲领导者，进而达到通过掌控亚洲影响全球局势的目的。而对于“一带一路”建设，某些国家长期以来都利用自己掌握的舆论阵地，进行大肆的批评和污蔑，将其歪曲为中国版的马歇尔计划，将部分沿线国家的债务困境归咎于“一带一路”倡议，批评“一带一路”倡议是“债务陷阱外交”。这造成了一些国家对“一带一路”倡议尚持质疑和观望的态度，误认为这是我国实施的地缘政治战略，使得一些国家在期待中国助力本国经济发展的同时，对我国主导世界经济发展时代的到来也产生了一定的恐慌。因此，我们在进一步推动构建人类命运共同体，进一步实施“一带一路”倡议过程中，必须加快建立我国的国际话语体系，进一步大力加强信息传播渠道建设，拓展我国在国际舆论格局中的影响力和掌握更多的话语权（陶大坤、丁和根，2010）。进而向国际社会讲好中国故事，尤其是向与我们山水相连的东盟十国讲好中国故事、传播好中国价值观，向国际

① 张璐晶．人民日报玩 Facebook：粉丝超 300 万关键指标居中国首位［EB/OL］．［2015-05-11］．https：//www.ceweekly.cn/mag/2015/0511/111110.html．

社会展现一个真实、立体、全面的中国，树立中国良好的国际形象，让国际社会了解中国、认识中国进而接受中国。

（二）明确对外传播的基本思路，奠定讲好中国故事的基础

针对我国对外传播的困难局面，我们应针对现实存在的问题，从传播观念、传播平台、传播内容、传播方式、传播人才等角度做出系统谋划，从顶层设计的高度，协调各方面建设，力争形成一体化的长效机制，打牢对外传播的基础，突破对外传播的瓶颈，通过制度化设计，增强对外传播策略的时效性、针对性，从而为对外讲好中国故事奠定良好的基础。

1. 树立专业的国际传播理念

传播思想是国际传播的“大脑”，是指导国际传播的纲领性思想，它决定着国际传播的定位和格调，以及传播内容制作、传播方法等一系列流程的效果。科学合理的传播思想会让国际传播工作处于一个有利的地位，落后陈旧的传播思想会严重制约国际传播工作的展开和实效。针对传播思想的确定，喻国明（2013）指出，我国媒体对外传播应该以“平常态”的文化力来塑造真实丰厚的中国形象，在对外传播中更多地强调承担与我国地位相适应的责任，用实际行动改善西方受众对我国的态度。简而言之，首先要“宁缓勿急”，不能“急功近利”，要“细火慢炖”，久久为功。其次，要有责任担当，要积极承担和我国地位相匹配的国际责任。

2. 尊重国际传播规律，加强专业性建设

就传播过程而言，将中国故事讲出去的媒体的作用至关重要。针对我国外宣媒体传播效果不理想的局面，我们认为，主要原因之一在于没有在国际上树立权威有公信力的媒体形象。因此，张昆、陈雅莉（2015）建议，我国的对外传播主体应该淡化官方色彩，尊重国际传播规律，用通行的专业国际传播手法制作传播内容，树立我国对外传播媒体的权威和口碑，从而提高讲好中国故事的有效性。

除了利用各种媒体的力量以外，很多学者都同意要进一步壮大对外传播主体，加强民众对外传播潜力的挖掘。喻国明（2013）认为，当前的国际热点事件中，对外传播的主体不仅仅局限于国家，应该充分发动民众，让普通公民成为对外传播的一员，用多元化的意见和态度，为增强中国声音增添

可信度和筹码。讲好中国故事需要“多元主体”，“不一定要由官方机构和媒体来讲，学术界、文化界乃至民间，都有义务承担起这个使命”（范勇鹏，2014）。我国与东盟各国的教育交流与合作、旅游活动的开展都为中文传播提供了良好的平台（曾小燕，2020）。此外，依据教育部国际中文教育专业培养目标的界定，该专业毕业生将主要从事直接面向外国人的中文教学和文化交流工作，有着能够直接将中国故事讲出去的便利条件，因而我们完全有必要努力培养他们讲好中国故事的能力，使得他们毕业后能够在从事中文教学和文化交流的过程中讲好中国故事，成为在国际社会中宣传中国形象的重要力量。

3. 科学制作对象化内容

对外讲好中国故事，所讲的中国故事必须能够达到展现真实、立体、全面的中国，树立中国良好的国际形象，让国际社会了解中国、认识中国进而接受中国的目的，但还要注意受众的需求和口味。张昆、陈雅莉（2015）指出，对外传播过程中，应该选择和制作恰当的传播内容：一是主题能够兼具传授文化间的相似点，与文化群体的主流价值观和世界观不会产生冲突；二是对外传播的信息能够满足特定文化群体的信息需求和异文化体验的欲望；三是对外传播中的核心思想能够跨越文化鸿沟，凸显中华文化具有普适性的魅力。因此，对外讲好中国故事要抓住国际社会在了解中国、认识中国过程中亟须明确的问题。这就要求我们对外讲的中国故事的内容既要有“大故事”——中国特色，包括中国基本国情、发展道路、中国人民的追求、中国人民的意愿、中国为构建人类命运共同体所做出的努力等等，也要有“小故事”——普通老百姓自己的故事、身边的故事；既要有“当代故事”——展现当代中国发展过程中的辉煌成绩和为国际社会所做出的重要贡献，也要有“历史故事”——当代中国背后深厚的历史与文化积淀，特别是中华民族优秀的文化传统。中国传统文化中有许多观念在世界文明体系中具有公共价值，要在别人的需求和我们的需求之间寻找价值的最大公约数才能提高对外传播效果（张昆、陈雅莉，2015；白贵、曹磊，2017）。对外讲好中国故事，不但需要“宏大叙事”还需要“民本关怀”，多用普通民众视角、挖掘个体价值，让更多普通群众参与到对外讲中国故事的行动中去，让每一个人都成为向世界传播中国声音的“使者”。

4. 树立受众意识

我国对外传播工作中最薄弱的一环是缺乏对受众的了解。由于缺乏“受众观念”的先天不足和缺乏受众信息偏好数据的后天不足，导致我国的对外传播不能因国而异、因民族而异，传播效果不尽如人意。受众的差异化是影响传播效果的重要变量，在国际舞台上，每个国家每个民族因为政治制度、意识形态、文化传统、价值观念的区别，在国际信息需求上是存在明显差异的，如果无视这种差异的存在，国际信息的传播就会因失去“靶心”而失效。胡正荣（2017）指出，我们对外传播的最大短板在于“知彼”不足。要“讲好中国故事，传播好中国声音”，就只有在差异性基础上因势利导，采取个性化、精细化、定制化和智能化的精准传播。我国对外传媒由于忽视外国受众的关注点和他们价值观的特点，很少进行受众的抽样调查。因此，面向国际社会讲中国故事，我们要清醒地认识到故事中所蕴含的“道”，既要满足我国的需要，也要重视国际的需求。讲中国故事要有受众意识，要满足本土化需要，“需要更多地讲述与外国人利益相关的中国故事”（黄友义，2014），需要表明中国是维护世界和平、促进共同发展的重要力量，是国际社会可以信赖的伙伴和朋友。在中文国际传播中，我们“既要讲解，更要适当调整我们的话语表达方式，用学习者所熟悉的话语体系，按照学习者喜欢并乐于接受的话语方式，讲解学习者听得懂的中国故事。故事要吸引人，要有魅力，要给人以有益的启示。要尽可能把握住学习者的诉求，激发学生学习中文和中国文化的兴趣。如果完全从自我文化话语体系出发，用一种自白式的表达方式，会让人感到有一种宣传的意味，则难以调动学习者学习中文和中国文化的积极性”。（赵金铭，2014）

5. 加强对外讲好中国故事的渠道建设

在对外传播策略上，学者们普遍提出了加强外宣媒体建设的建议。有研究者认为，在信息传播国际竞争中，我国虽然已经初步形成了传播矩阵，国际传播实力得到了显著加强，但是与西方强大的传播输出能力相比较，仍然相形见绌和相去甚远。如果缺乏好的传播渠道和载体，即使再精彩的内容也不会为国外受众所获知，也难以形成影响力并掌握话语权。因此，必须大力加强信息传播渠道建设，拓展我国在国际舆论格局中的影响力和掌握更多的话语权（陶大坤、丁和根，2010）。

随着现代科技的发展，多媒体技术被广泛运用到社会，我们利用多媒体技术创设能够激发学生学习兴趣的课堂氛围，创设语言内涵丰富的课堂意境，从而提高中文学习者的学习兴趣。同时，利用现代多媒体技术，用图画、音频、视频、动画、电影、纪录片、电视剧、抖音短视频等让外国人更直观、更深刻地感受所讲的故事。我们在向外国人讲好中国故事的同时，还应注重引导和培养外国人讲中国故事的能力，通过他们把中国故事讲出去，当地人更容易接受，影响也就更大。

（三）讲好中国故事的策略

1. 统筹国际国内两个大局

随着我国在国际事务中发挥的作用越来越大，我国的对外交往、对外传播都将面临更大的考验。在全球化不断深化的当前，我国进一步融入国际社会，在外交、经济、文化、教育等领域都形成了前所未有的开放局面。网络时代，互联网技术的发展推动了我国对外传播的进一步开放。在网络条件下，我国发生的任何事件都有可能成为国际舆论中的一个影响源，继而演变成为国际新闻事件。在互联网平台日益大众化的当前，国际传播的主体已经不仅仅是主流媒体或者官方代表，普通民众也可以成为一股传播力量，向国际发声。传播主体多元化、传播手段自由化、传播平台大众化是我国对外传播环境变化的主要特点。在这种时代环境下，对外讲好中国故事统筹国际国内两个大局的意识就尤为重要（丁柏铨，2011）。

当前国际舆论对华负面报道来源大多离不开国内公共事件的爆发和新媒体的快速无序扩散。国内重大公共危机事件的控制与自媒体传播秩序的治理，是消除国际传播“杂音”的重要前提。如果不能有效控制国内重大公共危机事件的爆发，不能有效消除社会矛盾、降低社会冲突，不能有效管控自媒体传播秩序“自由化”，那么将给我国对外传播带来极大的不安定因素，将丧失引导国际舆论的主动权。因此，对外讲好中国故事以展现真实、立体、全面的中国，提高国家文化软实力，树立中国良好的国际形象，让国际社会了解中国、认识中国进而接受中国，必须加强国际国内两个大局的统筹。

2. 实施“一国一策”的精准传播战术

目前，中文传播的策略、对外讲好中国故事的策略还需要进一步加强针对性，需要进一步根据国家政治制度、民族、文化、宗教信仰等特点开展差异化传播。必须把粗放型的“一对多”传播战术提升为“一对一”的精准传播。要认真研究不同国家的基本经济社会状况、受众的基本人口特点和媒介使用习惯、信息需求等信息，建立数据齐全的受众信息需求数据库和对外传播评估体系（柯惠新等，2009），在此基础上加大受众研究和对外传播效果评估研究，有的放矢地实施“一国一策”精准传播。

3. 实施海外传播阵地前移战术

目前，我国主流媒体的新闻生产基地主要还是在国内。新闻生产的流程大致延续国内—国外的基本模式，这种“总店 + 分店”式新闻生产模式的好处是有利于各种资源的集中利用。但是，在国际传播领域，这种做法的缺陷也逐步显现。从国际传播实践来看，本土化传播是当今国际主流媒体开展传播的核心战略。目前，我国主流媒体的海外分社、分站基本还是由总社、总站派出，雇佣海外当地管理者、记者、主持人还不普遍。而从国际主流媒体的经验看，实现新闻机构和人员的本土化、运营本土化、内容本土化、与本土媒体开展合作传播是成功的重要因素（胡邦胜，2017）。因此，我们在对外讲好中国故事的过程中，应进一步去考虑如何吸引受众在接受中国故事的同时借助受众本土的传播平台、传播媒介转而再传播给本地人士，使得受众身兼传播者的身份在其本土开展二次传播。

4. 大力借助融媒体力量

当前媒体融合已经成为一个明显趋势，以互联网、社交媒体、移动终端为代表的新的媒介，改变了媒体传统生产方式，市场逐渐催生媒体融合的发展趋势。在这种时代背景下，一是要破除传统媒体分工思维，积极推动媒体融合。要建立“传受一体化”的新型传播模式，推动各种传播手段的融合应用。二是要大力加强新媒体建设，我国主流媒体的新媒体建设质量和传播效果距离国际主流媒体还有很大差距，必须迎头赶上。

5. 构建立体化、多层次、协同化的国际传播体系

公司化是媒体全球化发展的重要方式和途径。从国际主流媒体的实践来看，BBC、CNN、FOX 等国际主流电视台在对外传播过程中都通过公司化运作，在全球范围内获得了较高的接受度和影响力，主导着国际传媒影响力、掌握着国际话语主导权。我们可以合理借鉴国际通行做法。一是推动企业、民间智库、个人在内的多类主体积极参与国际传播大业，构建立体化、多层次、协同化的国际传播体系，形成传播合力；二是鼓励我国主流媒体的海外媒体开展市场化运营，通过项目运作、产业经营，提升“自我造血”能力。适当的机会还可以并购海外媒体，壮大我国对外传播平台。

6. 加强对外讲好中国故事人才的培养，提升人们对外讲中国故事的能力

对外讲好中国故事，必须熟悉讲好中国故事的目标和责任、必须坚定“四个自信”、必须具有分析受众的能力、必须具有针对不同对象选择恰当故事的能力、必须具有全媒体传播能力和外宣策划能力等等。只有具备了这些能力，我们才能向世界讲好中国故事，让更多不了解中国的外国受众真正接受中国故事，理解中国故事，爱上中国声音，从而树立我国良好的国际形象，为中文国际传播营造有利的外部环境。因此，我们需要进一步加强各行各业外宣人才的培养、培训。

国际中文教育专业人才主要从事直接面向外国人的中文教学和文化交流工作，有着能够直接将中国故事讲出去的便利条件，因而我们更应该培养该专业学生讲好中国故事的能力，使得他们毕业后能够借助工作环境的优势，在中文教学和文化交流中讲好中国故事，成为在国际社会中宣传中国形象的重要力量。然而，我们在对该专业学生的培养过程中却没有专门培养他们面向国际社会讲好中国故事的能力，他们虽然有讲好中国故事的便利，但未必都有讲好中国故事的能力。为了培养该专业学生对外讲好中国故事的能力，我们首先要调整专业培养目标，将对外讲好中国故事能力的培养作为该专业的一项重要培养目标；其次要改变该专业当前的课程设置，增设“对外讲好中国故事概论”“中国故事”“对外讲好中国故事能力训练”等课程，改革“毛泽东思想和中国特色社会主义理论体系概论”的教学内容，将该课程教学定位于树立学生的中国特色社会主义道路自信、理论自信、制度自信，增加“中国文化概论”的教学内容，把增强学生的文化自信作为该课程的一项重要目标；最后配合培养目标的调整和课程改革，我们还应该编写《对外讲好中国故事概论》《中国文化与文化自信》和《当代中国》等教材，并建立一个易检索、可不断丰富和调整的中国故事资源库。与此同时，我们还应调整师资结构，将研究如何树立学生“四个自信”的、研究外国文化和中外文化比较的、懂得文化传播的专家学者引入师资队伍中，并积极邀请各个领域里开展对外讲中国故事取得突出成绩的优秀人才来学校给学生们传授经验。

只要我们坚定不移地把中国故事讲好、讲到位，相信一定能够让越来越多的国家从我国的发展中看到希望，进而对自身乃至世界的发展充满信心，我国应有的国际地位与国际话语权将必然得到更大幅度的提升（阮静，2017）。与此同时，中文也将越来越受到国际社会的欢迎，中文传播在东盟发展的障碍也将逐渐减少，最终成为联通中国—东盟人民心灵的纽带和桥梁。

第二节　解决中文传播各环节具体问题的微观策略

一、建立中文传播在东盟发展的标准体系

从语言传播的过程来看，传播主体应具备哪些素质才能胜任语言传播、什么样的传播内容才能适应受众的需求和接受能力、传播平台如何建设和传播媒介如何发展才能更好地达到传播目的、如何评估传播效果等等都需要有一定的标准。然而，目前有关中文国际传播的标准体系尚未完全建立起来，即便是针对中文国际教育这一主要的中文传播途径，相关的标准也不够健全，影响较大的标准只有国家汉办 / 孔子学院总部［现（教育部）中外语言交流合作中心］发布的《国际汉语教师标准（2012）》《国际汉语能力标准》《国际汉语教学通用课程大纲》，国家语委发布的《国际中文教育中文水平等级标准》（GF0025-2021），以及国家汉办 / 孔子学院总部研制的、用于评估学生中文学习效果的新 HSK 大纲。另外，海外的华文教育虽属于国际中文教育的一部分，但具有自己的特点。因此，暨南大学华文考试院组织国内外华文教育界专家进行了《华文教师证书》和“华文水平测试”两个标准的建设。但这些标准都是面向全球的普适性标准，而各个区域、各个国家的中文教育又有着不同的特点，因此，这些标准还难以满足区域和国别中文教育的需求（黄碧玉，2020）。为了适应中文传播在东盟区域和各国发展的需要，我们还有必要在已有标准的基础上进一步研制具有区域性、国别性特点的标准体系。

目前并未有针对中文传播在东盟发展而研制的区域标准，而相关的国别

标准除了一些国家，如新加坡、马来西亚等研制了一些课程标准，其他的相关标准建设还非常薄弱。在东盟各国，无论是传统的华文教学，还是新兴的中文作为第二语言教学都存在着“行业标准缺失”的问题（吴应辉，2016），这表明东盟中文传播的标准建设还很不健全。虽然近些年来有一些专家开始着手研制某些方面的本土化标准，如冯忠芳（2011、2013）拟定了泰国中小学本土中文教师标准，龙伟华（2012）制定了泰国中文学习者中文能力标准，何富腾、庄佩英（2013）拟定了马来西亚本土中文作为第二语言教师能力标准，潘俊财（2014、2018）对泰国中文学习者的中文水平测试标准做了探讨，黄碧玉（2020）制定了泰国中文学习者中文能力标准，但是这些标准主要是本土个别学者研制的，科学性还需进一步论证，又受限于研制者的影响力，这些标准并未得到推广和应用。为使得标准具有一定的权威性并最终能够得到应用，最好由政府相关部门或具有一定威信的中文传播组织来主持制定。要么继续采用之前制定《国际汉语教师标准（2012）》《国际汉语能力标准》《国际汉语教学通用课程大纲》的模式，由中外语言交流合作中心组织我国学者与标准使用国本土学者合作研制；要么由标准使用国政府或相关组织来研制，如果本土学者研制能力不足，可聘请我国学者加入研制团队。

二、中外合作编写东盟本土化教材

“本土化”中文教材建设是一个看得见摸得着的目标，是提高各国中文教材针对性的现实出路（吴应辉，2013）。由于东盟各国普遍存在着中文作为第一语言教学（即面向具有一定中文听说基础的华人的华文教学）和中文作为第二语言教学（即面向没有中文听说基础的华人以及非华族的中文教学）两种形式，因此本土化教材的编写，应至少区分这两类中文学习者的特点而编写不同适用范围的教材。

目前除了新加坡、马来西亚在第一类教材本土化的建设上取得较好的成绩，当地编写出版的教材基本能够满足需求，但在中文作为第二语言教材建设上还基本属于空白。而东盟其他国家对两类教材的建设均很薄弱。目前，我国专门编写的适用于东盟某一国别的中文教材还严重不足。从整体情况来看，面向东盟各国学习者的本土化教材建设还有较长的路要走。

研发针对性的“本土化”教材，可通过“中国专家指导 + 教材使用国本土教师合作”的路子。教材编写是一个庞大的系统工程，在教材编写之前需要对使用者和使用国（地区）的国情、地情、学习者情况做大量的调研，以开发出具有针对性的教材。在教材编写过程中需要语言研究者、教师、出版社以及其他的相关部门密切配合，以开发出具有科学性和吸引力的教材。教材开发还需有配套书籍和配套资源的开发。根据孔子学院总部提出的教材“三贴近”原则：贴近外国人习惯、贴近外国人思维、贴近外国人生活，由通晓两国的实际情况和语言文化的专家与教师联合编写，综合各自的经验和专长，形成优势互补（马春燕，2015）。因而，在编写东盟本土教材的过程中，我国国际中文教育专家、东盟本土中文教师和国际中文教育志愿者要通力合作，首先在对教材使用国国情、地情、学习者情况等做充分调查的基础上再进行教材编写，然后联合教材使用国教育部门以及出版社共同协作，出版适合当地中文教学的本土化中文教材，最后在一定范围内试用，再聘请专家和教材编写者针对试用过程中存在的问题进行论证，根据论证结果对教材进行修订，再最后全面投入使用。

未来的国际中文教材开发会受到更多来自多媒体和网络的影响。也就是说，未来的教材必将走立体化开发的道路。因而，在东盟本土化中文教材建设中，应充分发挥现代多媒体技术和网络技术的优势，建立立体化的教材格局。不仅要提供配套的教师用书、配套练习、工具书、中国文化知识读本等，还要提供给学生可自主学习的光盘、小程序，辅助教师教学的多媒体课件等。同时，还应整合网络教学资源库，建设供教师和学生可以实时和延时在线学习的、共享的网络学习和教学平台，并以网络教学平台为基础，建立中文学习的终身学习机制，从而解决中文学习延续性和拓展性等问题。

编写适合东盟中文学习者的中文教材，除了应注重分别针对中文作为第一语言学习者和中文作为第二语言学习者，还应注意以下几点：

首先，不同领域对中文的需求。我国与东盟的经贸合作在制造业、建筑业、采矿业、交通运输业和服务业等领域较为密切，因此可以针对以上相关领域设计中文教材，细化不同领域的教材分类，从而使得学生通过此教材能够掌握相应领域的中文表达。

其次，儿童和成人对中文教材的要求是不一样的。同为中文二语习得者，儿童与成人在习得动机、学习策略、记忆能力等方面都有着各自的特点。因此需要分别设计面向儿童和成人的教材。

再次，华裔和非华裔所具有的中华文化知识和对待中华文化的态度不同，学习目标和学习动机也有差异。与非华裔中文学习者相比，华裔中文学习者对中文有着更多的文化认同和探索的需求，设计出更符合华裔中文学习的教材有利于促进东盟各国华裔对中国文化的认同感、增强其文化归属感和自豪感。针对非华裔学习者，教材编写则要满足其在其他方面对中文的学习需求。

最后，新形势下线上中文教学的兴起与发展对网络中文教材的研究也提出了新要求，教材编写者要注意网络中文教材并非对纸质中文教材的简单复制，而需要根据网络教学的特点进行有针对性的设计。

三、五方联动加强东盟本土中文师资的培养

“五方联动”是指我国教育部中外语言交流合作中心、我国国务院侨办、我国高校、东盟各国政府、东盟中文教学机构共同努力、相互支持和配合。针对当前东盟大部分国家本土中文师资质量还有待提高、数量缺口仍然很大的现状，一方面需要我国高校与东盟各国政府、东盟中文教学机构开展教育合作，进一步加大来华东盟各国留学生国际中文教育本科、硕士和博士的培养规模，提升培养质量，甚至在有条件的高校开设专门用于培养东盟本土中文师资的专业，以加强培养的针对性。同时，开设一些面向东盟本土中文师资的培训班，用于提升目前已经在岗的东盟本土师资的教学能力；另一方面积极支援东盟本土教学机构开设中文师资培养的高学历教育和培训班。此外，教育部中外语言交流合作中心、国务院侨办应进一步调整外派教师政策，选派一批能够协助东盟各国本土教学机构开展师资培养的资深专家，将外派教师的职能由一般性教学逐步调整为对东盟本土教师开展示范性教学和提供师资培训服务，以发挥其“工作母机”的作用（李嘉郁，2008）。同时进一步加强孔子学院的内涵建设，增加高水平中文教师的派出力度，强化志愿者在服务国本土中文师资培养中的作用。最后，与外国高校合作设立中文师范专业，建设一批教师培训基地，重点培养培训各国本土中文教师。

东盟各师资数量缺口较大的国家也要充分运用本国已有资源，在全国的

中文师资中遴选出一批教学经验丰富、对中文教学有较为深入研究的教师，组成教学指导专家组，积极担负起本土教师的培养、培训和教学资源的建设工作。在课程建设、课件开发、培养模式等多方面建立标准和做出示范，并负责本国中文师资培养质量的监督工作。专家组的建立将有助于把中文教学质量监督做到严格化和常态化。

另外，东盟各国政府和本土中文教学机构在拟定中文教师志愿者接收计划时，应与我国教育部中外语言交流合作中心、国务院侨办加强沟通，接受更多的高水平中文师资培训专家进驻本土开展师资培训。如果本土师资加上中国外派教师可以达到在当地高校开展中文师资培养的高学历教育的要求，则积极在相关高校开展中文师资培养专业；如果师资尚满足不了开设高学历教育的要求，当地政府和高校一方面可加大选派有潜质的中文专业人才前来我国接受高学历教育的力度，同时要加强制度建设，用以保障这些专业人才完成学业后必须回到高校教学岗位上；另一方面，积极与国际上有实力的高校合作开展中文专业高学历教育，放宽人才交流的相关政策，多渠道吸收中文专业的专家学者赴当地讲学。

当然，由于东盟大多数国家一时还难以完全实现中文教学的完全本土化，因此还会不断地接收我国选派的国际中文教育志愿者和外派教师。为能够提供胜任东盟各地中文教学的、受到当地中文学习者好评的志愿者和教师，我们需要加强志愿者和外派教师的培养和培训。一是注重提高他们在东盟区域的文化适应能力和职业认同感，能够深刻体会面向国际社会传播中文的神圣使命感，进而具备不怕困难、不计个人得失的奉献精神。开通线上心理辅导服务或为志愿者和外派教师提供心理援助、经费补贴等，帮助国际中文教育志愿者和外派教师及时适应当地文化和生活、克服文化休克，顺利地在当地开展教学工作。二是实行国际中文教育专业定向培养（面向东盟）、与东盟各国合作建设国际中文教育专业研究生联合培养基地等方式，进行有针对性的师资培养。

我们还应培养具备应用新型教学模式能力的东盟中文师资队伍。受疫情影响，传统的线下中文教学模式受到冲击，“线上＋线下”的混合型教学模式已经成为中文教学的发展趋势。作为东盟中文传播的主力军，中文教师应适应新形势下的中文教学，及时更新教学理念，调整教学模式和教学方法，保证线上中文教学效果。

四、加强教师之间的经验交流和合作研究，改进中文教学法

随着中文传播在东盟的发展，东盟各国中文学习者已不再限于华人，学习者类型变得复杂多样，如果中文教学中还沿袭之前面向华人的教学法，自然也就会出现无法适应其他类型学习者的问题。改进中文教学法，一是可以聘请本土教师中的佼佼者组建研究团队，通过对本地典型教学案例进行深入分析，依据当地中文教学环境和学习者特点，参照相关理论，遵循语言教学、语言学习规律，立足中文自身的特点对具体问题进行具体分析，针对当前教学存在的突出问题提出新的方法，并先在一定范围内开展教学实验，然后根据实验中发现的问题进一步加以改进，最后再大范围的应用（刘振平、罗庆铭，2012）；二是可以多组织一些本土教师与我国的外派教师和国际中文教育志愿者的教学经验交流活动，通过交流合作，共同改善教学方法，提高教学质量；三是可以多组织以探索东盟区域化或国别化中文教学法创新为主题的国际学术研讨会，倾听国际中文教学界在教学法创新上的经验、建议，以此作为参考。另外，东盟各国的中文人才培养机构、教学管理部门或者相关中文传播平台也可以定期组织举办中文教师技能大赛，鼓励教师进行教学方法的更新和创新。

五、积极借助新媒体扩展中文传播途径

互联网和新媒体的迅速发展，使得当下信息传播方式更加便捷、更加多样。东盟各国近些年来的发展已使得越来越多的国民能够接触到互联网和多种社交媒体。如据 We are social 公司 2017 年 1 月的统计：新加坡互联网活跃用户数为 471 万，普及率为 82%；社交媒体活跃用户数为 440 万，普及率为 77%，其中移动社交活跃用户数为 400 万，占总人口的 70%；移动订阅数为

844万，与人口数对比达到了147%。据《缅甸时报》2017年10月30日报道，自推行电信改革以来，缅甸国内的互联网用户数量从2014年的约200万猛增到2016年的3900多万。网络媒体的发达，使得越来越多的人借助网络媒体进行中文学习。黄龙翔（2012）对新加坡学生的学习途径进行了调查，发现学生能否掌握移动技术利用网络资源对其中文能力提升具有重要的影响。

随着互联网在全球的普及和发展，网络在线学习成为新型的学习方式，也受到越来越多人的追捧。因为网络学习不限地点、不限时间，为中文学习提供更方便快捷的平台。新媒体在中文教学中的作用越来越突出，开发线上教学资源，不仅可以打破时空界限，而且可以改革单一的中文教学模式，对目前的中文教学发展更具有实际意义。

近些年来，线上教学资源的建设和发展也取得了一些成绩。如现在视频网站Youtube上有许多学习中文的视频，社交软件Facebook上也有许多中文学习的小组，用户可在小组内分享并下载学习资料，还可以在搜索引擎Google上下载中文资料等等。我国一些社会培训机构还开设了线上教学课程，一对一单独教学、小班授课或者采取录播教学的形式进行中文教学。如南北中文在线是上海中文培训学校和国际领先的在线学习技术伙伴合作开发的在线中文学习平台，为世界各地不能方便地找到优秀中文教师进行中文学习的学员，提供通过网络平台和APP随时随地学习中文的解决方案。中文学习者可以随时随地进行中文学习和练习，还能与线上中文教师进行互动。中昊慧通（北京）教育科技有限公司全力打造的中文一对一（Chinese 1 on 1）汉教平台，致力于为中文学习者提供专业的、定制的、互动的中文在线学习服务。除此之外，还有一些为中文学习者开发的手机应用程序（App）、抖音小视频，等等。但目前中文教学资源的建设和发展，还基本上是在组织和管理都不足的无序状态进行的，良莠不齐，目的性不够明确。

基于上述现状和认识，我们认为中国—东盟中文教学各方应充分发挥新媒体的作用，进一步创办语言学习网站，或在社交媒体上创建中文互动学习室、开发帮助中文学习的游戏软件，为学习者创造更多的虚拟中文交际环境，以便学习者能够轻松、便捷地学习中文。中国—东盟加强合作，积极推动线上中文教学资源的共享，进而将线上线下的教学资源进行整合，丰富教学内容，改革教学模式。此外，还可以开发一些中文学习的网站和APP，辅助线下的中文教学，为中文学习者提供更便捷、更有效的学习途径。

另外，为方便中文传播各方在网络中轻松找到中文教学和传播资源，我们应该成立专门的团队，负责筛选和整理网上中文教学和传播资源，鉴定哪些资源能够帮助中文的传播、哪些资源适用于哪个区域的中文传播，等等。建立专门的中文学习网站或者在中外语言交流合作中心网站上公布这些资源名录和查询地址，并对每类资源的适用性给出分析结果以便使用者做出有针对性的选择，而且还可以给出使用建议供使用者参考。

同时，还需要加强广播、电视等媒体的中文传播力度，可以创办专门服务于东盟中文学习者的广播、电视频道，制作相关教学节目，等等。

六、成立和借助当地相关民间组织，为中文传播提供支持

目前，东盟大多数国家都有一些与中文教育相关的民间学会或协调机构，如新加坡华文教师总会、新加坡华文中学教师会，马来西亚华校教师会总会（教总）、马来西亚华校董事联合会总会（董总），柬埔寨柬华理事会，印尼一些地区的华文教育协调机构，菲律宾华教中心，泰国华文教师公会，老挝华文教育联合会，等等。这些组织有些规模不大、影响力不足，只有那些真正能够为华校办学或教学研究提供资金支持的民间组织，如马来西亚华校教师会总会（教总）、马来西亚华校董事联合会总会（董总）、柬埔寨柬华理事会、菲律宾华教中心等，才能在中文教学发展和中文传播中发挥较大的作用。但随着目前东盟各国中文学习者来源和中文教学机构的多样性，仅仅有协调和支持传统华文教育的机构还不够，还需要进一步建立协调和支持当地中文作为第二语言教学的相关机构，以及协调各类中文传播力量的机构，并提高它们的影响力。

为进一步协调东盟区域和各国中文传播力量，增加它们之间的交流与合作，我们认为今后还应开展以下几项工作：

一是由我国国际中文教育界、新闻界牵头，联合国际上从事中文传播的

各方面力量，成立中文国际传播学会，并下设区域、国别分会。依托中文国际传播学会东盟分会及东盟各国分会，将中国—东盟中文传播人才联系起来，合作探讨中文传播在东盟区域和各国发展的问题，并进而依据需求提供相关的学术支持，加强中国—东盟中文传播力量的交流与合作。

二是推动东盟各国现有的中文教育民间组织机构扩大服务范围，由支持华文教育的发展逐渐扩大为全面服务本国中文传播各个方面的工作。最好由他们来成立服务本国中文传播的学术组织或协调机构。各协调机构可以募集资金举办全国公益性学术会议、举办全国性中文教学比赛、设立中文传播合作研究项目，集聚全国的力量深入探讨本国中文传播的发展问题。为了增强各协调机构的影响力，获得本国各方中文传播力量的支持，这些协调机构应力邀一批在当地影响力比较大的人物作为协调团队的核心，同时积极与当地政府沟通，在确保不碰触所在国政策红线的前提下开展工作，力争获得所在国政府的支持。

七、加强"中文＋职业技能"融合，满足东盟发展对人才的新需求

无论是在东盟区域内的中资企业，还是东盟国家的本土企业，都不谋而合地表现出对既会中文又懂业务的新型国际化"中文＋职业技能"人才的渴望。今后面向东盟的中文教育不能仅将教学重点聚焦于"会中文、懂中国"，更应通过教授"中文"外的其他专业学科知识，帮助学习者在掌握"中文交际技能"的基础上新添"其他专业技能"的优势，完美迎合新合作环境下东盟区域内的企业对"会中文、懂中国又有技术"的区域化人才的需求，为"中国—东盟区域化人才培养"探索出一条明确的新出路。

在东盟区域化中文人才培养模式方面，早期我们多专注于中文技能教学和训练。随着国际中文教育的发展，这方面的人才因仅具有中文技能，而无专业技术，毕业回国后的就业领域比较狭窄，多集中在中文翻译、旅游和文化交流等领域，而这些领域已逐渐呈现出人才过剩的趋势。与此形成对比的是，随着中国—东盟在专业技术领域合作的不断深入，专业技术领域出现的

中文人才不足问题却越来越严重。总之，在中国—东盟各方面交流合作不断深入的大趋势下，国际中文教育相关专业传统的中文人才培养模式已难以满足东盟区域发展的需求，创建和实践“中文＋职业技能”的跨学科人才培养模式势在必行。

加强“中文＋职业技能”融合，更能针对性地解决东盟区域内企业的人才需求问题。加快中国—东盟双边企业合作进程，促进东盟区域的中资企业和本地企业实现企业内部和外联合作的良性运转，也能直接影响到东盟人民的择业、就业，一定程度上能够帮助东盟人民解决就业这一基本民生问题。这不仅能够落实、推动中国—东盟区域合作的良性发展，更能促使更多年轻人才在经济利益的驱动下更主动地学习、了解中文和中国文化，促进中国—东盟之间的民心相通，拉动中文传播在东盟的进一步发展。

“中文＋职业技能”跨学科人才培养不局限于学历教育，在为企业培养未来的“综合性”人才时，也可为企业资深员工提供语言及专业知识再深造的机会，全面提升企业高层人才的综合素质，从而完善企业在经营、管理、商贸等方面的问题。紧跟社会人才发展需求，东盟国家高中毕业生来华就读本科将获得更广阔的专业选择空间；曾来华接受过国际中文教育相关专业教育却因缺乏专业技能而未能满意的就业者，也可凭借已有的中文基础“回炉重造”，从而有能力去竞争更多的心仪岗位；东盟区域内的企业在职员工亦可通过短期语言和专业的培训、进修，提升专业素质和语言综合能力，从而在更好地推动企业发展的同时实现个人职位的晋升。

本讲回顾

推动中文传播在国际上的发展，既要有顶层设计，又要有解决区域性和国别性问题的具体策略。顶层设计用于营造中文传播得以发展的外部环境，保障中文传播得到各地政府和民间的欢迎和支持，为中文传播各环节力量的发展提供动力。中文和中文传播能否受到国际社会的欢迎，跟我国在国际上的影响力密切关联。我国的发展能够带动世界的发展，世界人民需要与我国人民往来、合作，需要借助我国的经验、模式来发展自己。在国际事务中，世界各方越来越希望倾听中国声音并期盼中国发挥作用，世界各方在与我国的合作中备感安心和温馨，获得满足感，这些是我国的国际影响力变大的重要标志。要提升我国的国际影响力，首先要依托我国的国家综合实力的提升，进而稳步传达、推动与国际社会合作共赢的中国理念和实践。因此，习近平主席倡导构建人类命运共同体、共建"一带一路"等，这些无疑都是进一步提升我们国际影响力的重大宏观战略。这些宏大战略的进一步实施，将会使得国际社会不断释疑、对我国不断增信、同我国交流与合作不断增进、中文的价值不断提升，进而使得中文传播在各国得到更顺利、更有序的发展。因此，要推动中文在东盟传播，必须推动构建人类命运共同体理念的进一步实践，稳步推进"一带一路"建设。

我国与世界和谐共处、合作共赢、共同发展的善意诚意，我国为世界发展所做出的一系列贡献，如果不能很好地向国际社会表达，就会被占据话语主动权的、一直想主导国际社会而谋取自身利益的一些国家和个人扭曲与污蔑。因此，我国还需要建立自己的国际话语体系，多渠道、多层次、有温度地对外讲好中国故事，向国际社会展现一个真实、立体、全面的中国，树立中国良好的国际形象，让国际社会了解中国、认识中国进而接受中国。我们要从传播观念、传播平台、传播内容、传播方式、传播人才等角度做出系统谋划，从顶层设计的高度综合各方面建设和协调，力争形成一体化的长效机制，突破对外传播的瓶颈，筑牢对外传播的基础，增强对外传播策略的时效性、针对性，从而为对外讲好中国故事奠定良好的基础。为了实现这个目标，我们一要树立专业的国际传播理念，二要尊重国际传播规律，加强专业性建设，三要科学制作对象化内容，四要树立受众意识，五要加强对外讲好中国故事的渠道建设。在此基础上，讲求对外讲好中国故事的策略，一是统筹国际国内两个大局，二是实施"一国一策"的精准传播战术，三是将海外传播阵地前移，四是大力借助融媒体力量，五是构建立体化、多层次、协同化的国际传播体系，六是加强对外讲好中国故事人才的培养，提升人们对外讲中国故事的能力。我们坚定不移地把中国故事讲好、讲到位，将会使得越来越多的国家从我国的发展中看到希望。我国应有的国际地位与国际话语权将会有更大幅度的提升，中文也将越来越受到国际社会的欢迎，中文传播在东盟发展的障碍也将逐渐减少，最终成为联通中国—东盟人民心灵的纽带和桥梁。

针对中文传播在东盟各国发展过程中遇到的具体问题，我们还需提出一些具体的措施，通过具体问题的解决逐步提升中文传播的质量以满足东盟各国中文传播受众的需求。一是针对中文传播在东盟发展的相关标准不健全的问题，我们首先应加强中文传播在东盟发展的标准体系建设。二是针对东盟中文传播中“三教”问题依然比较突出的问题，我们应利用我国国际中文教育专家、东盟本土中文教师和中文教师志愿者通力合作的模式，构建面向东盟中文学习者的立体化教材格局；由我国教育部中外语言交流合作中心、国务院侨办、我国高校、东盟各国政府、东盟中文教学机构“五方联动”，相互支持和配合来开展东盟本土中文师资的培养；加强教师之间的经验交流和合作研究，改进中文教学法。三是针对当前中文传播渠道还相对狭窄的问题，我们应积极借助新媒体为东盟中文受众提供更便捷、更有效的接收途径。四是针对东盟各国中文传播各力量的团结协作还有待加强的问题，我们应主动成立或借助当地相关民间组织成立一些学会或协调机构，为东盟区域和各国的中文传播提供学术支持，推动中文传播各股力量的合作。五是回应中国—东盟区域发展对“中文+”人才的需求，我们要转变中文人才培养理念，加强“中文+职业技能”融合，为东盟企业培养出“会中文、懂中国又有技术”区域化人才。

课后思考与讨论

1. 促进国际中文传播有哪些好的策略？
2. 简述对外讲好中国故事的必要性。
3. 如何加强东盟本土中文师资的培养？
4. 中国向东盟中文传播的途径及方式有哪些？
5. 怎样才能提高面向东盟的文化传播能力？

拓展阅读文献

[1] 洪柳，2018. “一带一路”背景下东盟国家汉语教育发展研究 [J]. 河北师范大学学报（教育科学版）(2).

[2] 李宝贵、李辉，2021. 中文国际传播能力的内涵、要素及提升策略 [J]. 语言文字应用 (2).

[3] 翟慧霞、耿笛，2022. 关于新形势下中国—东盟媒体合作的思考与建议 [J]. 国际传播 (1).

参考文献

[1] 白贵、曹磊，2017. 媒介战争与民族构建：抗战电影的媒介环境学研究[J]. 现代传播（1）.
[2] 白昱，2008. 柬埔寨华文教育状况综述[J]. 国际汉语教学动态与研究（2）.
[3] 百合，2014. 华语电视台在泰国的发展及趋势研究[D]. 硕士学位论文. 重庆工商大学文学与新闻学院.
[4] 薄宝华，1992. 东南亚华文教育出现的发展契机[J]. 华人月刊（4）.
[5] 蔡昌卓，2015. 东盟教育概况[M]. 桂林：广西师范大学出版社.
[6] 蔡贤榜，2006. 印尼华文师资队伍现状及其培训市场[J]. 世界汉语教学（1）.
[7] 曹儒、汤汪洋，2023. 文莱中学华文教育“三教”现状、问题及对策[J]. 辽宁师范大学学报（社会科学版）（4）.
[8] 陈传俊，2015. 越南本土汉语教材研究[D]. 博士学位论文. 中央民族大学.
[9] 陈灵芝，2014. 汉语国际推广背景下的越南汉语教学现状[J]. 汉语国际传播研究（1）.
[10] 陈灵芝，2016. 汉语国际传播视角下的越南高校汉语教学发展研究[D]. 博士学位论文. 中央民族大学国际教育学院.
[11] 陈美宣，2011. 泰国华文教育状况分析与对策[D]. 硕士学位论文. 厦门大学.
[12] 陈茜，1981. 日滇缅印古道初考[J]. 中国社会科学（1）.
[13] 陈硕，2013. 文莱小学低年级华文教学策略调查研究——以文莱中华中学三年级华文教学为例[D]. 硕士学位论文. 东北师范大学.
[14] 陈伟明、侯波，2006. 20世纪以前的南洋华侨在中外饮食文化交流中

的作用［J］. 东南亚研究（1）.

［15］陈艳艺,2013. 从华人认同看泰国华文教育的复苏与发展（1992～2012）［J］. 东南亚纵横（1）.

［16］陈艳艺，2014. 泰国汉语教材现状及发展研究［J］. 东南亚纵横（9）.

［17］陈艳艺、章石芳，2017. 菲律宾公立中学本土汉语师资培养模式研究［J］. 海外华文教育（4）.

［18］陈燕玲，2016. 认知视野下汉语学习动机类型研究——以菲律宾华裔青少年为例［J］. 泉州师范学院学报（9）.

［19］陈艺元，2019. 2017 年东南亚国家“一带一路”五通指数解读［J］. 东南亚研究（1）.

［20］成汉平，2015. 中国—东盟合作从黄金十年到钻石十年［J］. 唯实（6）.

［21］崔凯，2014. 泰国国际学校汉语教学情况调研——以泰国 Bromsgrove International School 为例［D］. 硕士学位论文. 河北大学.

［22］崔日明、李丹，2020. 后疫情时代中国—东盟区域价值链的构建研究［J］. 广西大学学报（哲学社会科学版）（5）.

［23］崔希亮，2010. 汉语国际教育“三教”问题的核心与基础［J］. 世界汉语教学（1）.

［24］戴家毅，2022. 新加坡华文教育变迁研究［J］. 民族教育研究（2）.

［25］邓海霞，2011. 蓬勃发展的老挝汉语教学——记老挝国立大学中文系和孔子学院［J］. 世界汉语教学学会通讯（3）.

［26］邓卓明，2003. 海外二千五百多万人在学汉语［J］. 公关世界（2）.

［27］丁柏铨，2011. 重塑世界政经新格局中的中国传播［N］. 中国社会科学报. 2011-06-30（28）.

［28］杜毓斌，2015. 央视海外新媒体运营的实践与思考［J］. 中国记者（7）.

［29］范宏伟，2006. 缅甸华文教育的现状与前景［J］. 东南亚研究（6）.

［30］范勇鹏，2014. 中国故事不一定要由官方和媒体讲，学术界担子更重［N］. 人民日报. 2014-12-18（5）.

［31］冯忠芳，2011. 泰国中小学本土汉语教师发展的历时考察与标准研究［D］. 博士学位论文. 中央民族大学国际教育学院.

[32] 冯忠芳，2013. 泰国中小学本土汉语教师标准制定再探讨 [C]. // 第十一届国际汉语教学研讨会论文集. 北京：高等教育出版社.
[33] 高茹、刘振平，2014. 新加坡双语教育政策中因材施教理念的注入与发展——新加坡教育政策报告书解读 [J]. 外国教育研究 (3).
[34] 高焱，2021. 汉语教学本土化现状调查与对策研究 [D]. 硕士学位论文. 吉林外国语大学国际传媒学院.
[35] 葛婧、黎氏秋庄，2020. 越南大学汉语教学的现状、问题及对策 [J]. 常熟理工学院学报 (1).
[36] 耿虎、马晨，2021. "一带一路""中文+"教育发展探析 [J]. 闽南师范大学学报 (哲学社会科学版) (1).
[37] 郭熙，2020. 新时代的海外华文教育与中国国家语言能力的提升 [J]. 语言文字应用 (4).
[38] 郭熙，2021. 华语与华语传承研究再出发 [J]. 语言战略研究 (4).
[39] 郭振铎、张笑梅，2001. 越南通史 [M]. 北京：中国人民大学出版社.
[40] 郭振羽，1995. 语言政策和语言计划 [G]. // 云惟利. 新加坡社会和语言. 新加坡：中华语言文化中心编印.
[41] 韩晓明，2017. 20 世纪 90 年代以来东南亚各国华文教学的本土化转型 [J]. 云南师范大学学报 (哲学社会科学版) (3).
[42] 何富腾，2014. 马来西亚国立大学华语课程教材的研究 [J]. 海外华文教育 (1).
[43] 何富腾、庄佩英，2013. 马来西亚本土华语二语教师能力标准 [C]. // 第十一届国际汉语教学研讨会论文选. 北京：高等教育出版社.
[44] 何其颖，2016. 柬埔寨汉语教学的现状 [J]. 学园 (34).
[45] 胡邦胜，2017. 从认识论看国际传播的主要特征 [J]. 理论视野 (10).
[46] 胡霞、林瑞华，2014. 印度尼西亚当地华裔学生的华语学习情况调查分析——以印度尼西亚爪哇岛井里汶市为例 [J]. 东南亚纵横 (9).
[47] 胡正荣，2017. 对外传播应"顶天立地"和"直指人心" [J]. 新闻与写作 (8).
[48] 黄碧玉，2020. 越南汉语能力标准构建研究 [D]. 博士学位论文. 中

央民族大学国际教育学院.

[49] 黄端铭，2004. 对菲律宾高校汉语教学的一次问卷调查 [J]. 暨南大学华文学院学报（1）.

[50] 黄端铭，2011. 世界汉语热背景下的菲律宾汉语教学 [J]. 世界汉语教学学会通讯（4）.

[51] 黄端铭，2021. 危机中谋转机　变局中创新局——疫情下菲律宾华文教育面临的挑战与应对策略 [J]. 世界华文教学（1）.

[52] 黄金英，2011. 缅甸汉语教学情况调查及汉语教材本土化思考 [J]. 汉语国际传播研究（1）.

[53] 黄龙翔，2012. 非正式学习环境下移动语言学习研究——新加坡学生校外成语学习及创作活动历程探析 [J]. 现代远程教育研究（2）.

[54] 黄玛丽，2015. 泰国高考制度发展及其提升路径分析 [J]. 经济研究导刊（20）.

[55] 黄书，2019. 柬埔寨皇家科学院孔子学院及其作用与意义 [J]. 湖北经济学院学报（人文社会科学版）（12）.

[56] 黄友义，2014. 如何讲好中国故事 [J]. 公共外交季刊（春季号）（4）.

[57] 江河，1996. 柬埔寨的华文教育 [J]. 八桂侨史（1）.

[58] 江坤，2018. 马来西亚汉语教学现状与策略 [G]. // 北京语言大学对外汉语研究中心. 汉语应用语言学研究（7）. 北京：商务印书馆.

[59] 姜冬梅，2011. 印尼孔子学院的建设现状分析及解决方案 [J]. 湖南科技学院学报（3）.

[60] 蒋重母、邓海霞、付金艳，2010. 老挝汉语教学现状研究 [J]. 东南亚研究（6）.

[61] 蒋重母、付金艳，2010. 老挝学生汉语语音教学难点及对策 [J]. 国际汉语教育（2）.

[62] 金炳镐，2010. 跨界民族与民族问题 [M]. 北京：中央民族大学出版社.

[63] 柯惠新、陈旭辉、李海春、田卉，2009. 我国对外传播效果评估的指标体系及实施方法 [J]. 对外传播（12）.

[64] 赖林冬，2012. 试论菲律宾华人宗亲会发展华文教育的功能及影响——以菲律宾济阳柯蔡宗亲会总会为例[J]. 海外华文教育(1).
[65] 赖林冬，2013. 菲律宾华文学校的发展和现状探析[J]. 八桂侨刊(1).
[66] 赖林冬，2021. 东盟孔子学院“一带一路”传播力建构路径探析[J]. 华夏传播研究(6).
[67] 李宝贵、尚笑可，2018.“一带一路”背景下汉语国际传播的新机遇、新挑战与新作为[J]. 辽宁大学学报(哲学社会科学版)(2).
[68] 李宝贵、吴晓文，2021. 中文纳入东南亚国家国民教育体系动因机制与推进策略[J]. 辽宁大学学报(哲学社会科学版)(1).
[69] 李宝贵、吴晓文，2022. 东南亚各国中文教育政策对中文纳入国民教育体系的影响[J]. 天津师范大学学报(社会科学版)(1).
[70] 李春风、莫海文，2016. 缅甸百年中小学华文教育发展及特点分析[J]. 八桂侨刊(2).
[71] 李春香，2021. 海上丝绸之路视域下的菲律宾华文文学[J]. 北方工业大学学报(6).
[72] 李峰，2010. 泰国汉语教育的历史、现状及展望[J]. 国外社会科学(3).
[73] 李昊，2010. 中泰合作背景下泰国高校汉语教学的发展及问题[J]. 华文教学与研究(1).
[74] 李佳，2009. 缅甸的语言政策和语言教育[J]. 东南亚南亚研究(2).
[75] 李嘉郁，2008. 海外华文教师培训问题研究[J]. 世界汉语教学(2).
[76] 李开慧，2005. 简论马来西亚华文教育的发展[J]. 西南民族大学学报(人文社科版)(10).
[77] 李兰，2018. 泰国中小学汉语教育现状[J]. 现代交际(9).
[78] 李乐，2014. 泰国中学生汉语教材调查研究[D]. 硕士学位论文. 吉林大学文学院.
[79] 李璘，2016. 马来西亚华语教材《华语入门》字词选编研究[D]. 博士学位论文. 华中师范大学文学院.
[80] 李明欢、黄猷，2008. 东南亚华人族群文化与华文教育[J]. 海外华文

教育（1）.

[81] 李鸣镝，2015. 中国—东盟合作背景下的国际空乘本科专业对外汉语教学模式探讨［J］. 人力资源管理（11）.

[82] 李谋，2005. 泰国华文教育的现状与前瞻［J］. 南洋问题研究（3）.

[83] 李屏，2012. 泰国华文教育史研究综述［J］. 东南亚纵横（8）.

[84] 李庆林、张帅，2019. 中国与老挝媒体合作探究［J］. 实践探索（5）.

[85] 李瑞文，2012. 泰国汉语师资短缺解决措施对缅甸汉语师资培养的启示［J］. 汉语国际传播研究（1）.

[86] 李善邦、郭晴云，2013. 新时期印尼华文报纸对华文教育的推动作用［J］. 东南亚纵横（3）.

[87] 李善邦、姚雪嘉，2014a. 泰国曼谷民办非全日制华文教育的现状与特色［J］. 东南亚纵横（8）.

[88] 李善邦、姚雪嘉，2014b. 泰国曼谷民办非全日制华文教育生存发展的制约因素与有利条件［J］. 东南亚纵横（11）.

[89] 李尚平，2005. 新加坡华文报业概述［J］. 新闻记者（11）.

[90] 李仕生，2010. 菲律宾华文报纸论析［J］. 东南亚纵横（10）.

[91] 李纾，2004. 新加坡青年对汉语动词的现在进行式表达［J］. 语言研究（1）.

[92] 李叔飞，2007. 关于海外华文教育中第二语文教学模式的探讨——以老挝万象寮都公学为例［J］. 云南师范大学学报（对外汉语教学与研究版）（2）.

[93] 李思慧，2023. 柬埔寨“蒲公英中文教育在线”中文教学调查研究［D］. 硕士学位论文. 广西大学文学院.

[94] 李泰盛，2008. 泰国华文词语使用状况述略［J］. 汕头大学学报（人文社会科学版）（6）.

[95] 李天赐，1996. 东南亚华文教育前景简论［J］. 华侨华人历史研究（2）.

[96] 李文健、韩诚，2019. 东南亚华文媒体的发展现状与趋势［J］. 中国编辑（1）.

[97] 李小凤，2016. 东南亚华文教材使用状况调查及当地化探讨［J］. 海外

华文教育（5）.
[98] 李晓丹，2020. 新加坡学前华文课堂教学活动设计探析——以新加坡STPS学前教育机构为例[D]. 硕士学位论文. 华侨大学.
[99] 李欣，2016. 华文教育专业泰国留学生的汉语学习动机调查分析——以华侨大学为例[J]. 世界华文教学（2）.
[100] 李馨逸、范氏秋庄，2018. “一带一路”倡议下汉语教学在越南的发展[J]. 中华文化海外传播研究（2）.
[101] 李兴，2001. 新加坡华语生存环境探微[J]. 八桂侨刊（3）.
[102] 李秀坤，2003. 印尼坤甸等六市华文教育现状调查研究[J]. 广东外语外贸大学学报（2）.
[103] 李毅婷，2017. 晚清新加坡闽籍商人的兴学活动与儒学传播[J]. 中国高校社会科学（6）.
[104] 李宇明、李艳华，2024. “中文+X”的类型及“工具语言”问题[J]. 世界汉语教学（2）.
[105] 李玉年，2007. 泰国华文学校的世纪沧桑[J]. 东南文化（1）.
[106] 李增华、熊琛然，2021. 缅甸地缘环境及其对中缅华文教育合作的影响[J]. 思想战线（6）.
[107] 李宗宏，2016. 面向东盟的汉语国际教育本科专业实践路径改革探讨[J]. 高教论坛（6）.
[108] 梁敏和，2003. 印尼教育简史、现状及面临的问题[J]. 东南亚研究（1）.
[109] 梁英明，1996. 战后东南亚华文教育发展趋势与困境[J]. 华侨华人历史研究（3）.
[110] 梁英明，2013. 从中华学堂到三语学校——论印度尼西亚现代华文学校的发展与演变[J]. 华侨华人历史研究（2）.
[111] 梁宇，2017. 东南亚汉语教材发展评估的国别比较研究[J]. 民族教育研究（5）.
[112] 梁悦悦，2014. 海外华语电视与中国电视“走出去”——以《中国好声音》在马来西亚的“本土化”传播为例[J]. 对外传播（4）.

[113] 廖山漫，2012. 政府机制的介入对汉语推广的决定性作用——泰国和美国推动汉语教学政策对比研究［J］. 汉语国际传播研究（1）.
[114] 廖小健，1991. 马来西亚的华文独立中学［J］. 八桂侨史（4）.
[115] 廖小健，1993. 战后马来西亚华文教育的发展变化［J］. 东南亚研究（3）.
[116] 廖新玲，2009. 东南亚华文教育发展现状及趋势研究［J］. 八桂侨刊（1）.
[117] 林宝卿，2001. 马来西亚的华文教育［J］. 海外华文教育（3）.
[118] 林芳萍，2011. 提高泰国初级大学生学习汉语兴趣的研究［D］. 硕士学位论文. 浙江大学.
[119] 林国安、莫泰熙，1996. 当前马来西亚华文教育发展的若干思考［J］. 华侨华人历史研究（3）.
[120] 林华东，2000. 走向21世纪的东南亚华文教育与教学［J］. 泉州师范学院学报（5）.
[121] 林进桃，2017. 泰国华文媒体与在泰华人的身份认同［J］. 东南亚南亚研究（1）.
[122] 林可、吕峡，2005. 越南留学生汉语学习策略分析［J］. 暨南大学华文学院学报（4）.
[123] 林敏萍，2019a. 体制外生存：马来西亚华文独立中学研究［D］. 博士学位论文. 南京师范大学教育科学学院.
[124] 林敏萍，2019b. 马来西亚华文独立中学教育现况之社会学浅析——基于《2016马来西亚华文独立中学调查报告》［J］. 海外华文教育（2）.
[125] 林明贤，2009. 菲律宾华文文学语言特色［J］. 华侨大学学报（哲学社会科学版）（3）.
[126] 林蒲田，1996. 东南亚华文教育若干宏观问题的思考［J］. 华侨华人历史研究（3）.
[127] 林去病，1996. 东南亚华文高等教育几个问题的探讨［J］. 华侨华人历史研究（2）.
[128] 林去病，1998. 马来西亚华文教育三个突破的意义及其发展的前景

[J]. 华侨华人历史研究(2).
[129] 林去病,2000. 菲律宾华文教师谈提高教师素质[J]. 海外华文教育(2).
[130] 林西,1981. 战后的泰国华文报业[J]. 新闻研究资料(2).
[131] 林希,2015. 论马来西亚妈祖宫庙与华文教育[J]. 莆田学院学报(1).
[132] 林锡星,2003. 缅甸华文教育产生的背景与发展态势[J]. 东南亚研究(3).
[133] 林小娜,2012. 战后印尼华文教育政策的演变[J]. 南方论坛(8).
[134] 林秀琴,2011. 菲律宾华语教学现状与教师培训需求分析[J]. 汉语国际传播研究(1).
[135] 林秀琴,2012. 赴菲律宾汉语教师志愿者培训问题的调查与思考[J]. 国际汉语教育(1).
[136] 林奕高,2011. 印尼华文教师现状调查研究[J]. 华文教学与研究(2).
[137] 刘爱兰,1986. 汉唐时期中印交往通道[J]. 民族论坛(4).
[138] 刘崇汉,1993. 马来西亚华文教育发展简史[J]. 八桂侨史(1).
[139] 刘德燊,1998. 老挝华文教育现状[J]. 八桂侨史(3).
[140] 刘德燊,2001. 老挝的华文教育[J]. 东南亚纵横(2).
[141] 刘峰,2003. 东南亚华文教育的现状及发展趋势[J]. 八桂侨刊(5).
[142] 刘晗、吴坚,2020. 从无到有:柬埔寨华文高等教育发展新动向[J]. 世界教育信息(10).
[143] 刘继红,2014. 关于马来西亚汉语师资培训项目课程设置问题的思考[J]. 国际汉语教育(2).
[144] 刘佳,2020. "一带一路"背景下缅甸华文媒体的变革与发展[J]. 新闻传播(12).
[145] 刘进、陈成,2019. "一带一路"沿线国家的高等教育现状与发展趋势研究(三十三)——以文莱为例[J]. 世界教育信息(21).
[146] 刘晶晶,2020. 东南亚汉语传播:现状、困境与展望[J]. 沈阳师范

大学学报（社会科学版）(2).
［147］刘娟、朱耀顺、李红梅，2016. 云南面向东盟汉语国际教育推广的意义及对策［J］. 云南农业大学学报（社会科学版）(6).
［148］刘美玲，2006. 泰国华校小学汉语教学现状研究［D］. 硕士学位论文. 暨南大学.
［149］刘苗苗，2015. 广西面向东盟的华文教育工作探讨［J］. 八桂侨刊(2).
［150］刘畔，2014. 关于菲律宾汉语教学现状的调查报告［D］. 硕士学位论文. 吉林大学文学院.
［151］刘权，2020. 缅甸华人的社会地位及其华文教育实践——以曼德勒华人为中心［J］. 西南边疆民族研究（1）.
［152］刘世勇、武彦斌，2012. 马来西亚华文教育现状与发展策略［J］. 东南亚纵横（9）.
［153］刘爽，2013. 差异教学视角下的文莱小学华文教学设计［D］. 硕士学位论文. 东北师范大学.
［154］刘卫红、闫秋霞，2010. 论东盟汉语推广中的地缘优势［J］. 八桂侨刊（3）.
［155］刘晓慧，2010. 新加坡学生报刊与华文教育的双赢模式［J］. 东南亚纵横（6）.
［156］刘雪梅，2004. 新加坡华文网站传播现象解释［J］. 新闻界（5）.
［157］刘岩，2001. 泰国曼谷华人的华语观［J］. 民族教育研究（4）.
［158］刘朝晖、俞云平、陈奕容，2005. 菲律宾华裔青少年汉语进修团学习评估报告［J］. 海外华文教育（4）.
［159］刘振平，2014a. 新加坡华文教学研究［M］. 南京：南京大学出版社.
［160］刘振平，2014b. 新加坡小学华文教学的特点［J］. 世界汉语教学学会通讯（1）.
［161］刘振平，2017. 南亚和东南亚国家汉语教学研究［M］. 北京：中国社会科学出版社.
［162］刘振平等，2019a. “一带一路”背景下东盟国家汉语传播研究［M］.

延吉：延边大学出版社.
[163] 刘振平等，2019b. 东盟国家语言教育政策与规划［M］. 延吉：延边大学出版社.
[164] 刘振平、贺丽君，2019. 柬埔寨华校华文教育发展的问题及对策［J］. 北部湾大学学报（8）.
[165] 刘振平、罗庆铭，2012. 新加坡中小学华文师资培训：现状与前瞻［J］. 国际汉语教育（1）.
[166] 刘振平、闫亚平、罗庆铭，2019. 东盟华文教育政策的历史演进与深层动因探赜［J］. 北部湾大学学报（7）.
[167] 刘振平、杨绪明，2019. “一带一路”背景下新加坡汉语传播现状及策略［J］. 海外华文教育（1）.
[168] 刘振平、张丽萍，2019. “一带一路”背景下老挝高校汉语教育发展问题探究［J］. 北华大学学报（社会科学版）（3）.
[169] 刘振平、赵守辉，2017. 汉语在新加坡社会中的功能变迁：布迪厄语言社会学视角［J］. 华文教学与研究（4）.
[170] 龙伟华，2012. 泰国“汉语能力标准”研究［D］. 博士学位论文. 中央民族大学国际教育学院.
[171] 卢干奇，2002. 新加坡、马来西亚的私立教育［J］. 比较教育研究（5）.
[172] 鲁芳、赵惠霞，2020. “一带一路”建设和构建人类命运共同体视域下泰国的汉语国际教育发展策略［J］. 东南亚纵横（3）.
[173] 陆然，2009. 21 世纪的印尼华文报业与华文教育、华文文学［J］. 八桂侨刊（4）.
[174] 陆蕴联、陆慧玲，2021. 老挝中文教学发展状况及未来需求研究［J］. 亚非研究（1）.
[175] 罗爱瑾，2011. 印尼儿童汉语教学情况初探——以北苏门答腊棉兰为例［C］. // 吴应辉、牟岭. 汉语国际传播与国际汉语教学研究（上）——第九届国际汉语教学学术研讨会论文集. 北京：中央民族大学出版社.

[176] 罗道春，2018. 印尼当前汉语教育的问题与对策——以苿华三语国民学校为例［J］. 海外华文教育（3）.

[177] 罗庆铭、王岩，2019. “一带一路”视域下菲律宾汉语师资问题探析［J］. 北华大学学报（社会科学版）（3）.

[178] 罗庆铭、王燕燕、闵玉，2017. 新版新加坡小学华文教材汉字编写模式［J］. 华文教学与研究（3）.

[179] 罗一然，2013. 比较视野下的马来西亚华文教育和其国民教育的冲突和交融［J］. 安阳师范学院学报（4）.

[180] 罗奕、梁媛，2016. 泰国华文媒体构建“中国形象”认同研究——以泰国《星暹日报》和《世界日报》微信公众号新闻推送为例［J］. 传媒（24）.

[181] 吕景泉,2018. 服务“一带一路”，职业教育的新作为——“鲁班工坊”［J］. 天津职业院校联合学报（1）.

[182] 吕景泉，2019. 鲁班工坊——中国职业教育国际知名品牌［J］. 天津职业院校联合学报（1）.

[183] 马春燕，2015. 国别化教材合作开发模式探讨［J］. 中国出版（12）.

[184] 马艳，2015. 东南亚汉语教育概述［M］. 广州：世界图书出版广东有限公司.

[185] 马跃、温北炎，2003. 印尼华文教师的现状：问题与对策——从社会问卷调查看印尼华文教育的状况［J］. 东南亚纵横（9）.

[186] 闵申，2022. 文莱中文教育百年发展的经验与启示［J］. 云南师范大学学报（对外汉语教学与研究版）（6）.

[187] 莫泰熙，2020. 新时代马来西亚华文教育发展的新趋势［J］. 世界华文教学（1）.

[188] 莫西宁，2020. 文莱文化政策对在文汉语教学影响的研究［D］. 博士学位论文. 广西大学.

[189] 潘俊财，2014. 泰国汉语高考试卷分析与思考［J］. 汉语国际传播研究（2）.

[190] 潘俊财，2018. 泰国汉语水平测试体系构建研究［D］. 博士学位论文.

中央民族大学国际教育学院.

[191] 潘巍巍，2021. 菲律宾中文教学资源现状及发展策略研究 [J]. 云南师范大学学报（对外汉语教学与研究版）(4).

[192] 潘旭涛，2017. 联合国决议支持各国加速战略对接“一带一路”持续升温 [N]. 人民日报海外版. 2017-04-04 (2).

[193] 彭雨晴，2021. 马来西亚华语电视：媒介全球化的挑战与跨国华人想象的新机遇 [J]. 现代传播：中国传媒大学学报 (8).

[194] 彭运锋，2008. 老挝基础教育现况简介 [J]. 基础教育研究 (4).

[195] 齐春红，2015. 影响缅甸华文教育师资发展的因素及相关对策研究 [J]. 东南亚纵横 (11).

[196] 齐连声，1995. 弘扬中华文化传统的马来西亚华文报纸 [J]. 报刊之友 (4).

[197] 祁广谋，2003. 越南喃字的发展演变及其文化阐释 [J]. 解放军外国语学院学报 (1).

[198] 祁广谋，2006. 汉语汉字在越南的传播及其文化意义分析 [J]. 东南亚研究 (5).

[199] 钱伟，2017a. 发展困境中的马来西亚华文独立中学 [J]. 海外华文教育 (8).

[200] 钱伟，2017b. 变革中的马来西亚华人高等教育 [J]. 东南亚南亚研究 (2).

[201] 阮静，2017. 文化传播背景下讲好中国故事的原则和策略 [J]. 西南民族大学学报（人文社科版）(5).

[202] 阮青山，2018. 河内大学孔子学院发展问题研究 [D]. 硕士学位论文. 华南理工大学新闻与传播学院.

[203] 阮文清、曾小燕，2016. 越南高校汉语师资现状分析 [J]. 华文教学与研究 (3).

[204] 邵滨、刘帅奇，2019. 东南亚地区的汉语国际传播与宗教 [J]. 语言产业研究（2019 年卷）.

[205] 佘信谦，2019. 马来西亚幼儿华文教学探析 [D]. 硕士学位论文. 华

中师范大学.
[206] 施坚雅，2010. 泰国华人社会：历史的分析 [M]. 许华等译. 厦门：厦门大学出版社.
[207] 司马迁，2016. 史记 [M]. 文天，译注. 北京：中华书局.
[208] 宋凌菲，2023. 柬埔寨端华学校中学生对中国文化感知度的调查 [D]. 硕士学位论文. 西安石油大学.
[209] 苏大林，2012. 老挝高等教育管理体制研究 [D]. 硕士学位论文. 天津大学教育学院.
[210] 苏文，2019. 缅甸汉语教学历史和现状分析 [J]. 枣庄学院学报（3）.
[211] 谭春健，2009. 新加坡华文教学改革对汉语国际推广的启示 [N]. 云南师范大学学报（对外汉语教学与研究版）(4).
[212] 谭国安，2011. 近十年来泰国汉语教材的研发与采用概况 [J]. 国际汉语（1）.
[213] 谭晓健，2015. 泰国多元化外语教育的演变、特征及其走向 [J]. 东南亚纵横（2）.
[214] 谭晓健、余建忠，2006. 柬埔寨汉语教学和华文教育的历史沿革与现状分析 [J]. 国际汉语教学动态与研究（3）.
[215] 汤翠英、王匡廷，2009. 培训海外华文教师，提升华文教学水平 [J]. 侨务工作研究（3）.
[216] 唐伟萌，2018. 文莱马来奕中华中学华裔学生汉语语言态度调查分析 [D]. 硕士学位论文. 广东外语外贸大学.
[217] 唐宇敏，2018. 柬埔寨王家研究院孔子学院汉语教学情况调查与研究 [D]. 硕士学位论文. 西安科技大学.
[218] 陶大坤、丁和根，2010. 中国对外传播渠道建设之路径选择 [J]. 当代传播（5）.
[219] 田艳，2012. 泰国汉语教学调研报告 [J]. 汉语国际传播研究（1）.
[220] 汪敏锋，2012. 印度尼西亚华文补习班（学校）现状之调查与分析 [J]. 东南亚纵横（7）.
[221] 汪敏锋，2013. 印度尼西亚本土汉语师资培训中的一些问题及策略

[J]. 东南亚纵横(1).
[222] 王丹红，2010. 文莱华文文学与文莱社会 [J]. 海外华文教育(4).
[223] 王芳芳，2019. 柬埔寨孔子学院教学现状调查研究——以柬埔寨皇家科学院孔子学院为例 [D]. 硕士学位论文. 辽宁师范大学.
[224] 王付兵，2000. 郑和下西洋在古代中国与东南亚关系史中的地位 [J]. 南洋问题研究(3).
[225] 王光厚、刘人龙，2019. 中国—东盟关系跨越式发展的战略启示 [J]. 区域与全球发展(4).
[226] 王焕芝，2017. 世界"汉语热"背景下马来西亚华文教育发展的困境与出路 [J]. 华文教学与研究(2).
[227] 王建勤，2016. "一带一路"与汉语传播：历史思考、现实机遇与战略规划 [J]. 语言战略研究(2).
[228] 王建勤等，2015. 全球文化竞争背景下的汉语国际传播研究 [M]. 北京：商务印书馆.
[229] 王介南，1993. 郑和下西洋与中国东南亚文化交流 [J]. 东南亚纵横(4).
[230] 王晋军，2015. 中国和东盟国家外语政策对比研究 [M]. 昆明：云南大学出版社.
[231] 王琳，2016. 世界华文教育现状研究 [M]. 北京：商务印书馆.
[232] 王瑞萍、郭怡，2020. 马来西亚华文教育简况及其发展趋势 [J]. 世界民族(4).
[233] 王睿欣，2017. "一带一路"战略背景下马来西亚华语教学发展的新趋势 [J]. 海外华文教育(7).
[234] 王睿欣，2019. 多语言背景下汉语在马来西亚传播的特点和动因 [G]. // 北京语言大学汉语国际教育研究院. 汉语应用语言学研究(8). 北京：商务印书馆.
[235] 王睿欣，2020. 汉语国际传播背景下马来西亚汉语教学专业的建设 [J]. 世界华文教学(1).
[236] 微微，2016. 老挝高等教育发展战略研究 [D]. 天津大学硕士学位

论文.
[237] 韦锦海，2004. 越南高校汉语教学的现状[J]. 广西民族学院学报（哲学社会科学版）(5).
[238] 韦丽娟，2012. 泰国汉语教育政策及其实施研究[D]. 博士学位论文. 华东师范大学课程和教育系.
[239] 文安东，2015. 文莱华文教育现状调查研究[D]. 硕士学位论文. 陕西师范大学.
[240] 巫连心，2010. 马来西亚华文报研究现状综述[J]. 东南亚纵横(11).
[241] 吴才天子，2018. 基于数据库的东南亚孔子学院比较与评估研究[D]. 博士学位论文. 中央民族大学国际教育学院.
[242] 吴峰，2012. 泰国汉语教材研究[D]. 博士学位论文. 中央民族大学国际教育学院.
[243] 吴建平、蒋有经，2012. 新时期马来西亚华文教育的回顾与展望[J]. 泉州师范学院学报(5).
[244] 吴元华，2004. 华语文在新加坡的现状与前瞻[C]. 新加坡南洋理工大学中华语言文化中心庆祝成立十周年“国家疆界与文化图像国际学术会议”，新加坡南洋理工大学，2004年6月23—25日。转引自刘振平、杨绪明，2019. “一带一路”背景下新加坡汉语传播现状及策略[J]. 海外华文教育(1).
[245] 吴应辉，2009. 越南汉语教学发展问题探讨[J]. 汉语学习(5).
[246] 吴应辉，2013. 关于国际汉语教学“本土化”与“普适性”教材的理论探讨[J]. 语言文字应用(3).
[247] 吴应辉，2016. 东南亚华文教育发展问题的表象、本质、措施与机遇[J]. 浙江师范大学学报（社会科学版）(1).
[248] 吴应辉、央青、梁宇、李志凌等，2012. 泰国汉语传播模式值得世界借鉴——泰国汉语快速传播模式及其对汉语国际传播的启示[J]. 汉语国际传播研究(1).
[249] 吴应辉、杨叶华，2008. 缅甸汉语教学调查报告[J]. 民族教育研究(3).

[250] 吴应辉等译，2009. 泰国促进汉语教学，提高国家竞争力战略规划（2006—2010）[J]. 国际汉语教育（1）.
[251] 伍燕翎，2019. 华语第一语言教学在马来西亚私立和国际学校的实践[J]. 北华大学学报（社会科学版）（3）.
[252] 武清香，2019. 当下越南高校汉语教学现状刍议[J]. 枣庄学院学报（3）.
[253] 习近平，2018. 习近平谈“一带一路”[M]. 北京：中央文献出版社.
[254] 夏玉清，2018. 当代缅甸华人社会的延续与变迁[J]. 东南亚纵横（3）.
[255] 肖舜良，2012. 浅析汉语国际传播中的语言政治——以泰国汉语快速传播模式为例[J]. 汉语国际传播研究（1）.
[256] 筱风，2020. 泰国华人家庭语言规划研究：汉语国际传播视角[D]. 硕士学位论文. 南宁师范大学.
[257] 谢春辉、罗军，2022. 越南汉语国家传播现状及对策——以河内大学孔子学院为例[M]. // 刘宏、张恒军、唐润华. 中华文化海外传播研究（总第七辑）. 北京：社会科学文献出版社.
[258] 新加坡教育部，2004. 华文课程与教学法检讨委员会报告书[M]. 新加坡教育部印制.
[259] 新加坡教育部，2011. 乐学善用——2010 年母语检讨委员会报告书[M]. 新加坡教育部印制.
[260] 熊琦、张小克，2006. 缅甸汉语教学概况[J]. 世界汉语教学（3）.
[261] 徐丽丽、余可华，2018. “一带一路”新形势下菲律宾汉语教学发展策略探析[J]. 国际汉语教育（1）.
[262] 许利平，2020. 中国与东盟合作内生动力强劲[N]. 环球时报 2020-07-22.
[263] 许喻虹，2021. 泰国孔子学院“中文＋职业教育”项目实施情况调查研究[D]. 硕士学位论文. 云南师范大学国际汉语教育学院.
[264] 许月兰，2014. 海外华文教学可持续性发展之探讨——以文莱中华中学为例[J]. 汉语国际传播研究（1）.

[265] 闫亚平、张丽萍，2019. 老挝语言教育政策探观［J］. 北部湾大学学报（08）.

[266] 颜洁，2010. 略述中国与东南亚文化交流史中的几个重要方面［J］. 东南亚纵横（1）.

[267] 颜小华、张翠方，2017. 中国—东盟文化教育交流的历史回顾及研究意义［J］. 钦州学院学报（12）.

[268] 央青，2011. 泰国汉语快速传播对其它国家顶层设计的启示［J］. 西南民族大学学报（人文社会科学版）（2）.

[269] 杨刚，2008a. 东盟汉语教学：现状及存在问题［C］// 第九届国际汉语教学研讨会论文选. 北京：高等教育出版社.

[270] 杨刚，2008b. 略论东盟汉语教学存在的问题及对策［J］. 学园（4）.

[271] 杨刚、朱珠，2020. 汉语在古代泰国的传播［J］. 传播力研究（20）.

[272] 杨豪，1999. 柬埔寨华文教育［M］. 金边：柬华理事总会编印.

[273] 杨静林、黄飞，2017. 新世纪以来菲律宾华文教育的新发展及其困境［J］. 八桂侨刊（1）.

[274] 杨曦、李玮，2020. 印度尼西亚雅加达地区华文教育现状调研及本土化教学资源开发构想［J］. 世界华文教学（7）.

[275] 杨绪明、宁家静，2019. "一带一路"视域下文莱汉语传播现状及策略［J］. 北华大学学报（社会科学版）（3）.

[276] 野泽知弘，2012. 柬埔寨的华人社会——华文教育的复兴与发展［J］. 南洋资料译丛（3）.

[277] 叶晗、陈钧天，2021. "一带一路"背景下印度尼西亚华文教育发展探析［J］. 浙江科技学院学报（4）.

[278] 叶俊杰，2012. 马来西亚华文教学研究［D］. 博士学位论文. 中央民族大学国际教育学院.

[279] 叶婷婷，2018. 马来西亚短期本土化汉语教学概况探究［J］. 海外华文教育（1）.

[280] 于湖源，2016. 亚洲基础设施投资银行服务"一带一路"建设研究［D］. 硕士学位论文. 外交学院.

[281] 余建忠，2014. 文学鉴赏及其他——余建忠文论选[M]. 昆明：云南大学出版社.

[282] 余可华，2017. 新加坡华文教师教育及其启示[J]. 云南师范大学学报（对外汉语教学与研究版）(5).

[283] 余可华、徐丽丽，2017. 多元化背景下马来西亚华文教育的现状、问题及对策[J]. 国际汉语教育（2）.

[284] 喻国明，2013. 构建国际传播的基本理念[J]. 新闻与写作（10）.

[285] 岳玉杰，1995. 生机与危机并存——浅论马来西亚华文文学的现状和前景[J]. 华侨大学学报（哲学社会科学版）(1).

[286] 曾小燕，2015. 越南汉语教学发展的现状及问题探讨[J]. 东南亚纵横（5）.

[287] 曾小燕，2020. 复杂动态系统视角下东南亚汉语传播途径及其影响因素研究[J]. 中华文化海外传播研究（1）.

[288] 曾小燕、阮德英，2023. 越南中文教育现状及发展论略[J]. 云南师范大学学报（对外汉语教学与研究版）(2).

[289] 曾一洲，2020. 马来西亚华语电影的历史与现状[J]. 中国电影市场（8）.

[290] 张成霞、卢露萍、哲京·巴侯涛，2021. 老挝汉语教学现状及发展研究[J]. 世界教育信息（2）.

[291] 张栋、刘振平，2019. “一带一路”背景下缅甸汉语传播现状及策略[J]. 海外华文教育（3）.

[292] 张江元，2014. 马来西亚幼儿华文教材编排体例分析[J]. 海外华文教育（2）.

[293] 张昆、陈雅莉，2015. 文化多样性与对外传播的差异化战略[J]. 武汉大学学报（人文科学版）(4).

[294] 张蔚虹，2021. “一带一路”背景下汉语在印度尼西亚的传播研究[J]. 语文学刊（4）.

[295] 张艳萍，2020. 马来西亚华文报业发展的现状与启示[J]. 传媒（9）.

[296] 张治国、彭永超，2023. 从语言价值角度分析中文在越老缅的传播[J]. 云南师范大学学报（对外汉语教学与研究版）(3).
[297] 章石芳，2022. 菲律宾中文教育发展报告（2019）[J]. 云南师范大学学报（对外汉语教学与研究版）(3).
[298] 赵金铭，2014. 国际汉语教育中的跨文化思考[J]. 语言教学与研究(6).
[299] 赵守辉、刘永兵，2008. 新加坡华族社群家庭用语的社会语言学分析[J]. 社会科学战线(8).
[300] 赵守辉、王一敏，2009. 语言规划视域下新加坡华语教育的五大关系[J]. 北华大学学报（社会科学版）(3).
[301] 赵铁、林昆勇，2018. 中国—东盟命运共同体建设中文化产业作用机制研究[M]. 北京：人民出版社.
[302] 肇群，2016. 新形势下菲律宾华文学校本土师资现状分析研究[D]. 硕士学位论文. 福建师范大学.
[303] 郑昊庆，2019. “一带一路”背景下中国与东南亚国家经济合作[D]. 博士学位论文. 中国社会科学院研究生院美国研究系.
[304] 郑良树，1986. 马来西亚、新加坡华文教育史论丛（第2卷）[M]. 新加坡：南洋学会编印.
[305] 郑通涛、蒋有经、陈荣岚，2014a. 东南亚汉语教学年度报告之二[J]. 海外华文教育(2).
[306] 郑通涛、蒋有经、陈荣岚，2014b. 东南亚汉语教学年度报告之三[J]. 海外华文教育(3).
[307] 周倩，2015. “一带一路”视野下的东南亚汉语推广市场分析[J]. 云南师范大学学报（对外汉语教学与研究版）(5).
[308] 朱芳华，2010. 老挝汉语推广的对策初探[J]. 海外华文教育(1).
[309] 朱天慧，1977. 战后印尼政府的华侨华人教育政策[J]. 东南亚研究(1).
[310] 朱霄，2013. 泰国公立中学汉语教学现状调查研究[D]. 硕士学位论文. 云南大学人文学院.

[311] 朱欣，2009. 老挝高等教育现状与发展方向探讨 [J]. 世界教育信息（7）.

[312] 庄锡福，1996. 新加坡华文教育省思 [J]. 华侨华人历史研究（4）.

[313] 宗世海、李静，2004. 印尼华文教育的现状、问题及对策 [J]. 暨南大学华文学院学报（3）.

[314] 邹丽冰，2012. 缅甸汉语传播研究 [D]. 博士学位论文. 中央民族大学国际教育学院.

[315] Douglas，P. Murray，1964. Chinese Education in South-East Asia [J]. China Quarterly，（20）：67–95.

[316] Noppron Sindaeng，2017. “一带一路”国际通道战略下中泰铁路建设合作 [D]. 硕士学位论文. 浙江大学经济学院.